新世紀叢書

當代重要思潮・人文心靈・宗教・社會文化關懷

保守主義

THE MEANING OF CONSERVATISM

ROGER SCRUTON

羅傑・史庫頓 著｜王皖強 譯

保守主義

【目錄】本書總頁數共416頁

二〇〇五年中文版序言

本書寫於四分之一個世紀前，當時正值我國試圖找出擺脫集體主義思維模式（collectivist mind-set）的道路，並找出自從二次世界大戰以來儼然成爲正統的自由主義——社會主義之體系與平等主義信念之替代方案。那時柴契爾夫人尚未就職，而保守黨似乎除了微弱的異議之外，也沒有能力找出更好的措詞。因此在我看來，很有必要站在哲學立場來講述一位保守主義者的信念，這就是我在本書中所著手進行的事情。這是一本血氣方剛之書，第一版充滿了浮誇與憤慨，致使我後來必須費力加以修潤。第三版代表了一位中年人較爲溫和的觀點，儘管他已經探究過保守主義思想的哲學根源，並堅信，對於任何一位熟知現代政治危機的人來說，已經沒有其他的政治立場能夠這樣地自我推薦了。

由於集體主義和社會主義的方案是以畜道來對待人類，所以我們的世界曾經因之而幾近毀滅。我們的法律與風俗、私有財產制、社會禮儀與家庭生活的固有之道，都曾經

因國家而大受威脅。爲了左翼知識份子的傲慢與殘酷，中國人爲之受害最深，那些菁英在邁向他們所承諾的理想與平等境界道路上，曾經證明了各種冷血無情的本領，除此之外，並未曾眞正信仰些什麼。本書所要捍衛的觀點，無非是承認人類對自由、和平、財產、法律以及安居樂業的需求。改善人性的擘畫是可疑的，而任何將平等許諾爲人類理想境界的人，則是可恨的。本書並不捍衛所謂理想的國家，卻推薦可行的（possible）國家，並致力於改進社會與政治生活的處境，因爲這些才是合乎人類自然情感的焦點。我相信我所闡述的觀點與聖哲孔子的許多教誨都有所契合，只不過我的表達方式並不相同且極爲英國化，所以在此我希望，我的中文讀者們對於我所說的話不至於覺得過分陌生才是。

英國馬姆斯伯里（Malmesbury），

二〇〇五年七月二十八日

二〇〇一年第三版序言

本書的初版原先是在二十年前寫的，那時正值英國工黨執政的最後一個月。那是一本年輕氣盛的書，是對於如今已經被遺忘的事件有感而發之作。筆者曾經親眼目睹巴黎的學生運動，在筆者求學與授課的大學當中親身經歷該運動的效應，並曾經反抗過那場所向披靡的反叛風潮。當保守黨準備以自由的勝利爲名進行選戰的時候，也該是寫一本關於保守主義之書的時候了，最令我念茲在茲的，就是在巴黎封鎖當中所展現出來的自由情懷。這些歷練使我相信：一來我是個保守主義者，二來是保守主義政策並不在意自由，反而關心權威，還有就是不管如何，自由若與權威離異，對大家都沒有好處，就連對擁有自由的人來說也是如此。我當時的思想顯得嚴峻而不容妥協。在以新觀點修訂原書的過程當中，我盡可能保留了文章的本意，只在遣詞用字方面做若干修改潤飾。

我的本意是在論述保守主義意識形態的根本觀念，這不是因爲我想說服別人，而是就我自己而言，保守主義的前瞻性是既受到捍衛者們的誤解，也迥異於某些人所想像的

——最後只能歸入「歷史的塵封」（dust-heap of history）當中。我著重將保守主義與經濟自由主義區隔開來，同時反對保守主義對於自由市場和經濟成長之強調。如筆者所描述，保守主義的宗旨，就是試圖建立起一個永恆的社會組織，經歷數度史無前例的變動，仍屹立不搖。體制可以藉由成長而復原，但卻也可能因成長而滅亡。簡而言之，這正是我們目前不僅在英國，而且是在整個西半球所身經目擊的事實。

就這種保守主義態度的捍衛者而言，總是免不了要承擔起這種立論的任務。在二十年前，本書的論證還受到社會主義與自由主義讀者語帶嘲弄的致敬。不過事實上，自從保守黨人在起初捍衛所謂眞正的優點，並在最後的分析當中轉而強調他們的本意之後，承擔起這種任務的人就不再是這些人了。不過在此還是有必要強調，這部作品是學說方面的演練，它並不想證明某個政治遠景，而只是對之進行表述。其目標是在發現某些已然不合時宜的概念和信念，儘管它們是以現代術語對未來所做的展望，然而卻是過分冷靜、嚴肅而與「現代」之名名實不副的。

本書寫就之後，歷史事件改變了公共輿論的措詞。當時波蘭發生了史上第一次眞正的勞工階級革命。那是一場反社會主義、反計畫經濟、反無神論、反黨政宣傳及黨派體制的革命，是一場擁護愛國主義、解救傳統、發現歷史的革命，也是一場支持私有財產、自治制度、宗教信條、司法獨立以及法制精神的革命。總而言之，在保守主義主政

時期，這場革命在各個層面都可說是一項別開生面的運動。

當時南大西洋也發生了戰爭，其理由不外乎對傳統的忠誠，但這至少還強過了外交上的吹毛求疵與遲疑不決。

那時正當蘇聯帝國瓦解，幾乎受到普遍公認的是，共產主義不僅不具備永續性，而且還可能被難以接受的武力所宰制。

波蘭經驗則比種種爭論更生動地顯示，其所面臨的是多少過去歷史所意想不到的問題，其政治態度也不得不求助於社會主義的觀點；福克蘭群島之役顯示，作爲政治團結基礎的愛國主義之眞實、耐力與效率；共產主義的瓦解崩潰，則帶來了對左派觀感的重大改變。工黨不但不再攻擊全球資本主義，而且還成爲它最熱忱的捍衛者，以推動「全球」經濟來對付國家最後的殘餘阻力，並嘲弄起那些反動派和「英國仔」，這些人正準備爲了國家主權、地方傳統以及習慣法的既得利益，犧牲當初更高的經濟成長之承諾。

對這些歷史事件的回顧，或許可以使讀者用較多的同理心來閱讀。不過，我還是列了一份哲學附錄，以顯示我所提供的學說確實有其哲學根據，以及自由主義者試圖將立論的任務推卸給保守主義者終難成功。如筆者所論證，保守主義與自由主義在哲學方面的根本衝突，乃是在於旁觀者的觀點與當事人的相牴觸。如果本書沒有被看作是以第一人稱的觀點，而是以第三人稱的觀點來表述的話，它的主旨會較容易了解。這是一個關

心種族福祉的人類學者之觀點（儘管他恰好屬於該種族）。

筆者在本書中嚴肅處理了社會主義，尤其是馬克思主義的觀點。這就要說到當時是七〇年代晚期，社會主義與馬克思主義觀點在我國大學裡被視爲正統，在公開場合上也確實很少聽到有人對之提出異議。就我所知，我自己的學院（倫敦大學的柏克貝克（Birkbeck）學院）有兩位保守主義者：我本人和儂奇雅（Nunzia, Annunziata），她是一位教職員交誼廳的櫃台服務小姐，有著特立獨行的性格，當好事者對她用教宗的照片來貼補牆洞時感到好奇而圍觀時，會當下表示鄙夷。儂奇雅是大學當中唯一能與我對談的人，所以如果說本書（是我論述政治的首度嘗試）並不符合學院派文雅標準的話，還請不要見怪才是。

特別來說，我有意對人權與民主觀念不表尊重。當時我那些左翼同事們就爲我不厭其詳地說明了這些觀點（同時也對某些政體，例如對蘇聯的政體表示或暗或明的支持，儘管蘇聯是蔑視這些人的）。參與過這種義務解說，其實是比較明智的，它可說是進入這種排他性政治辯論場合的通行證。因此我也趁這個機會提出了所謂懷疑主義的眞正基礎，其中內容大約如下所述。

所謂「自然權利」（natural rights）與「自然正義」（natural justice）的觀念，並不是自由主義政治論的虛構。如筆者在第四章所強調的，它們是自然而然發生的，亦即，有關

理性人類在日常生活的交易活動中被認爲觸犯正義法則的任何行爲，都會使行爲者失去受害者對他的信賴與友好關係。同理，如果國民認爲國家的作爲不合正義，國家就會失去國民的忠誠。所以說這個觀點也涵蓋了重要的政治戒律。然而事實上，這種戒律會推導出什麼結果呢？就人類傾向於相信自然權利之存在而言，這自然是極爲重要的政治事實。不過就擁有自然權利是客觀而獨立於積極法（positive law），而非如某些人所認爲是積極法創造了這些權利來說，這樣的命題在哲學上是飽受爭議的。不過，爲懸而未決的哲學問題下定論，並非政治的任務。另一方面，故步自封而不肯向某些傳統虛心求教的自然法觀念，卻是變化多端的，它忽而產生這套，忽而又產生那套關於個人「不可讓渡的」（inalienable）合乎道德的財產制度。那些想將合法性的觀念建立在自然法基礎上的哲學家們（例如阿奎那（Aquinas）、格勞秀斯（Grotius）和洛克（Locke）），都對由此衍生出的政治架構之絕大部分細節表示過異議。對這項事業的最後努力（也就是羅伯特・諾齊克（Robert Nozick）以及約翰・羅爾斯（John Rawls）的嘗試），顯示了哲學家們就連在反對的事項上也大相逕庭，在關於吾人「自然權利」的內容上如此，就關於或許能夠保全這些自然權利的政治體制之本質來說也一樣（有關的理由載於附錄當中）。末了，歐洲人權法庭（the European Court of Human Rights）發佈了一系列矛盾且分歧的判決，這正意味著這種爭論方式的可信度，就目前來說是應該受到嚴厲質疑的。

然而更重要的是，我們要提醒自己：權利只有在與能夠將之付諸施行的權力攜手合作時，才能夠成爲政治現實；缺乏權力的權利，不過是政治虛構。自然權利只能透過公民裁判（civil jurisdiction）的權力來實施，以輪流的方式進行，以維護既定法律體制的「積極權」（positive rights）。所以最最重要的政治任務，不外乎建立起這樣一個法律體制（system of law），並保證在任何衝突當中，國家都可以爲之做出讓步。也唯有靠這樣的假定，我們才能夠勝任以下的任務，亦即強制我們的政治來遵循自然法，如此才會有意義。這種保守主義法律體制的要素便是司法獨立，如果法律體制是以司法判例爲基礎，並由眞正獨立於各利益相關派系之外的法官所負責運作的話，對一般人所知的「自然權利」就會具有天生的親近傾向。我認爲，自然法的眞正敵人並不是法官，而是政治人物；對於秉公處理的最大威脅，則是企圖附麗於「社會正義」（social justice）的概念，由上而下地改造這個社會。

在劃分私有與公共事物的這場最重要的鬥爭當中，自然法觀念乃是一項手段，以之標示出國家所不能夠干涉的個人生存範圍。民主制（democracy）也一直被評價爲該場鬥爭當中的手段，單就它長期的效益而言，我們就必須愛惜它。不過民主制這個概念，也和自然正義一樣受到爭議，既然考量到我們對它的依賴，就應該隨時謹記，答覆哲學家的問題並非政治的事務，例如解決集體選擇（collective choice）的弔詭，或是釐清某些

「眞正民主制」的標準，這些都必須符合哲學理論的嚴格要求。此外在支持政府的大原則時（例如民主制），也要很淸楚我們所希望達到的目標。我們最好不要將民主制看做是終極目標，而是看做在過渡到其他事物時並非不可或缺的手段。

保守主義政府有三項特色，這也是被民主制的擁護者所正確評價的：憲法、代表制（representation）以及合法的在野黨。不過要是認爲民主選舉是達到這些條件的唯一手段，或是每套制度的民主化就一定有利於這些條件的話，那又是大謬不然了。民主選舉的正面效果，有賴於具有高度階層制質素（hierarchical components）的制度之維持，而民主化的腐蝕性不僅會威脅到這些制度，也會威脅到該制度所維持的民主程序。如今我們在英國就看到了這樣的事情，例如以民主方式當選的政治人物，他們身上的舊包袱被接二連三地丟棄，還有就是在首相與他自己的突發奇想之間已無任何阻礙，除了那個由他本身所任命或解散的內閣之外。

更重要的是，我們不該讓我們對民主制的執著，忽略了它的價値。我們要讓政府受憲法約束，讓國民代表制成爲議案的最高裁決方式，並讓合法在野黨以及生氣蓬勃的輿論能夠像煞車器一樣牽制權力。單就民主選舉有助於產生這些益處來說，我們就必須支持它。不過我們也必須在民主制的得與失之間衡量，不要想說，打造無知者的偶像以及群衆的先知先覺者，並不會讓體制付出太大的代價。

我在第三版當中已經做了最必要的更動，不過我並不想指出，在這些論證當中有哪些是我所不再同意的觀點。另外，當本書初版時，在知識上具有相當重要性之觀念的探討（第五、六章），我也沒有將之刪除，這些文字至少還具備了這項優點，也就不至於浪費筆墨了。如果我在本篇序言當中多了一些贅文，讀者對此無須表示贊同。

一九八〇年第一版序言

我想簡明扼要地闡明我所相信的保守主義政治觀其基礎的核心觀念，表明贊同這些觀念的可能性。本書並非哲學著作，而是本教義學著作：它試圖描述、維護一種信仰體系，這一直接以行動來體現的體系只是假定，而非規定了哲學問題的答案。不過，我也利用了一些政治哲學家如黑格爾、馬克思和奧克肖特（Oakeshott）等人的著作，我並沒有頻繁地直接援引，總是力求使用我自己的語言。

我感謝洛克菲勒基金會邀請我到科莫湖（Lake Como）畔的塞伯洛尼別墅（Villa Serbelloni），這篇論文的初稿就是在那裡動筆的，我還感謝在寫作過程中給予我鼓勵的朋友們。我得益於與許多人的討論，尤其是數年來與約翰・凱西（John Casey）和莫里斯・考林（Maurice Cowling）的交談。威廉・沃德格雷夫（W. Waldegrave）和特德・杭德里奇（Ted Honderich）閱讀了本書的手稿，他們的批評意見使我受益匪淺。

許多保守主義者會不贊同我所說的內容。即便如此，本書符合保守主義思想的首要要求：它並非原創，也不想這樣做。

他是那樣汲汲於説服大眾，告訴他們並沒有得到他們所應得的那種良好的治理，他也根本不需要專注且認同的聽眾，因為那些人知道從屬於各類政體之下形形色色的缺陷。不過就公共事業當中所隱含的困難與障礙來説，那些實在是不可勝數且不可避免的，一般來説，他們也並沒有這類的判斷供作參考。由於這類受到公開指責假定的國家動蕩，被主要支持者當作是關乎全民的公共福祉，而對於具有獨特心靈自由的人來説，不管是對暫時或長久經歷的事物，都能夠秉持公正且令人信服的立場，這正是在一般的演説當中所缺少的份量，這就要透過與人心所能接受與相信的事物相吻合，才能夠予以彌補。不過從另一方面來説，如果我們要維護已然建立的事物，就不只要和深植在許多人內心的嚴重成見做鬥爭，那些人認為我們在這方面不過是浪費時間……同時也要經受得住某些才智之士的異議，他們對於本該灌輸給他們的觀點，會事先提出反駁。

——胡克①，《論教會體制法》，第一卷第一章

①譯註：胡克（Richard Hooker, 1554-1600）爲英國聖公會主教，新教憲政主義思想家。

導言：哲學、政策與信條

Introduction: Philosophy, Policy and Doctrine

本書是一部教義學著作，試圖勾勒一種信仰體系，因而不會停下來討論這一體系未給出任何答案的抽象問題。保守主義的教義學當然不同於它所依賴的哲學，也不同於它所引發的政策。現實政治在於行動，反之，行動（儘管不那麼明顯）源於思想，前後一致的行動需要一以貫之的思想。由於沒有通行的保守主義政策，人們便產生了一個錯覺：以爲不存在著保守主義思想、一系列的信仰或原則，或是社會的普遍見解等等足以激發保守主義者採取行動的動力；保守主義者的行動只不過是做出反應，他的方針是因循，他的信念是懷舊等等。

我將要證明，**保守主義的態度以及維繫這一態度的信條，是系統而合理的**。保守主義很少以格言、公式或目標來自我展示。它的精髓難以言述，倘若不得不加以言說，其表述方式又是懷疑論的。但是，保守主義是能夠表述的，在面臨危機的時候，要麼迫於政治上的需要，要麼迫於對理論的爭論，保守主義才會盡其所能地表述，儘管並不總是自信所找到的詞藻能夠與呼喚它們的天性相吻合。這種缺乏自信並非出於羞怯或沮喪，而是源自對人世複雜性的認識，源自對價值觀的執著，這卻是不能以空想學說抽象的清晰性加以理解的①。

當代的知識份子普遍認爲，保守主義的立場不再是「可行的」。在我們這個世紀，沒有什麼比暴力更值得紀念的東西了，而理解這種暴力的努力，則導致政治意識形態的

崛起。無知愚昧的軍隊在歐洲茫茫黑夜中相互廝殺，傳言他們是在爲這樣一些「事業」而戰鬥：「自由」、「平等」、「社會正義」。但是，保守主義的奮鬥目標卻未見報導。知識份子於是得出結論說，並沒有什麼保守主義的理論根據，因而也就不存在什麼保守主義的信條。

戰後的歐洲是由那些徵召入伍的士兵所創造的，對他們而言，信條如果不能成爲論據，便意味著產生不了一致的行動。「但是，新生代——好戰精神對他們來說並非常態——會再度被該人類狀態的願景所吸引，而該願景是被理論或壓倒性的理想所複雜化的。這一代人保存了某種意義更爲重大的歷史、某種他們已開始追求的事物。由於缺乏理智信仰意義上的信條，他們必定會在瞬息萬變的政策變化中喪失自我。歐洲人力圖深入地描述他們的政治活動，這種描述反映了他們所面臨的現實困境，雖然如此，卻依然未被日復一日的庸常所玷污。社會主義者和自由主義者感到志得意滿，聲稱能夠提供從政策到教義，再從教義回到政策的基本原則體系。保守主義者察覺到成見的價值和抽象觀念的危險，始終伺機行事，以含蓄的調和性語言來表達自身的信仰。然而，這既不能撫慰社會主義者，也無法安撫自由主義者。這些人的陳述看上去清晰、明確、自成體系，他們的偏執（我將要證明，自由主義者的偏執無出其右）卻容不下調和。直到保守主義者再度堅守那些激勵他們的原則，才發現他們已被若干宣稱具有信念的人所超越，

儘管該信念並不一定是這些人的體認，卻一直都是他們俯拾即得的表述。**保守主義如果不具備信條，就將喪失對知識份子的吸引力，而（不論保守主義者如何不願意相信）現代政治正是由知識份子所創造的**。

我將要證明，那兩種取代保守主義的「主義」，並沒有得到充分闡述。社會主義和自由主義思想的清晰性徒有其表，它們的晦澀則更爲艱深難解，因而可以輕鬆地隱匿於一種福音之中。與此相反，對於現代人而言，保守主義的態度一如過去那般適宜而合理；一旦理解它，便只有那些凡事都要尋求壓倒性目的或系統計畫的人才會反對它。這樣的人將痛苦不堪，不單是因爲保守主義的觀點，而且由於現代歷史的進程，這一進程將不斷把每一種體系都淹沒在新事物的潮流之中。

我關注的是信條，因此不考慮任一政府必定要面臨的重大政策性問題。但是，我會廣泛地使用實例，因爲若不能直接轉化爲實踐，信條將毫無益處可言。此外，我將抽象地進行論證，而且通常是哲學上的論證。可是，必須牢記一點，辯論並非保守主義者熱中的消遣。像任何政治事物一樣，保守主義者也會「贊同」某些事物，他之所以贊同它們，不是因爲持有對它們有利的論據，而是因爲了解它們，接受它們，並且發現某些干預它們運作的企圖威脅到他的認同感（他往往不知其所以然）。**保守主義者特有的最危險的對手不是激進份子**——他們用與保守主義者旗鼓相當的神話和成見武裝起來，

直截了當地反對保守主義者；**而是改革者**，他們的行動總是稟持改良的精神，對於凡是沒有更好的理由予以保存的事物，他們就找理由加以變革。現代社會主義者和現代自由主義者正是從這種改良的精神——維多利亞時代自由主義和社會達爾文主義的遺緒——之中，不斷汲取他們的道德啓示。

註釋

①原註：保守主義（conservatism）沒有任何普遍性的目標，任何人在任何時候都可以闡述其意義，這一認識已經在英國保守主義者當中形成了傳統，根據這一傳統，他們的信仰基本上是非系統化、厭惡理論、講究實際與日常經驗的（例如，休・塞西爾勳爵（Lord Hugh Cecil）：《保守主義》（*Conservatism*），倫敦，一九一二年版；黑爾什姆勳爵（Lord Hailsham）：《贊同保守主義的理由》（*The Case for Conseratism*），倫敦，一九四七年版；以及最近威廉・沃爾德格雷夫（William Waldegrave）所著《利維坦的束縛》（*The Binding of Leviathan*），倫敦，一九七八年版）。這種傳統爲保守主義政策提供了絕妙的支援，卻無法解決知識份子的疑難：究竟出於什麼原因要成爲保守主義者？

1

保守主義的態度

The Conservative Attitude

保守主義具有一種無須認同於任何政黨政策就可以界定的立場。實際上，對於厭惡所有黨派觀念的人來說，保守主義的觀念是吸引人的。英國保守黨最早的一份政治宣言明確表示，它所屬意的是「那個偉大而明智的社會階層……它極少關心黨派之爭，它更關心維護秩序和良好政府的目標」（皮爾（Peel）：《塔姆沃斯宣言》（*The Tamworth Manifesto*, 1834）」①。雖然看起來有些矛盾，英國保守黨恰恰脫胎於這種對黨派政治的厭惡。然而，這種厭惡很快就被另外一種厭惡所壓倒：對於不斷改革的厭惡，要成功地抗衡改革，只有依靠有組織的政黨②。

於是，在英國，一個特定的政黨、一個致力於維護受到商業狂熱和社會動蕩威脅的社會結構和制度的政黨，謀求以行動（換言之，正如事實不時表現出來的那樣，透過這個政黨戰略性的無所作爲）來表達保守主義。近年來，保守黨似乎不時脫離自身的傳統：它已經加入改革的競爭市場之中，贊同權力下放、經濟國際化的法則以及曾一度全力以赴地反對的「自由市場經濟」。保守黨主持了各郡邊界及國家貨幣的重組，帶領英國參與歐洲事務，放棄了法律自主權。在新工黨的衝擊之下，保守黨也選擇了民選的國會第二議院，並（在本書撰作期間）在面臨老幹部紛紛倒戈到歐洲單一貨幣理念的危機時，爲了謀求生存而不惜國家主權的損失。在保守黨執政的十八年間，已向具有社會主義規劃及其平等主義的意識形態之教育、社會，以及法律等制度不斷做出讓步了。總

之，保守黨近來時常以保守主義者難以苟同的方式行事。在絕大多數情況下，保守黨開始把自己看成是面臨國家侵害個人自由時的捍衛者，念念不忘把天賦的選擇權歸還給人民，把有癒合效力的民主原則注入到每一個法人團體。所有這些都是當前的時尚，可謂用心良苦，同時也並非總是誤入歧途，但這絕不是保守主義觀點的必然表達。確切地說，**這種時尚是保守黨近來試圖提供給自己一套政策目標，並從中勾勒其政治前景的結果**。有些人認為這種嘗試是出於政治上的需要，另外一些人要的就是這一嘗試本身。結果，要麼是匆匆忙忙、毫無意義地強烈要求改革，要麼便是全盤採納自由主義哲學——我在本書中把它確定為保守主義的主要敵人，它的種種裝飾就是個人獨立和「天賦」人權。在政治上，保守主義的態度首先謀求的是統治，不承認公民的自然權利，及其得以超乎被統治的義務之上。要是缺乏維繫與執行法律的權力支持，權利又有何用呢？

自由與中庸

可以說，亂世的徵兆就是：那些「中庸之道」（moderation）的倡導者，那些要在極端立場之間尋求切實可行的「中間路線」（middle course）的倡導者，以及有理智的（因為是沈默的）多數人需求的支持者，將會得到滿懷敬意的信從，而通常這些人是不可能

博得這種敬意的。我已經說過，在這樣的時期，保守主義肯定會感到有必要闡明自身的主張。**對保守黨而言，「中庸之道」的吸引力，在於它被假定與「自由」或「開放」的社會聯繫在一起**。人們認爲社會主義要摧毀的正是這種自由的社會③。於是，「中庸之道」試圖指揮抵禦「極權主義，不論它是來自左翼還是來自右翼（一般總要加上這麼一句）」。在柴契爾政府執政期間，我們被鼓勵把國內政治乃至國際政治，看成是某種完全抽象的「自由」與「極權主義」的衝突，表達、實現自身意願的「天賦」權利與強制性的、不自在的奴役之間的衝突等等。

嚴格地說，這種區分未必幼稚，實際上它有著從洛克（Locke）到羅伯特·諾齊克（Robert Nozick）的整個政治哲學傳統的背景④。不僅如此，它還是美國政府的高調及美國社會自我形象的重要組成部分，並以它的名義做出了最嚴肅的決策。可是，這並不表明這種區分足以具備直截了當的明晰性，好像這種區分規定了明確的政治忠誠，而這些忠誠可以先於做出忠誠聲明的特定時機而加以確定，好像全部政治活動，都可以納入到這種區分所指定的兩個對立派別名下。如果說，衆多所謂的（*soi-distant*）保守主義者認同「自由」這一抽象概念並不令人感到奇怪的話，這僅僅是因爲保守主義的性質恰恰在於避免抽象概念，然而一旦在聰明對手的誘惑下使用了這些概念，就會犯下根本性的錯誤。因此，直到最近，自由——尤其是諸如憲法賦予的言論自由、集會自由、「良知

的自由」——仍是當代僅有的保守主義其作爲對激烈意識形態鬥爭的貢獻而提出的概念。儘管自由意味著「擺脫共產主義壓迫的自由」，但保守主義者還能夠提倡自由，並明瞭這和他們向來所相信的或多或少還是相符合的。但是隨著蘇俄帝國的瓦解以及左翼自由主義共識的出現，這個古老的鬥爭口號已經無從使保守主義和它的對手之間做出區隔了。

一個例證

我在後面還會談到自由概念，以及與之相關的「人權」（hmman right）概念。爲使這個帶有普遍性的問題更爲清楚，我們不妨考慮時下大家關注的一個小例子：言論自由。顯而易見，倘若自由意味著一個人說想說的話，以及在任何時間、任何地點就任何一件事發表個人觀點的毫無約束的權利，那麼，任何健全的社會都不可能存在言論自由。無須多少法律知識就能認識到，英國不存在絕對的言論自由。自由主義思想家歷來都承認這個客觀事實。但他們認爲，對自由的限制只能是被動地進行，而且是作爲對個人權利的回應。只有出現下面這種可能性，即某個人也許會因爲自由的行使而受到損害，才能對自由做出限制。在保守主義者看來，倘若不能表明消除對自由的限制並不危及社會，

就應當堅持這種限制。因此，**對自由的限制，源於法律謀求體現（保守主義者認為法律必須體現）其意欲治理的那個社會的基本價值規範**。我會表明，這種法律觀要比與之對立的個人主義法律觀更加前後一致，更加接近事實。

世間不存在著辱罵、煽動仇恨、炮製或發表叛國言論、誹謗、猥褻，以及瀆神言論的自由。和所有文明國度一樣，英國有禁止製作、傳播煽動性材料的法律：煽動叛亂法。如今，這項法律還自動地宣佈，在共同體不同階層中煽動仇恨情緒是一項罪行。這項法律不僅使操縱種族仇恨，還使煽動階級仇恨成爲刑事犯罪，徹底實施這項法律，就會使最初的《種族關係法》〔Race Relations Act，對於可以依法懲處的罪行，該法仍然要求有某種「犯罪意圖」（*mens rea*）〕變得不那麼必要。這項法律未能付諸實施，究其原因，不僅是由於專門針對種族關係的一項法律的象徵性姿態表現出的巨大力量，儘管它無法消除種族反感，至少能夠撫慰中產階級在這一問題上的良知；原因還在於該法的實施將導致的直接後果：不僅「民族陣線」（National Front）[5]講壇上的言論將受到壓制，就連任何一次激進示威運動的言論，以及「英國職工大會」（Trades Union Congress）的衆多言論也都將遭到壓制。

煽動叛逆這一觀念的式微，並非民衆運動所致，而是強權政治的後果。事實上，與其說我們的社會信仰言論和集會自由，不如說是不敢說出對此的懷疑。這種懷疑在英國

法律中是如此地根深柢固——不論是習慣法還是法律條文都一樣——人們不能不認爲，除非徹底推翻法律奉爲神聖的社會秩序，不然就無法消除這種懷疑。但是，目前對這種懷疑的合法要求做出反應的，主要是法官和陪審團。政治家，尤其是「溫和的」（moderate）右翼政治家，已經喪失了勇氣。

我這麼說，絲毫不是否認這個事實：存在著某種並不那麼絕對的自由理想。根據這種理想，完全有理由說，英國存在並且一直有著比世界上絕大多數國家更多的言論自由（以及更多的各種類型的自由）。所有獲益於這種盎格魯—撒克遜式自由的人，包括自由寫作和閱讀本書而獲益的人，會正確評價這種自由。但是，**脫離了滋養這種自由的制度，就無從識別出這種自由**。這種自由，是正確地去做法律所不禁止之事的自由，法律禁止的事情表明了反省英國社會性質和結構的悠久傳統。英國習慣法起源於羅馬法（Roman law）、教會法（canon law）和我們撒克遜先輩的慣例，它屬於法官的特有領域，已經成爲一種深刻歷史感的表述，體現出關於現存社會秩序延續性和生命力的觀念。

自由與制度

我的論證可以概括如下：英國人尊重的自由，不是、也不可能是美國共和黨（Ameri-

can Republican Party）鼓吹的那種特殊自由，後者是開疆拓土的持不同政見者，在一方沒有歷史的土地上爲共同體利益而奮鬥的自由，是以某種不可思議的方式，與自由企業和市場經濟聯繫起來的自由。**英國人尊重的個人自由是特殊的個人自由，是漫長社會進化過程的產物，是各種制度的遺產**，一旦失去這些制度的保護，這種自由不可能持久。這種意義（也是唯一要緊的意義）上的自由，是公認的社會安排的結果，而不是社會安排的先決條件。脫離了制度的自由是盲目的自由，既不體現眞正的社會連續性，而且如我將要論證的，也不是眞正的個人選擇的體現。它不過是道德眞空中的一個姿態而已。

因此，自由觀念不可能在保守主義思想中佔據中心位置，無論在國內事務、國際政治，還是（對保守主義者來說具有特殊意義的）自治制度（autonomous institution）的內在引導方面，都是如此。只有當自由從屬於其他的某種東西，從屬於一個組織或者界定了個人目標的安排時，才能把自由理解爲一項社會目標。大體上說，個人的責任，在於努力獲致所能獲得的各種言論、良知和集會的自由；政治家的職責，則是確立和維護能使人們追求該自由的安排。所以，保守主義與自由主義的主要區別，就在於如下這個事實：保守主義者認爲，個人自由的價值並非絕對，而是從屬於另一種更高層次的價值：既定政府的權威。歷史表明，能在政治上令人民滿意的並不是自由，而是合意的政府，哪怕他們總是用「自由」之類的說詞，來描述對合意政治的基本要求。對於遵從社會交

往準則的每一個人而言，政府是第一需要，自由只是各種渴盼中的一種。

所以，當今時代的政治鬥爭，關注各種制度和生活方式的興亡存廢，能夠生動說明這一點的莫過於教育問題、政權轉移問題、工會和上院（House of Lords）的作用問題，這些都屬於抽象的「自由」概念所無法觸及的問題。**此類問題上的衝突並不涉及自由，而是涉及權威——屬於特定的部門、制度或安排的權威**。保守主義者正是憑藉權威這一理想來體驗政治世界。他的對手自由主義者所抱持的觀點似乎是反歷史的，往往將權威觀斥責爲已然過時的君主制統治觀的殘餘。馬克思主義者（Maxists，我打算在本書中嚴肅對待他們的觀點，因爲它們源於人們可能信以爲眞的一種人性論）從完全不同的角度看待這場爭論，他們試圖消弭「權威」（authority）理想的神祕性，以權力的現實取而代之。對於馬克思主義者而言，「權威」不過是對權力在意識形態方面的代表，權力充斥著合法性的虛假氣息，它被絕對地、不可改變地創造出來，從一種歷史現實轉變爲永恆的理想。馬克思主義者寧願談論權力，把權力當作唯一眞實的政治商品、唯一能夠實際轉手的物品，置於政治活動的中心。我將在下文中力圖表明，馬克思主義者如何想方設法假造政治活動的現實；不過，它也正確地標示了戰場的方位，僅此一點，我們就必須嚴肅地對待它。現在讓我們從初步的爭論回到眼前的任務上來，對保守主義觀念做出基本的描述，以便深入探討作爲一種當代政治態度的保守主義的涵義。

探求信條

我已經指出，保守主義作爲公民政治生活的推動力，其特徵是難以明言的，它不願意（實際上往往無法）將自身轉化爲成語或格言，不願意規定自身的目的或宣佈自身的打算。歷史上也有過明確表態的保守主義者，如亞里斯多德（Aristotle）、休謨（Hume）、艾略特（T. S. Eliot）。他們影響了政治進程，但這種影響通常是間接的，而且不是由於任何與他們的名字相聯繫的特定政治思想。實際上，如果保守主義眞的只在迫不得已時才形成自覺意識，那麼結果必然是，從實踐到理論的過渡，無法受惠於從理論回到行動時產生的直接影響。然而，在爲黨爭所困擾的世界中，知識份子寧願有意克制自己的信念，暫不表明思想傾向，不願毫無根據地捲入衝突之中。

這篇論文的任務是尋找若干觀念，憑藉這些觀念，保守主義者（不管是政治家還是單純的政治動物），就能夠擁有信條、確立自己的立場。我重申一遍，我在這裡發揮的是政治教義，而不是政治哲學。我提出的這些觀念，很有可能無法與透過它們來尋求表達的直覺完全吻合。要闡述政治信條，在某種程度上需要借助修辭學的手段，每當時代要求賦予統治的直覺以必然性的新裝飾時，信條就會被修訂和重申。但是，我們面臨一

個有待解決的重要問題：**保守主義是如何成為當代信仰的一環**，特別是在面對像大家這種自覺爲「現代」人的特殊種屬時，保守主義該做怎樣的自我推薦呢？

保守的願望

保守主義鬆散的定義，是把它說成保守的願望；因爲，每個人都具有某種保全可靠而親近事物的衝動，需要驗證的正是這種「親近」（familiarity）的性質。簡而言之，保守主義直接起源於這樣的觀念：個人從屬於某種持續的、既存的社會秩序，這一事實在決定人們所作所爲時是最最重要的。我們談到的「秩序」（order），可以是一個俱樂部、一個團體、一個階級的秩序，也可以是社區、教會、部隊或國家的秩序，個人在面對所有這些事物時會感受到一種一成不變的（institutional）態度，本書的任務就是描述和捍衛這種態度。一旦個人感受到這種態度——感受自身所處社會世界（social world）的連續性——就投身到公共生活（common life）的潮流之中。關鍵在於，一項社會安排的生命會逐漸與其成員的生活相交融，他們會感受到身邊的那種持久的意志。保守主義者的直覺就是建立在那種感覺之上，這就是歷史生命力的體現，是個人對於所屬社會的生存意志的認識。不僅如此，對於熱愛生命的人來說，他們熱愛給予了他們生命的事物；

至於他們獻身的渴望，則是爲了使他們已經擁有的東西成爲不朽。作爲保守主義之本質的「生存意志」（will to live），正是存在於個人與社會錯綜複雜的關係之中。

人們常常認爲（並不只社會主義者這麼認爲），英國的社會結構（假定我們正在討論英國社會）正在分崩離析，國家衰退，喪失了作爲自立民族的所有力量與活力。那麼，在除了廢墟之外沒有任何東西可以保全的時候，一個人怎麼會成爲保守主義者呢？這種徹頭徹尾的懷疑主義以多種形式出現，從尼采（Nietzsche）和史賓格勒（Spengler）的啓示錄式的幻想，到伴隨著「新社會」（New Society）⑥計畫的較爲樸素的喋喋不休，種種立論的基礎似乎總是放錯了地方。這種懷疑主義不論以何種形式出現，肯定沒有多少實際價值。一個社會或國家是有機體（同時也遠不僅僅是一個有機體），它因此註定帶有必然死亡的特性。然而，**倘若告訴病患說，為了那個等著取而代之的「新世界」，他應當立即著手死亡的任務，這難道不是荒謬的建議嗎？**即使在死亡的那一刹那，人們仍然有活下去的意志，渴望重新恢復生機。社會如同一個人，也會挺過疾病、起死回生。如果說保守主義者信奉萬民得救說，那是因爲他的生活貼近社會，察覺到公共秩序（common order）感染了疾病。那麼，他又怎麼可能會察覺不到已經變得糟糕的健康狀況呢？如今，革命已是匪夷所思之事：它就像迫不及待地謀殺患病的母親，以便取出據說孕育在她子宮裡的嬰兒。當然，持極端立場的保守主義者已經採取了革命的方式，例如

西班牙的佛朗哥（Franco），和現代智利的皮諾契特（Pinochet）等的保守主義者。然而，在隨之而來的眞空狀態，人們變得混亂無序、漫無目的、殘缺不全。結果就是殺戮流血，之後只能是緩慢地恢復若干遭破壞的國家的假象。

只要變革也具有連續性，保守的願望就與形形色色的變革並存不悖。最近，有人頗爲有力地指出，政治生活的變革進程太「過動」（hyperactive）⑦。過分鼓勵一個人的淺薄之處——這些淺薄構成了個人清楚表達出來的見解的主要內容——已經使整個公共領域氾濫著這樣一種看法：任何事物都能夠、也應當加以改變；那些身處制度之中或置身其外的人們，提出了種種改革建議和政治謀略，從而威脅到這些制度的生命。這是每一位保守主義者都關注的弊病，首要問題是努力認清它的性質。世界已經變得異乎尋常地「墨守成規」（opinionated），在社會的每一個角落，旣無願望也無能力思考社會利益的人們，正在被鼓勵挑選某種偏方去實現這樣的利益。就連羅馬天主敎會這樣的機構也已爲改革之風所苦，無法在自負的路德宗（Lutheran）意義上使用耶穌對彼得所說的言詞，已在某種程度上遺忘了習俗、禮儀以及愼謀能斷等等的傳統，是這樣的傳統使得該機構在世界性變革當中顯得屹立不搖，並以永恆權威的口吻發出召喚。敎會這一機構的目標並不屬於這個世界，但就在這個世界中，敎會竟把出賣自己當作一項「社會運動」！毫不奇怪的是，這麼做的後果不但導致了空洞無物的道德敎諭，還產生了滑稽可

笑的神學。

政治與目標

有人說，一切政治活動必定具備目標，在實現目標的過程中，變革與分裂是在所難免的吧？那麼，保守主義者怎樣才能既努力保全他們的遺產，又不參與到大衆娛樂式的改革之中呢？在這個問題上，從宏觀的國家政治領域，轉入微觀的普通人際關係領域，將是大有裨益的。

特定的人際關係以共同目標爲先決條件，一旦目標實現或放棄，這種人際關係就會破裂（例如，商業夥件關係）。但是，並非所有的人際關係都具有這樣的性質。追求某種機械的類推，已經導致了一種（廣泛接受卻很少言明的）信念，亦即認爲沒有目標的活動純粹是漫無目的的。因此，如果我們把政治活動看成一種理性行爲，就必須把它與確定的目標聯繫起來，與直接轉化爲政策的社會理想聯繫起來⑧。理性的政治家必須能夠表明所追求的社會形態、追求這一形態的理由以及爲實現這種形態採取的手段等等。

這種觀點事實上含糊不清。絕大多數的人類活動和有價值的人際關係都沒有目的。也就是說，**沒有外在於這些活動和關係本身的目的。所謂「最終目的」**（end in view）**並**

不存在，試圖提出目標，就是對這種安排的破壞。假設我出於既定的目的接近另一個人，那麼，我與他的關係就含有我在心中盤算的某種東西，我希望透過這種關係來實現它。再假設我與他人關係的唯一興趣就在於這個目標，這樣一來就形成了一個觀念，憑藉這個觀念，〈用康德（Kant）的術語說就是〉我不僅可以把他當作手段，而且也當作目的來看待。因爲我可以透過尋求他對我的目標的贊同，來努力實現我的目標。我勸說他，我努力說服他去做我希望他去做的事情。但是，如果這就是我的方法，那麼就總是存在一種可能性，即我未能說服他，抑或他反過來要勸阻我。由此產生某種互惠關係，從而必定放棄了我的目標的絕對權威性，而這種權威是判定我的行爲合理與否的唯一準則。但我的方法本身沒有任何不合理之處。如果我在這種情況下放棄目標，乃是因爲它被證明是不可行或無法證明爲正當的。換言之，它未能成爲當初被它所利用的同伴關係的組成部分。這麼一來，如果我承認另外一個人的自主程度是他的人性對我的要求，我就不能用針對他明確劃定的目標來對他施加影響，也無法指望那些目標的實現能成爲我們交往的不可避免的、自然的、乃至於合理的結果。我也許會發現新的目標，甚至可能不愼陷入「無目的」狀態，而無目的正是健全的人際關係的準則。倘若友誼確實有基礎，這個基礎就是：一個人想與某人交往，他對這個人並不抱有任何特定的目的。友誼的連續性將形成暫時性的目標與願望，但是，除非友誼轉變爲其他東西，否則這些目標

和願望中的任何一個都不足以支配這一安排。

政治亦是如此。政治家對謀求治理的社會抱有目標和雄心，但社會絕非無言的機體，它不僅有個性，還有意志。它的歷史、制度和文化蘊涵著人類的價值標準。簡言之，它不但具有手段的特徵，也具有目標的特徵。那些在爲人處事時蔑視友誼的政治家是這樣的一種人：他企圖對社會施加一系列既定的目標，卻又不努力理解這個社會反饋回來的理由和價值觀念。然而，治理的權利依據何在？難道不是存在於政治家與社會秩序的夥伴關係之中？保守主義觀點認爲，使政治活動受制於各種決定性的目的是荒謬的，不管那些目的看起來怎樣「立意良好」。因爲這樣一來就破壞了政府所依賴的那種夥伴關係。保守主義者或許會說，這就是共產主義荒謬性的眞正來源：它完全只把社會視爲達到若干未來目標的手段而已，所以它才會和其必須著手統治的民衆發生鬥爭。

理性交往的標準恰恰在於，交往目標並非全都是預先決定的。某些目的，或許是最重要的目的，仍然有待人們去發現而不是強加。要在社會生活中發現這些目標，首先得透過參與而非閱讀空洞的文章。這意味著在若干生活方式中進行分享的以生命力的那種安排（同樣，友誼的「目的」在友誼的延續中起作用，它每時每刻都表現出來，不會孤立地存在，並隨著友誼的破裂而消亡）。參與社會安排不僅意味著人們擁有一系列信仰、期望及對同胞的感情，人們還是擁有藉以體認行爲價值的理解方式（way of

seeing）。這種價值不是抽象運用某種概括的原則的結果，恰恰相反，它產生於政治活動的迫切需要。有人或許會說，在保守主義者看來，政治目標在行動中才有意義，絕大多數人卻拒絕把政治目的轉化爲偏方。政治家除非理解所力圖控制的社會安排，不然便無法合理地提出這類的政治目標，他一旦理解了那種社會安排就會發現，不可能以一項計畫的方式來「提出」目標。**在理解社會安排之前就拋出什麼偏方，無疑是感情用事，是意味著把社會當成政治激情的「藉口」，而不是看作適當的訴求對象**。要避免沈溺於感情用事，就應理解到，社會也有意志，理智的人必須包容這種信念。保守主義者認爲，這種意志存在於人們受到珍視的歷史、傳統、文化和成見之中。英國絕非自恃有權將各種的法令強加於人的野蠻社會，而是建立在最爲成熟的民族文化基礎之上，自身就包含了社會生活的全部基本原則。眞正的保守主義者會與那些原則保持一致，他會儘量友好地與自己賴以生存的民族共存。他有繼續活下去的意願，民族也有繼續生存下去的意志，兩者毫無二致。

直接的反對意見

眞有可能存在一種不承認任何主導性目的——除了統治之外別無目的——的政治

信條嗎？如此多的人認爲，「保守主義」不過是陳腐的詈罵和不公正的裁定，它還有可能是產生於「政治友誼」的態度嗎？

我在下文中將詳盡回答第一條反對意見。我已經泛泛談到「民族」、「社會」、「政府」和「國家」。在這些術語的背後，我們必須明確提出和澄清許多區別。我最終希望，人們認爲把社會比喻爲人是個清晰而實在的觀念。很顯然，既有並無主導性目標的信條，也有無主導性目標的政策；信奉沒有主導性目標的信條可以是合理的，同樣，依據無主導性目標的政策行事也可以是明智的。至於第二種異議，我希望它會逐步消失。但是，如果讀者能夠接受我的說法，那麼做出基本的回應還是必要的。保守主義以社會機體的存在爲先決條件。保守主義政治關注這一機體的生命力能夠歷經病痛與康復、變革與衰落（這並非一個外在的目標，而是政府之所以存在的理由）。**有人吵吵嚷嚷拒絕接受「保守黨」的政治主張，這並不意味著他們身上缺乏某種更深層的東西，它植根於社會秩序之中，受到與保守本能相協調的各種力量的驅使和撫慰。**在躁動不安的「輿論」背後，蘊涵著未言明的同一性（unity）。由於這種同一性直到最後才得到認同，它或許已經有所演化、染上了疾病或是發生了位移。顯然，倘若我們不把那層固執己見的外殼除掉，就將永遠無法辨認它。我們的社會依然困惑於種種有待認識的經驗。大部分自覺的政治活動都面對過這種困惑。因此，儘管保守主義信條十分準確地描述了

許多人的情感，這種信條在他們看來卻仍是令人吃驚、乃至使人不快的。

角逐權力

然而，即使保守主義者以這種方式追求和維繫基本的社會同一性，他與那種同一性的關係也無法提供所有的政治主張。社會自有其不健全的破壞性黨爭，保守主義者與之周旋到底。現代政治家不可避免地多少是個「受傷」的外科醫生，卻仍須繼續實施治療。他必須首先謀求統治，必須追逐使統治得以遂行的權力。實際上，保守主義者認爲，不能把權力掩蓋起來，使之從屬於某個可以證明爲正當的目標，權力不是達到「社會正義」、「平等」或「自由」的手段。權力就是要命令和影響，權力的正當理由就在於權力本身，在於合法性或既定權利的觀念。換言之，政治家謀求的權力必須是得到認可的權力。這種權力不僅應被人民視作權力，還被視作權威。每一個社會都依賴於公衆的自尊，依賴於公民對所置身的秩序的尊重，依賴於公民對作爲那一秩序組成部分的自身的尊重。人們的這種情感能夠無限地自我擴展，表現爲愛國主義、習俗和對法律的遵從，表現爲對領袖或君主的忠誠，表現爲對被授予特權者之特權的心悅誠服。正是這種情感——它既不必怯懦，也不必沒完沒了的恭順——孕育出保守主義政治家的權威。

所以，我們的首要任務就是描述這種情感。據此，我們可以得出關於公民秩序的解釋，這種秩序使保守主義態度變得可能與合理。

探討權力與權威的關係時，我們不得不承認，保守主義者面臨特殊的不利因素。這個不利因素使**保守主義者必須比一般對手更強大、更巧妙，乃至更狡獪。因為保守主義者缺乏明確的政治目標，無法提供任何能夠激發大眾熱情的東西**。他唯一關注的是政府的使命，他的態度足以防止該使命轉變爲一份社會目標的購物單。保守主義者以懷疑主義的眼光來看待平等和社會正義的神話；他厭惡地注視著普遍的政治騷動；在他看來，「進步」的大聲疾呼不過是轉瞬即逝的狂熱，只有當它威脅到政治秩序的時候，保守主義者才會認眞對待這種呼聲。那麼，什麼才能說服人民默許保守主義者掌權呢？像伯克（Burke）一樣，我們不妨認爲，革命的允諾完全是毫無意義的空話（因爲只有在精確預設下的社會安排，這些允諾才能被理解，但這種社會安排卻正是革命所要摧毀的）⑨。可是，保守主義者又能另行提出什麼樣的允諾呢？

社會主義知識份子最爲特出優點是，雖然他們以社會主義之名犯下一樁又一樁的罪行，但社會主義具備把自身與所有人認可的理想聯繫在一起的能力，以使這一信仰保持永恆的道德純潔性。社會主義革命也許要以數百萬人的生命爲代價，也許會犯下對整個階級的蓄意謀殺、文化的破壞、知識的消亡和對藝術的褻瀆，可這些都不會給社會主義

教義（此能榮耀該主義的作爲）及其參與者留下絲毫的污名。然而，那些爲了貫徹理念而犯下罪行的孤獨的萬民得救說信徒們（restorationists），例如皮諾契特將軍，往往只是損害了他們希望爲之效力的權威觀念，因爲他們不是爲理想而戰，而是爲了被他們視爲實體的事物而戰。於是，在這個重大無比的時代，保守主義者會發現，要遂行政治實踐，將與過去形成政治學說時同樣困難。但他還是能夠在一些地方獲得成功，而英國肯定就是其中之一。

註釋

①譯註：《塔姆沃斯宣言》（*The Tamworth Manifesto*）是皮爾於一八三四年對塔姆沃斯五百九十六位選民發表的政治演說，皮爾在這篇演說中闡述了保守黨新的改革政策。

②原註：伯克（Burke）堅定地要求要有信奉保守主義觀點的政治組織，雖然他本人是個輝格黨（Whig）人，但其言論和著述卻是在現代政黨忠誠形成之前。因此，他通常被視爲英國保守黨的「創始人」。歷史學家在英國保守黨形成的確切時間上一直有爭議。我認爲，它在一八三二年以前還沒有最終形成，我的依據是諾曼・蓋什（Norman Gash），《皮爾時代的政治》（*Politics in the Age of Peel*）（倫敦，一九五二年版）以及布萊克勳爵（Lord Blake）的《從皮爾到邱吉爾的保守黨》（*The Conservative Party from Peel to Churchill*）。在下文中，我使用「托利黨」（Tory）一詞來指保守黨，除非上下文表明指的是此前的那個鬆散的聯合體。同樣，大寫字頭C的 Conservative 是指保守黨，小寫字頭 c的 conservative 則是指該黨也許會、也許不會體現的保守主義信

仰體系。

③原註：例如，卡爾・波普爵士（Sir Karl Popper），《開放的社會及其敵人》（*The Open Society and Its Enemies*），普林斯頓，一九五〇年版。

④原註：約翰・洛克（John Locke），《政府論兩篇》（*Two Treaties of Government*），拉斯萊特（P. Laslett）編，劍橋，一九六〇年版；羅伯特・諾齊克（Robet Nozick），《無政府、國家與烏托邦》（*Anarchy, State and Utopia*），紐約，一九七一年版。

⑤譯註：民族陣線（National Front）是一九六六年成立的極右翼小黨，主張把有色移民遣送出英國。

⑥譯註：「新社會」（New Society）計畫是英國空想社會主義者羅伯特・歐文（Robert Owen）在一八一二至一八一三年發表的《新社會觀》（*The View of New Society*）一書中提出的，他先後在美國和英國把「新社會」計畫付諸實施，但均告失敗。

⑦肯尼斯・米諾格（Kenneth Minogue），〈論現代英國政治的過動性〉（On Hyperactivism in Modern British Politics），載莫里斯・考林（Maurice Cowling）主編：《保守主義論叢》（*Conservative Essays*），倫敦，一九七八年版。

⑧原註：此處的差異部分相當於（十九世紀德國社會學所特別強調的）「社群」（Gesellschaft）與「社會」（Gemeinschaft）之間的區別（比較滕尼斯（F. Tönnies）：《社群與社會》（*Community and Society*），英譯本，紐約，一九六三年版）。有關本節論據的更爲詳盡的闡述，見邁克爾・奧克肖特（Michael Oakeshott）：〈政治中的理性主義〉（Rationalism in Politics），載《劍橋雜誌》（*Cambridge Journal*）第一卷，一九四七—一九四八年，第八一—八九、一四五—五七頁；《論人類行爲》（*On Human Conduct*），倫敦，一九七五年

版。

⑨原註：埃德蒙・伯克（Edmund Burke）：《法國革命感想錄》（*Reflections on the Revolution in France*），倫敦，一九六〇年版。

2

權威與忠誠

Authority and Allegiance

保守主義的立場要求維護公民秩序（civil order）。這種秩序爲何物?爲什麼必須加以保全?

我們必須從區分國家與社會著手，不僅因爲兩者確實可區分，還由於應當對它們分別進行描述。社會之所以凝聚，乃在於聯繫公民彼此的紐帶，這種紐帶孕育、維繫政府機構。歷史學家探討了國家的各種起源。在他們的筆下，「國家」彷彿是現代的發明：要麼起源於教會裁判權的崩潰；要麼起源於「人權」的鼓噪（這種鼓噪似乎迫切需要人們發明某種東西來反對主張人權的鼓噪）；或者（更爲目光狹隘地認爲）起源於維也納會議對邊界的劃定①。這些討論引發了一些重要的問題，我將在下文中加以探討。爲了清晰起見，我們必須做出最廣義的區分，承認凡是涵蓋了名副其實的政府之體制，都有國家與公民社會兩個層面。這兩個層面無法彼此孤立地存在，讀者必須理解，保守主義的社會觀已經充分地提示了保守主義的國家觀，本章的目的就是探究保守主義的社會觀。

儘管如此，保守主義發軔自對公民社會的態度，保守主義的政治信條完全起源於公民社會的觀念。但是，一種政治信條必須具備行動的動機和感召力的源泉。保守主義者不會訴諸烏托邦式的未來，或是任何沒有相當體現現在與過去的未來，因此，**他必須利用既能直接應用於眼前的問題、又揭示人們心目中可激勵力量的概念。這種激勵的力量**

必須足夠強大，以抗衡對手提出的對「自由」和「社會正義」的渴望。我們直接面對的，而且必須考察其當代適用性的概念有三個：權威、忠誠和傳統。

權威與權力

有個顯著的事實是，大家承認他們的同胞、社會安排、制度和國家的權威。同樣引人矚目的是，這種權威能夠博得他們的忠誠，他們因此會心甘情願地爲它而犧牲，就像爲了任何理想或宗教信仰而犧牲一樣。從歷史上看，每當人們表現出爲了比他們自身更爲重要的某種東西而犧牲生命的傾向，國家和社會秩序必定是這種傾向的主要受益者，而與宗教一爭高下。憤世嫉俗者會說，教會與國家代表了唯一能夠強制人們放棄生命的力量，可這種憤世嫉俗毫無根據。驅使古希臘人到特洛伊城下的，並不是國家，而是相同的社會認同以及身爲希臘人的榮譽感和忠誠之心（現代戰爭的恐怖和非人格化已使得這一傾向難以維繫。榮譽感往往會表現爲一種個人的悲傷，表現爲威爾弗雷德・歐文（Wilfred Owen）所說的「無人能比的更偉大的愛……」②或者表現爲那些一同受苦受難者的「團結」）。

「權威」泛指很多事物。它尤其指既定的或合法的權力。在這兩種意義上，它都能

夠被承認、授予、撤銷、尊重、忽視和反對。一個人的權威來源於確定的源泉，雖然他最好能夠具備另一種意義上的權威，在這種意義上，權威並不是指合法或既定的統治原則，而是指博得忠誠的天賦才能。在馬克思主義者看來，「權威」及其用來自我標榜的「合法性」概念，完全是階級統治的意識形態的組成部分，完全是佔統治地位的「霸權」所擁有並反覆灌輸的概念。這些概念屬於一個巨大的下意識陰謀，權力藉此謀求在公認的制度中確立自身的地位，那些制度也藉此掩蓋其歷史性本質（也就是說，它們的非永恆性）。歷史的被說成是自然的；權力被描述爲不可變更的權力。毫無疑問，馬克思主義者說，這裡唯一的**真實**是權力。

重要的是應當認識到，不論其正確與否，這樣的觀念卻是與政治實踐無關。政治活動不同於民眾的生物學分類，前者的結構取決於參與政治活動的那些人心目中的觀念，後者的結構僅僅服從於下意識本性的無情法則。你可以如願地盡力去破壞先把合法性置於常識核心的「主導意識形態」（ruling ideology），但你無法做到從人們心中根除那種對於他們與世界的實際交往來說必不可少的觀念。人們具有合法性的觀念，認識到這個世界受到關於合法性的措詞的渲染，而人們看待世界的方式決定了會採取什麼樣的行動。目前，**合法性信念業已存在，並將作為公共政治意識的組成部分繼續存在下去**。在一個並不令人愉快的社會，人們不會看到合法性納入法律之中，那裡有的僅僅是權勢機

構（establishment），僅僅是既定的權力。這種合法性信念的力量無庸置評。從諾曼征服（Norman Conquest）③到當代對工會權力的反應，合法性觀念始終支配著政治實踐。至於這一觀念是否與現實相吻合，則可以當作沒有任何政治意義（雖然具有重大的哲學意義）的問題而擱置不論。

社會契約

爲了理解保守主義者對權威的態度，我們不妨考察一下不久前產生、目前似已勢不可擋的政治觀念，用湯馬斯・霍布斯（Thomas Hobbes）的話來說，這一觀念就是：「任何人的義務都源於他自身的某種行爲。」④這一觀念最流行的版本，就是認爲從權力到合法性的轉變，寓於一種無聲無息、不明不白、不可企及的「社會契約」之中。如今，沒有任何人（尤其是保守主義者）還會相信，如果不散佈神話，有哪一種統治還能夠延續。在一段時期裡，這一獨特的謊言（譯按：指「社會契約」）曾經有助於使人們相信，統治的合法性並不在於神授王權，而在別的什麼地方。但社會契約與事實的差距，如同下面這種觀點與事實的差距一樣大：我的父母與我祕密訂立了契約，他們將撫育我，以換取我日後的照料作爲回報。當然，並不是每一項契約都必須明文規定。例如，

法律中有所謂默示契約（implied contracts），就是由若干部分履行的行爲產生的。即使在默示契約中（那些特殊案例除外，它們的契約是成文法默許的），在某一點上也必定會有選擇和推敲；會有對契約後果的認識，而且，就算沒有對互換承諾的共同認可，也會抱有對這種互換承諾的信念。人們抱有這樣一種看法：在一切政治體制乃至所有社會體制的核心，**必定**有著某種類似於契約的東西（但是，我們可以說一項契約是源自社會交往，而且不會超越社會交往，顯而易見，它也不可能超越社會交往）。這個觀點出自一種奇特的思想模式，我們必須在此處和下一章中加以分析，因爲它直接關係到我們的主題。

這種思想模式如下：人類作爲自由、自主的行爲者，是受「正義」法則的支配的。簡而言之，再次借用康德的抽象術語來說，這個觀念是指必須把人當作目的而非手段。把人當作手段即意味著沒有尊重他人的自由，因此會喪失得到他人同等尊重的權利。履行契約並非最高目的，而是公平關係的最爲明確的理由。另外，我們可以假定，人們在心照不宣、充分認識到各種後果的情況下做出承諾。在這種情況下做出承諾，並且有賴於他人的兌現，同時又不想給予任何回報，這就是把他人當作手段，濫用他人的信任，也就因此對他人做出了不公正的行爲。在此我們發現，一個人僭取了他無權享有的對於另一個人的權利；因爲雖然他人賦予給他那種權利，他卻只能有條件地行使那種權利，

只有認識到自己獲得相同的權利作爲回報，他才能行使那種權利。這樣一來，我們就可以區分合法的要求與非法的要求；《我們共同的朋友》（*Our Mutual Friend*）中的博芬（Boffin）先生⑤如此喧囂地要求的「權利」，顯然是屬於後一種類型。這種「權利」，歐洲人權法庭就列舉了許多，卻被利用在移轉特權和權力給若干個人和團體，這些擁有者卻並不曾建立過可與這些權利相稱的功勞。

契約的重要性在於，它完全由自由授予的權利所組成，那種自由（正如常識和習慣法始終暗示的那樣）蘊涵著權利的合法性。所以，只要把契約的術語移植到社會領域，我們就具備了把合法權力與非法權力相區別的手段。這一評判標準在應用時很複雜，包含許多限制和微妙之處，其實質卻簡單明瞭。權力是源於並體現契約原則，還是擁有某種凌駕於契約原則之上的權利？從這個角度來看，警察的權力可以看作是合法的權力，黑手黨的權力則不合法等等。

這種看法難以令人信服。因爲自由開放的契約之所以可能，正是以完備的社會秩序爲先決條件。這並非是由於不如此便無法履行契約（儘管這也是事實），而是因爲**若沒有社會秩序，個人透過承諾來自我約束的觀念，就無從形成**。我們已經假定，存在共同的制度和人類自由的概念，這些事物不可能產生自該契約之履行，因這正是該契約所要實現的。這並不是說不能以這種契約方式，以當代美國自由主義的方式來看待社會，從

而把一切社會體制都理解爲成員的集合體，把選擇和同意看成是這種集合體的最高約束原則。但是，由於這種看法甚至涵蓋了公認的國家「權威」最無關緊要的方面，就必定賦予社會安排以貌似眞實的歷史背景（例如新英格蘭的背景），並以此來蒙蔽原本喜愛探究求索的頭腦。本世紀美國政治最異乎尋常的事情，就是承認國家的權力實際上超越了想像中的契約基礎，因此必須到其他地方尋求國家權力的權威⑥。

權威與家庭

讓我們再從政治領域回到私人領域，來看看家庭的例子。我已經指出了下面這種看法的荒謬，即認爲家庭紐帶是契約性的，抑或家庭的義務在任何情況下均產生於對自主的自願放棄，甚至產生於日後某一時期意識到的某種未言明的交易。在這裡，哪怕是作爲一個比喻，契約的術語也與事實毫不相干。正因爲如此，極端的個人主義者認爲，那些並非最終源於自覺選擇的安排，毫無長處可言，他們已經著手攻擊家庭，捏造家庭「可有可無」（dispensability）的觀念，視家庭爲「父權主義」（patriarchal）的壓迫並向它宣戰，身爲婦孺者若要享受自由與自身的成就，就非從這種壓迫下解放不可。

假如人類只是偶然變得相互友愛、需要和依賴；假如子女對父母、父母對子女只是

偶爾感到這種會決定日後苦樂的無法改變的紐帶關係；假如家庭生活至今只是偶然大體依舊（除了少數例外），那麼這種「激進批評」或許還有些份量。但保守主義者對此持懷疑態度。保守主義者難得表述世界的眞實狀況，他的表述以觀察爲基礎，不相信人性會瞬息萬變。所以，他會承認上述那些事實並非出於偶然，只有在快樂、勤奮、友愛、悲傷、激情以及忠誠都變得可有可無的時候，也就是說，只有在少數人能夠說服自己（不論用什麼樣的理由）放棄這些東西的情況下，家庭的紐帶才是可有可無的。

因而，家庭這個小小社會單位，是具有與公民社會相通的特殊屬性的：亦即並非契約性，不是出於（不論對父母還是對子女）選擇，而是天性使然的。上述類推反之亦然，**把公民與社會聯結在一起的，顯然同樣是自然而非自願的紐帶**。洛克及其他偉大的個人主義者不這麼認爲，可他們也不得不認識到，世界包含了許多「空缺位置」（vacant places），可以由情願退出代代相傳安排的那些人來塡補。如我們所知，每個國家都誇示本國表明「訂約」（engaged）的標誌。此外，假設一下，正值中年、植根於自己的語言、歷史和文化的我，突然發生激變（volte-face），認定自己純粹是出於偶然才成爲英國人，任何時候都可以不受約束地改變身分，這種想法難道不是弱智的表現嗎？我即使前往異國他鄉，也仍然是個英國人，我同樣會眷戀我的家庭、語言、生活與自我。我會成爲殖民者或流亡者，要麼像西藏人那樣沈淪，要麼像猶太人那樣漂泊。

用家庭來做比喻，有助於我們了解權威的政治作用。從一開始就很淸楚的是，孩子必定受到父母權力的影響：恰恰是孩子對父母的愛，給了父母這種權力。正如一位軍官不會停止指揮，聽任自己的部隊一直無拘無束，父母也不會以縱容孩子來逃避行使這種權力。孩子就是因父母的意志才存在，父母因此負有不可廢止的義務撫養和影響孩子的成長。權力就存在於這個過程之中，而且必定屬於一種既定的權力，因爲當孩子降臨人世時，父母手中就已經掌握了這種權力。如今，有一種看法認爲，孩子們不僅需要父母行使這種權力，還會要求父母那樣做，乃至會珍視父母的保護。如果沒有首先行使一種既定的權力，父母就談不上滿足孩子的愛，也談不上付出愛。因爲，孩子怎樣才能從周圍的所有生物當中認出自己的父母，也就是說，怎麼才能識別出他們感受到的愛和保護的源頭呢？無疑，孩子肯定會感受到身外有一種意志，一種爲其生活著想的渴望在影響著他（她）的生活。孩子肯定會感受到他人對自己的愛產生的約束。**只有孩子認識到存在著決定他（她）所作所為的客觀權力，才不會沈溺於自我，轉而認識到父母是種自主的存在，一種不僅能夠付出愛，還可以自願向他（她）付出愛的存在**，他（她）則應該以愛回報。我們把這種人格之愛（personal love）設定爲家庭融洽的目的，這種人格之愛的先決條件在於，既是感受到既定的權力：孩子朦朧地意識到，至少相對於另一個生物而言，他（她）是無能爲力的；也逐漸明確地認識到，那個人的權力也是在行使自由。

與此相似，正是對於約束、無助和受制於外部意志的承認，宣告了公民認識到自身的社會成員身分；這種認識孕育出個人對自己國家的熱愛。

再來看一下家庭忠誠的另一方面。我們傾向於認爲，孩子對父母負有責任，這種責任絕沒有表明什麼單純的契約權利，而完全是作爲對親子關係的承認所應當給予父母的。這種義務觀的基礎不是正義——它屬於確立起道德約束的人與人之間的自願行爲的範疇——而是尊敬、敬重以及（羅馬人所說的）忠孝⑦。不照料上了年紀的父母並非不義的行爲，而是不敬的行爲。所謂不敬，就是拒絕承認任何不是出於同意或選擇的要求是合法的要求。我們發現，倘若我們無法確認這種識別出「超驗的」（transcendent）——即在某種程度上「客觀地」超出個人選擇的範疇——紐帶的能力，就無法理解孩子對父母的態度。公民正是把這種能力從家庭生活移植到公共生活、人民和國家。保守主義者認爲，社會的紐帶正是這樣一種「超驗的」紐帶，公民必然傾向於認可其合法性。換句話說，公民傾向於把權威賦予現有的秩序。公民在這麼做的時候，多半會受到具有專斷權力的法令的威懾，或是受到公共秩序中普遍存在的「敵意」的威懾，這就如同自幼失怙且無人撫養的孩子所經歷的情況。

權威在我們探討過的那種意義上，乃是個龐大的人爲之物。我的意思並不是說權威是刻意樹立起來的；恰恰相反，權威只有在人們運用、理解和服從它的情況下才能夠存

在。這種普遍的默許決定了社會的狀況，保守主義者致力於維護能夠培養出忠誠習慣的各種慣例和制度，家庭當然是其中最好的。我們將會看到，保守主義思想的這種必然的推斷，與任何暗示保守主義者擁護自由主義理想，或所謂「最低限的國家」（minimal state）⑧的說法勢不兩立。嚴肅人士絕不會認爲，必須有一種超越國家權力的權力，一種倘若它決意如此，就能夠置身於法律範疇之外的權力。保守主義者認爲，對於國家的權威來說，國家權力必不可少，保守主義者將與任何反對國家權力的勢力針鋒相對，謀求確立和強化國家權力。然而，**保守主義者並不希望看到權力赤裸裸屹立於政治論壇，而是給它披上憲法的外衣，讓它始終透過完備的法律體系來運作**，使權力的轉移永遠不會採取野蠻暴虐的方式，而是自始至終採取有節制、合情合理的方式，成爲激起忠誠之心的文明活力的表現。因此，憲法以及支撐著憲法的制度，始終是保守主義思想的核心。保守主義者相信已知的、業已經過試驗的安排，希望把構建眞實而公認的公共領域必需的一切權威，注入這些安排。保守主義者之所以尊重傳統和習俗，蓋源於此，而不是任何把這些慣例當作手段的目標（例如自由）。這一點極爲重要，我將做出進一步的闡述。

忠誠

接下來看看忠誠這個概念。忠誠規定了社會狀況，使社會成爲某種比自由主義思想所理解的「個人集合體」（aggregate of individuals）更重要的東西。保守主義者也希望國家（作爲統治工具的國家）與公民個人的活動保持相當鬆散的關係，但是，如果以個人價值觀的名義提出的要求與社會必需的忠誠相牴觸，保守主義者對這些要求持懷疑態度就是正確的。個性同樣是人爲之物，是一種有賴於人群社會生活之成就。實際上，正如許多歷史學家所指出，近代人類精神的一次冒險行動就是：許多男人和女人把自身定義爲個體，定義爲本性和價值均集中於他們獨一無二的個體存在的生物⑨。人之所以爲人的前提在於：個人在作爲自主的存在物生存和活動的同時，能夠首先把自身認同於某種更爲重要的東西。也就是說，把自身看成是社會、集團、階級、國家或民族的一份子，某種他無法命名、卻本能地認作「家」的安排之成員。只有這樣，他才能作爲自主的存在物生存和活動。從政治上說，忠誠——站在「我的社會地位及其義務」的深思熟慮的高度來看，人們把忠誠當作日常行爲中特定的既成事實來體驗⑩——的紐帶乃是超越個人價值之上的價值。對於大多數人而言，忠誠的紐帶具有直接的權威性，對個性的

呼喚卻無人理睬。如果說某位政治家有義務維護後者卻忽視前者，那是十分錯誤的。倘若權威與個性這兩種推動力彼此並不牴觸，如菲爾丁（Fielding）⑪所描繪（伯克所捍衛）的社會中那樣，那就再好不過了。一旦個性威脅到忠誠，公民秩序也就受到了威脅。在追求自我實現，而無視滋養著自身的制度和傳統的社會當中，情況必定會是這樣。政治活動的使命就在於維護公民秩序，防止出現公民秩序的禍根——「一盤散沙的個體」，這是伯克所描繪的⑫。

我已概述了家庭紐帶所形成的忠誠，以及由此產生的尊重和忠孝的影響，現在可以來討論那些能成爲適當社會目標的事物了。我已指出，忠誠的首要對象是權威。也就是說，權力被視爲合法的權力，並因此受到責任的約束。在家庭關係中，這種權威與責任的根據和目的建立在愛之上，但它們從一開始就超越了人格之愛（無疑，弗洛依德（Freud）的「家庭戀情」（family romance）概念包含一個巨大的謎團。弗洛依德抓住了某種意義重大的東西，這就是亂倫禁忌與作爲「庇護所」（home）的家庭之間的關係，黑格爾（Hegel）和華格納（Wagner）也意識到這個問題。然而，這肯定無法使我們相信，自然的紐帶始終不可避免地是性愛的紐帶。在這一方面最重要的不是相似點而是差異性）。權威和責任產生於並且維繫著這樣一種家庭觀：家庭是某種比家庭成員的集合體更爲重要的東西。由於家庭成員的參與，家庭這一實體的存在，與家庭成員的存在相互

交織在一起。參與這種安排，人類得到的是提升而不是貶抑⑬。**個性首先讓位給家庭，接著讓位給整個社會機體，最終為成熟的忠誠所取代。這種忠誠是政治上唯一可取的「自由」形式**。很顯然，忠誠有其程度的問題，它時而狂熱，時而消極或衰退。保守主義之所以可能存在，就在於它僅僅在一定程度上存在，而且只存在於最爲積極的人當中。

某種類型的愛國主義，即個人對於自身與社會秩序的一致性的觀念，在政治上是不可或缺的。愛國主義有許多惡意的批評者，他們當中並非所有的人都像老年的托爾斯泰（Tolstoy）⑭那樣感情用事。無可否認，愛國主義的力量，足以把一定程度的慷慨注入到哪怕是最平庸的心靈，足以抑制從他人的無助或失敗中獲利的本能。倘若有人反對說，愛國主義（或曰「民族主義」）一直是戰爭和苦難的主要誘因，我們的回答是：首先，它一直是僅有的阻止內戰發生的最重要力量，而內戰被普遍視爲人類各種不幸中之最甚者；其次，由於戰爭的目的是爭奪權力，人們能夠輕而易舉地像爲民族榮譽而戰那樣，打著「國際性」理想的旗號發動戰爭（大致說來，二十世紀中戰爭的最大主因乃是國際社會主義，就如同共產國際所宣傳的一樣）。

人們對愛國主義動機的疑慮，部分是根源於將愛國主義和民族主義混爲一談。後者並非某種忠誠思想，而是一種意識形態，並以忠誠思想爲號召發動起義。通常民族主義是肇因於帝國的崩潰，也就是先前受到遠距的首都力量所統治的人們，尋求一種較具地

方形式的合法政府，也就是那種能合乎將他們彼此凝聚起來的習俗、語言和歷史等等的形式。不過呢，這幾乎從來都牽涉到自我決斷的行動：如果不是反抗崩潰中的帝國，就是對抗著手於同樣要求「自決」的敵對民族。現代這段自決的歷史是並不愉快。但是無論如何，其中有一部分，亦即賦予自然的忠誠若干政治表述的企圖，卻也博得了保守派的同情。保守主義者所要反對的，是企圖透過所謂「我們」無論如何都高過「他們」的謬論，來使民族忠誠合理化，從而取得將之破壞的資格。大體說來，愛國主義是對若干事物較爲沈穩的觀點。簡單說，就是認知到，大家是存亡與共的，所以彼此都有義務來維持習慣，以及吾人共同成員身分的象徵意義。

有一種歷史悠久的政治思想傳統（馬基維利（Machiavelli）絕非這一傳統的首位代表人物）認爲，對外侵略是實現國內和平的先決條件。果眞如此，那麼愛國主義自然就成爲公民社會必不可少的紐帶。但是，每一個現代公民的希望恰恰在於，這一馬基維利式的直覺並不一定就是正確的，按照國際法進行交涉的做法將取代以往的戰爭模式。儘管如此，人們必須認識到，愛國主義並不僅僅是針對國際事務的一種態度。它首先是個人生活的前提條件，在公民的深思熟慮中佔據獨一無二的位置。要理解愛國主義，必須再次求諸保守主義思想的另一條公理。當然，雖然我稱之爲公理，但就**保守成性**（homo conservans）的人類本能來說，它們是與生俱來、不言自明的。

民族的焦點

第一條公理是一項簡單的原則：由於沒有主導性的理想（此在第一章中已有所闡述），保守主義必然以多種面貌出現。在被問及何爲最佳的統治形式時，梭倫（Solon，譯註：西元前六世紀的雅典立法者）回答說：「爲了什麼人？以及在何時？」令保守主義者肅然起敬、生氣勃勃的，正是特定的國家、特定的歷史、特定的生活方式；保守主義者也許會富於想像力地理解其他或眞實或理想化的安排，卻不會像沈浸在自己的社會中那樣沈浸其中。**保守主義者認爲，任何烏托邦觀念都無法與現行慣例相抗衡**，前者是抽象的、不完善的，後者是具體的，受制於那些常見的錯綜複雜的情況，無須對這些事物加以說明就可以理解它們。業已在社會生活中得到證明、具備博得參與者忠誠的權力的安排存在到何種程度，多樣性的保守主義政治主張就存在到何種程度。保守主義者出於道德顧慮，會寬容同儕中若干人的慣例；他首選的政治生活方式，並非來自於其本身就足以禁止他所厭惡之事的抽象原理。

第二條公理理解起來要困難得多，當然，它對於保守主義信仰而言同樣十分重要。這條公理是：公民的政治活動，取決於其關於自身社會性的觀念。倘若脫離政治參與者的動機，便無從認知政治的現實。馬克思主義者不論怎樣說明經濟基礎與上層建築之間的關係，抑或確定社會行爲的經濟起因，卻都沒有正確地從政治上理解人性（我將在第五章中再討論這一點）。

這個論點，可以用語言學的類比來具體說明。假定有位語言學家提出了一項英語語言規則，這一規則告訴我們，一個人何時會說「這座房子是白色的」，何時會說「某樣東西是白色的」。如果這一規則理論完備，就充分解釋了那些句子之間的關係，因爲它會告訴我們有關這些句子內容的全部事實：時間、地點、原因。但是，從另一層意義上看，這種說明並不完備。因爲那些句子之間存在著與因果律無涉的關係，並且是最爲重要的關係：句子涵義之間的關係。一個人理解了那些句子，就掌握了這種關係，即使對那位語言學家的定律一無所知，也依然能夠充分理解那些句子。反之，那位語言學家即使掌握了所有因果律知識，卻仍然缺乏說母語的人對所說內容的理解力。因爲語言學家

的定律也許不會收入辭典。

同理，人的行爲，無論出於什麼樣的經濟、社會和生物學的決定因素，他本人及其同胞會以另一種方式，即從自身行爲的用意，來理解自身的行爲。人們要想說明這種用意，必須使用行爲者能夠獲得的概念，而不是預言性科學的專業化分類。不僅如此，一個人的意圖和行爲源於自身的世界觀；如果說，不帶偏見意味著觀察者不加想像地理解影響行爲的概念，那就不可能有什麼人類行爲「不偏不倚的觀察者」。參與政治活動即意味著理解，並在不同程度上分享相同的認識事物方式。這就要求人們運用想像來認同；可並不涉及（其實在很大程度上也不相容於）任何中立的「人的科學」之應用。

這種社會事務的「表象」（surface）爲何物呢？它是一種通過參與來理解、卻拒絕轉變爲言詞的事物嗎？首先，爲了簡化問題，我們可以用它來意指一個社會、種族或民族的「文化」。所謂「文化」，我指的是所有那些賦予這個世界以意義的活動，使得這個世界帶有恰當的行爲和恰當的反應留下的印記。正是這種文化構成了個人對自身社會性的理解。這種理解與其說透過選擇實現，不如說是透過社會機體中包含的各種概念和感覺，透過各種慣例（例如，婚姻的慣例）來實現的。人們無法自圓其說地把這些慣例認作是個人意志的產物，或者是某種無人能說出其條款的「社會契約」的結果。倘若某種慣例引導參與者認識到自身所作所爲的價值，它就屬於文化的範疇。局外人或許不能

充分了解這種認識，但對於引發社會行爲的意圖來說，這種認識至關重要。

直截了當地說，一個完全自行決定自身生活方式、我行我素的人，其思想中有著某些非常自欺欺人的東西。「眞實性」（authenticity）的崇拜者，強調個體的自我在某種程度上是人爲產物這一事實，他們堅持這樣一種自相矛盾的立場：一個人完全由他自身創造。如今，沒有多少人還會認可這種把自我當作必要條件（causa sui）的神話。顯而易見，**自我這一人為產物並非我的創造；它先是被投入社會安排的模式之中**，帶有永久銘刻其上的那種外形，或多或少地被以後的選擇行爲所扭曲或美化。我要指出的是，我們一旦摒棄了對「眞實性」的頂禮膜拜，就必須摒棄隨之而來的整個表達異議的機制。尤其是，我們必須放棄這樣一種作爲自由主義和社會主義思想首要原則的做法：試圖削弱一切「既定」的事物，削弱一切用來壓制反對派的既得權力。這並不是說我們必須接受既定的一切，但我們將不得不承認，不論我們把什麼東西當成理想，是社會架構給追求它的那些人提供了概念和認知，如果脫離了社會架構，理想本身沒有多少生命力。一旦那些主要的、也許是核心的概念和認知能夠傳承下去，習俗、傳統及共同的文化就成爲主導性的政治概念。如果這些觀念爲普通人提供了衡量行爲價值的觀念，他的自我認同最終將與對社會常規的忠誠完全一致。

愛國主義

保守主義的第二條公理是，政治涉及的是社會意識的表象，我們現在來看看這條公理的適用性。要充分理解忠誠觀念，就要相應地理解傳統、習俗和禮儀，也就是公民能夠藉以把自身的忠誠視作一個目的的所有慣例。在自由主義者看來，對社會的忠誠是個手段：「忠於這種安排，就能使你大體上可以我行我素。」但是，保守主義者認爲，不能把忠誠看成達到一個目的的手段，因爲，如果不回溯追求那一目的的那些人的價值觀念，並因此回溯習俗、制度和忠誠，就不可能解釋那一目的。結果，雖然愛國主義表現出多種多樣的形式，卻總是力圖把自身轉化爲象徵性的行動，這樣的行動抗拒轉變爲「達成目的的手段」。請看一下英國人面對和規定王權時表現出來的忠誠。君主政體乃是具有複雜憲政背景的一種制度，它把君主個人提升到個人品質的範疇之上，賦予他（或她）以尊嚴和——恕我直言——職位的客觀性。吸引英國人的，並非女王的個人品質，也不是任何關於王權的功能和歷史的眞知灼見。相反，**把英國人吸引到女王周圍的，是這種意識：君主是民族性的象徵，是他們身為其中一份子的歷史存在的化身**。英國人對君主的忠誠有賴於禮儀，有賴於合乎習俗的慣例，有賴於既定的服從規範，因爲

這些是使社會與個人融爲一體的所有象徵性姿態的表現形式。

因此，保守主義者多半珍視君主政制，珍視它所孕育的那種愛國主義。因爲，君主統治的合法性，是以家庭生活的職責和義務的方式「超驗地」（transcendentally）產生。君主並非因個人品質而中選，也不是由於他洞悉作爲一切「社會契約」主要內容的義務和前景。君主完全是主權及其禮儀性存在的象徵。作爲君主，他的意志並不是他個人的意志，而是國家的意志。君主成爲一些概念和象徵的外觀的一部分，公民能夠憑藉這些概念和象徵感知自身的社會認同，能夠憑藉這些概念和象徵認識到：社會並非達成目的的手段，社會本身就是目的。因此，對君主的感情是一種純粹形式的愛國主義，它不會轉化爲一項政策或手段的選擇。

事實上，即使「選定」名義上的國家元首，也就是說，有位被選舉出來向人民做「承諾」的總統，這個選擇並不意味著對政策的實際選擇。政治目標每時每刻都在產生，它們超出了選民的許可權，社會政策的最終目的，也在很大程度上超出選民的職責範圍。因此，人們通常不把選定一位總統作爲達成某個目的的手段，而是出於針對總統本人的一個特殊目的：把他當作「國家的象徵」。他再次成爲一種象徵。在大眾傳播的世界裡，這意味著一位總統會因他的「風格」而被選定。言外之意是說，所謂總統的風格，是指他與全體國民之間有著內在的認同，這種認同，並非源於任何說服了總統與國

民的共同目標。這種對風格的依戀，表明人們試圖逃避民主選舉的負擔，試圖避免這種選擇的「契約性」成分，表明絕大多數人不再認爲，國家就像一部過時的機器那樣，不斷在每一次大選後得到改造。人們在此無疑表現出保守主義的天性：藉由過去的想像構想未來的天性。

但是，過去制約著未來，未來也利用著過去。公民所理解的過去，是面向著未來的過去。連續性屬於一個選擇性的目標；它抱著懷疑的態度既向後看，也朝前看。我們必須牢記，在我們的實際的理解中，過去佔據突出的地位：過去與未來不同，過去是已知的。那麼，應當如何把過去融入我們的政治分析之中呢？

傳統

這個問題，使我們面對對於保守主義者的社會天性來說不可或缺的終極觀念：傳統。我用這個概念來囊括形形色色的習俗、禮儀，以及制度化生活的參與方式。身處傳統之中的人，他們的所作所爲不是機械的，而是出於一種理性，這種理性不存在於未然之中，而是存在於已然之中。即使尊奉這一理性的人無法陳述它，也無關宏旨：傳統不是設計出來的，而是展現出來的，就算一言不發，也仍然能爲人們所意識到。

傳統具有雙重力量。**首先，它賦予歷史以理性，從而把過去引入現在的目標**（例如，加冕典禮展現了民族的全部歷史）。**其次，傳統並非僅是弄權的擺設，而是發軔於每個社會組織的事務**。凡是個人謀求把自身與某種先驗事物聯繫起來的地方，傳統就會形成並博得尊重。傳統形成於俱樂部和社團，形成於地方生活、宗教、家庭習俗、教育，形成於所有使人們與同胞交往的制度。在下文考慮政治問題時，我們必須說明，爲了把公民確定爲臣民，國家是如何同時孕育權威、忠誠和傳統的。

我知道，只要談到傳統，就會引起自信不受傳統誘惑的人之質疑。無庸置疑，雖然這個概念對保守主義信條至關重要，它也（像與之對立的「平等」、「自由」和「社會正義」一樣）不得不面對超過任何單一概念承受限度的政治爭論的壓力。但是，我們必須盡最大努力去維護它。不管捍衛傳統的事業遭遇到什麼樣的困難，這場戰鬥涉及的並非虛幻之事，而是活生生的現實。

現代自由派偏好嘲弄傳統觀念。他們認爲所有的傳統都是「發明的」，以表示這是可以廢除的⑮。只要我們舉一些瑣碎的例子，就會覺得這句話言之有理：蘇格蘭土風舞、傳統的蘇格蘭高地民族服裝（Highland dress）、加冕典禮、耶誕卡，以及形形色色帶有「傳統」（hertitage）標籤的事物。**但真正的傳統可不是發明，而是無心插柳的發明之副產品，這也可算是發明的前提**。我們的音樂傳統就是令人讚嘆的例子。它並不是任何

個人的創作，每位貢獻者都是以先前的成果爲基礎，發現問題並利用一般體系的持續擴張來解決這些問題的。記號法（Notation）隨著和聲學（harmony）和對位法（counterpoint）齊頭並進。沒有任何個人曾經發現過，這種人類雙耳和心靈所造就的知識內涵，比任何個人所能從語言當中發現的，還要來得多。這個例子就顯示了傳統的眞正意涵：它既不是風俗，也不是禮儀，而是某種社會知識。

筆者所謂的社會知識，是落實在習慣法、議會程序、儀態、服飾，以及社會習俗乃至道德當中的。這種知識乃是「透過隱形的手」來自於開放結局（open-ended）的社會事務、曾經面對而又解決了的問題、早先由習慣所奠立的協議、蘊涵了人七情六慾的風俗，乃至吾人爲了平息戰爭的混亂所進行的談判與協商的無盡過程等等。

而伯克在抨擊法國革命份子的空想時，所抱持的也正是這種知識。他寫道：「我們害怕迫使人去靠他們私人的理性庫存來做交易。因爲我們懷疑，每個人身上的這種庫存是很微薄的，所以個人最好能夠善用民族乃至時代的公庫和資本爲妥。」伯克的說法在某一點上有誤導作用。社會知識既不像金錢那樣地累積，也不像科學知識那樣，可以儲存在書本中並成長。這種知識是只在重複進行中存在的。它是社會性、含蓄而合乎實際，且向來卻都不能以若干公式或輪廓來掌握的。事實上，了解它的最好方式，就是經由計畫性經濟之失敗來觀察。

奧地利經濟學者以令人信服的方式論證出，市場上的價格，就包含對經濟生活來說不可或缺的訊息⑯。但這種訊息只存在於商品與服務的自由交易中。該資訊涉及到人類需求的眞正迫切性，所以那種將經濟生活規範在若干合理計畫中，其價格由中央來掌控的企圖，將會破壞該計畫所要吸收的訊息。經濟方面的理性主義是非理性的。

奧地利人的理論與奧克肖特（Oakeshott）對政治理性主義的攻訐恰成對照⑰。所以也可以像海耶克（Hayek）所呈現的那樣，運用在其他以社會知識爲理性行爲之基礎的範圍當中⑱。比如說，習慣法就包含了若干不能夠涵蓋在立法綱領中的訊息：關於衝突及其解決、正義感的展現、人類對開放結局的法律紀錄之期待，以及當立法部門儼然爲獨一無二的合法權威時從來都無法奏效的事項等等。所以說，那種要落實所有可行辦法的立法法規來改造法律命令的企圖，可說是玄奧而非理性的。這樣的法規，會破壞法律知識的來源，也就是公正的法官在面臨人類衝突不可預見的過程時，所做下的判斷。

社會知識乃是從長期下來的協商而來的。就連依賴強制力的習慣法，也會牽涉到尋求合乎社會輿論的辦法。所以說，習慣法中案件的結果總是一清二楚，權利和義務都被明定。然而判決理由（ratio decidendi）的原則也不盡然要一清二楚，而可能出現在日後司法推論的傳統中。

習慣法這個例子，給了自由派嘲弄傳統的口實。不過還有個同等重要的例子，那就

是藝術。相較於法律或議會政府的傳統，藝術是以更爲細膩的方式，貼近了保守主義對傳統價值的觀感。這兩種活動都包含意義和目的性，而且（在保守主義者看來）都沒有任何眞正的外部目標。正如我們開始時看到的那樣，藝術以微觀的形式展示出宏大的政治格局問題。這一比較使我們能夠了解，爲什麼必須再度考慮保守主義對現代人」大失所望而發出的抱怨：現代人表現出來的，遠非面對死亡時的生之衝動，而是活著的時候尋死的意志。因爲，我們在藝術中感受到現代人的渴望、迷惘以及勢不可擋的隔閡感，似乎依然有必要把藝術中以往被視爲自然、本能和生命的東西，表現爲自覺的事物。

然而，即使是在把「現代人」的習氣展現得最爲充分的藝術領域，保守主義的原則也一直不斷得到重申。我並不是說，爲本世紀帶來重大美學成就的藝術家，在政治上具有保守主義傾向。倘若事實果眞如此，那只不過證明了「新左派」批評家們難以接受的一個更爲普遍的眞理：相當多的藝術家能夠、而且非常頻繁地表現出保守主義的意向（留意這樣一種假定出現的頻率是很有意思的：自從浪漫主義運動以來，人們一直想當然耳認爲，僅僅由於藝術自身已發生了革命性變革，藝術就必然是一種革命性力量。這個假定看起來非常唐突，因爲它完全無視詹姆斯（James）、康拉德（Conrad）、葉慈（Yeats）、龐德（Pound）、艾略特（Eliot）、喬哀斯（Joyce）、伊夫林·沃（Waugh）、勞倫斯（Lawrence）（譯註：皆爲二十世紀英、美作家）表述和主張的形形色色的社會保守主

義，我在此僅列舉我們現代文學的締造者當中最偉大的人物」。

那麼，認爲當代藝術不斷重申保守主義的原則，這種說法的意義何在呢？其涵義部分在於：對於最重要的藝術家，如艾略特、龐德、喬伊斯，荀伯格（Schoenberg）、史特拉文斯基（Stravinsky）、對馬諦斯（Matisse）、穆爾（Moore，譯註：英國雕塑家）而言，明確表述現代意識，就是使這一種意識成爲一種藝術表現傳統的組成部分，從而以不論何種複雜的途徑，使之恢復到能夠爲人們所理解的狀態。在荀伯格的心目中，德國音樂的傳統最爲重要，問題在於，通過對這一傳統內在生命力的自覺領悟來重新創造它。龐德希望「從大氣中蒐集」的「活生生的傳統」，同樣是以自覺的方式來表達的。艾略特甚至把傳統描述爲獨特的典型產物，**從屬於傳統就是塑造傳統，融入歷史就是創造歷史**⑲。然而，這一過程始於失敗和自覺的探索，終於一個名副其實的發現：「現在和英國就是歷史。」這一發現恢復了所有事物的原貌。

進一步看看傳統觀念在異化的人心中的變化，是饒有趣味的。不過，讓我們先簡單地從我們的對比中得出顯而易見的結論。傳統限定了可能形成的藝術表現形式，從而必定在藝術變革中不斷得以重塑。同樣，傳統也確定了政治生活的方式，從而勢必在每一項自覺的政治行爲中得到重塑。當前，現代意識既難以創造傳統，卻又（似乎）必須創造傳統，它把傳統置於自身的中心，同時也把自身置於傳統的中心。對於政治家而言，

這就要求他採取富於想像力、洞察力和意志力的行動，在一片混亂中再現他謀求統治的那個社會的同一性，哪怕這並不是人民所要求的。他返回起點的歸途不會一成不變，道路也將充滿艱辛，變幻莫測。如果他希望作為政治家來重新確認身為普通人時所了解的現實，他就必須具備異乎尋常的素質：戴高樂或迪斯累里（Disraeli）⑳具備的素質。但是，倘若他具備生存的意志和統治的意志，那麼，只要有所欠缺，就不能夠使他感到滿足的。一位作者指出，關於人們如何重建和認可傳統，並沒有什麼通則性的解釋㉑。很難清晰地把對社會形態名副其實的重建與標新立異的確定區分開來。但是，恢復、重建和吸收傳統的所有努力，始終保持了連續性的特徵。一個人依照傳統行事，就會認為他現在的所作所為，屬於一種超越了眼前利益的方式，從而把那一行為與以往已經做過並且獲得成功的事情聯繫起來。當然，各種傳統也會相互牴觸，自以為有理由從屬於一切傳統是徒勞無益的。酷刑、犯罪與革命也有各自的傳統。因此，保守主義者培育和認可的傳統，必須符合獨立的標準。首先，它們必須具備成功的歷史，也就是說，它們必須是曾歷久不衰之某種事物的可感知部分，而不是一連串一開始就夭折的又一次開端。其次，它們必須能夠博得參與者的忠誠，能夠使參與者在意識深處確定關於自己是什麼，以及應當是什麼的觀念（在此，家庭生活的傳統與刑訊的傳統形成了鮮明對照）。最後，它們必須指向某種持久的事物，這種事物要比它所產生的行為更持久，並使這些行

爲具有意義。

這種傳統具體究竟爲何物呢？對這問題的任何簡單回答都無法令人滿意。信條的任務，就是在哲學與實踐間的鴻溝上架起橋梁，只有在實踐中才能理解我們擁有的各項傳統。不過，信條也必須說明所意欲的該類事物，隨著喜好闡述這些事物的實例。因此，傳統必須包括足以界定個人作爲「社會存在」的所有慣例。**傳統構成了個人的這種觀念：個人把自身看成更重要的社會機體的片段，同時還認為，自己作為社會機體的個體部分，本身就蘊涵了整個社會機體**。家庭制度已有不同的發展，爲我們提供了明確的例證。一個人一旦參與到家庭制度之中，他的自我觀念必定受到影響。例如，他無法再把父權（fatherhood）這一事實看成生物學上的偶然。他把自己看成父親，就會發現自己面對一種社會紐帶，一種責任的紐帶。於是，這個紐帶以及體現它的那些行爲存在的理由，就在於一個客觀的事實：這是事物的本來面目。再者，事物之所以會如此，乃是因爲它們一直以來就是如此。「家庭」觀念——借助這個觀念，個人的責任、目標和成見日復一日地得到確認——是一個透過不假思索的繼承所獲得的觀念，不對該觀念所指定的安排，及成員本身的參與重做審視。這就是所謂「既定的」事物。如果個人認爲，自身的行爲沒有反映出既定事物概念包含的歷史模式，他就需要某種恰當的替代物，某種用來界定行爲目的的對立觀念。如果這種對立觀念不屬於傳統範疇，它就會讓

位於這樣一種危險想法：「我做這件事，不是爲了它本身的緣故，不是出於它是什麼，而是把它當作達成一個目的的手段。那麼，我做這件事的目的何在？又有什麼好處呢？」這種想法表明個人脫離了社會生活，表露出空洞的唯我論的端倪。傳統使個人重新回到眼前的行爲：傳統表明了關於行爲的理由，滿足了個人對於正當目標的渴望。

當然，家庭就像習慣法一樣，是個顯而易見的例子。這方面還有其他例證，諸如伴隨著出生、結婚和死亡等重大場合的習俗，好客、競爭和階級忠誠、舉止、服飾以及日常禮節等等的習俗。此外，還有各種宗教制度，在這些宗教制度中，這種對於超乎人類本性事物的認同感，提供了種種超脫歷史的管道，而通向若干超脫時間和變遷的事物。人們或許認爲，這些制度僅有一部分屬於眞正意義上的政治制度。接受這種看法，無異於接受一種過於狹隘的政治觀。任何在公民生活方式中擁有一席之地的傳統，往往都會成爲國家權勢機構的組成部分。這一基本原則——我們可以稱之爲權勢機構法則，我將在第八章中予以詳盡闡述——構成政治發展過程的組成要素，它表明政治活動必然持續不斷地延伸到經濟管理範疇之外。不僅有教會以及法律管轄下的家庭和私有財產這類明顯的權勢機構，還有議會制度中的階級統治這樣隱蔽的權勢機構，以及工會運動中有組織勞工的傳統這種新近的權勢機構，一旦法律超出個人事務的範疇，那麼，法律延伸到社會生活的方方面面（這一點在美國不像在英國那麼理所當然，但即使在美國，這

一狀況也是顯而易見的），也就成爲權勢機構的例證。

懷疑主義的說法

保守主義者如何看待社會轉型呢？與工業擴張和人口過剩的猛烈勢頭對立，與四處蔓延的漠視宗教和城市勞工階級的發展對立下，什麼樣的「傳統」才有說服力呢？如果說，忠誠、權威和習俗能夠歷經這些歷史動蕩倖存下來，依然爲政治活動提供產生靈感和吸引力的紐帶，這種看法難道沒有絲毫虛假的成分嗎？

倘若這種懷疑主義是通向對抗性政治的前奏，它就只要求一種答覆：你所設想的其他紐帶爲何物？又如何使之形成？但是，這種懷疑主義通常表現爲一種較爲搖擺不定的形式，人們可以稱之爲「寬廣的歷史觀」（broad historical perspective）。它不提出任何勸告，不擁護任何政策，置身於所觀察的共同體的特定信仰之外。這種歷史觀從高高在上的地方俯瞰人間，把人們的行爲完全看成非人格化力量的運動，就在政治家深信正在領導人們的時候，他自身卻受到這種力量驅使。一旦從這種歷史觀的高處跳下來，發現和維護連續性轉眼之間成爲毫無希望的使命，彷彿一切事物都已徹底改變，彷彿並不存在政府的永恆原則等等。

我將設法回應歷史學家這種疑慮的某些共同之處。有兩點必須立即說明。第一，我考察的那一信條的某些內容具有哲學基礎，從而使歷史學家無法再加以批評。社會需要忠誠，需要認可權威，忠誠與權威凌駕於任何契約性紐帶之上。這種社會觀並非若干共同體的看法，而是出於公民生活本質的觀點。社會正是由這種先驗紐帶組成，自由主義的契約和同意學說歪曲了這一點。不僅如此，有一種特定的傳統既包含先驗的紐帶，也強化社會忠誠，並且歷經近代歷史上的所有巨變延續下來，只不過如今也開始碎裂。這就是家庭生活的傳統。哪怕是「革命化國家」也仰仗這一傳統，不得不建立起（通常是以挑釁性外交政策這一陳舊的權宜之計）社會和諧的相關紐帶。還有當家庭開始瓦解（現在正在發生）時，一般人並不看作是自由化的結果，而毋寧視之為巨大的社會威脅，促使他們謀求自保。

其次，忠誠這個特殊紐帶或許已削弱或破裂。如果說某些人（就像他們大肆聲張的那樣）認為，英國人的公民資格紐帶已經鬆弛或廢棄，這並不表示這些人的思想與現實或與引導他們的真實政治情感相吻合。**什麼也沒有被打亂；舊有的忠誠雖已消失，新的忠誠起而代之**。我將要證明，保守主義者能夠透過所有這一切，找到並維護真正的連續性。他這樣做的理由，將明白無誤地體現於這一努力之中。

結語

我考察了公民社會的重大「與料」（datum，譯註：哲學術語，指哲學思考時所根據的資料）。我的考察支援什麼樣的信條呢？有兩項原則足以構成保守主義思想的公理。第一項原則是：保守主義沒有什麼一般性的政治主張。保守主義的形式隨著社會秩序的變化而變化。第二項原則是：保守主義與事物的外觀保持一致，與社會從中汲取活力的動機、理性、傳統和價值觀念相吻合。保守主義還有其他信條，其來源是抽象的，涵義卻很明確。社會透過權威而存在，認可權威就意味著以家庭關係的方式忠於超驗的而非契約性的紐帶。這種忠誠有賴於形成法規的傳統和習俗。傳統並非靜止不變，它是連續性的積極成果；一旦時機成熟，便得以恢復、拯救和修正。

我們現在把注意力轉向社會生活的政治涵義，轉到體現了這種社會生活秩序的憲法。

註釋

①譯註：維也納會議是指一八一四年九月到一八一五年六月召開的改組歐洲的國際會議。會議的最後議定書是當時歐洲前所未有的最廣泛的條約，重新確定了歐洲衆多國家的版圖。

②譯註：威爾弗雷德·歐文（Wilfred Owen）是一位夭折於第一次世界大戰戰壕中的詩人，其詩歌的主題是「戰爭和戰爭的可悲」。

③譯註：一〇六六年，諾曼第公爵威廉征服英吉利。威廉是英王「懺悔者」愛德華的遠房表兄弟，但他是私生子，當時的大多數作家稱他爲私生子威廉。

④原註：霍布斯（Hobbes），《利維坦》（*Leviathan*），倫敦，一六五一年版，第二篇第二十一頁。盧梭（Rousseau）寫作《社會契約論》（*The Social Contract*）〔柯爾（Cole）英譯，倫敦，一九一三年版〕的原因就是出於這一理念，休謨在《論原始契約》（*Of the Original Contract*）〔載《道德、政治與文學論文集》（*Moral, Political and Literary*），倫敦，一七九一年版〕中批判了這一觀念。

⑤譯註：《我們共同的朋友》是狄更斯（C. Dickens）的一部小說。

⑥原註：當然，這一認識的形成過程緩慢而痛苦，這一點不僅在關於「新政」（New Deal）的爭論中表現得很明顯，在之後的幾乎每一個政策姿態，不管是外交政策還是對內政策，也都是這樣。

⑦原註：我感謝約翰·凱西（John Casey）提醒我注意到這類概念是保守主義政治思想不可或缺的。

⑧原註：近年來，羅伯特·諾齊克（Robert Nozick）始終是這一觀點最重要的擁護者（見前引書）。

⑨原註：見雅各布·布克哈特（Jacob Burckhardt），《文藝復興時期義大利的文化》（*The Civilisation of the Re-*

naissance），萊比錫，一八七七—一八七八年版，埃米爾・涂爾幹（Emile Durkheim）：《論自殺》（*On Suicide*），巴黎，一九一二年第二版。

⑩原註：布雷德利（Bradley），〈我的社會地位及其義務〉（My Station and Its Duties），載《倫理學研究》（*Ethical Studies*），倫敦，一八七六年版。

⑪譯註：菲爾丁是指有「英國小說之父」美譽的亨利・菲爾丁（Henry Fielding）。他最受歡迎的作品是《湯姆・瓊斯》（*Tom Jones*），書中生動地描繪了倫敦和外省的社會百態。

⑫原註：伯克，《法國革命感想錄》（*Reflections on the Revolution in France*）。

⑬原註：對支援這一觀點的哲學所做的最簡潔而令人信服的表述，是黑格爾（Hegel）的《法哲學原理》（*The Philosophy of Right*），諾克斯（Knox）英譯，牛津，一九六七年版。

⑭譯註：托爾斯泰在晚年時認爲，戰爭、愛國主義、國家、死刑、現代科學、財富，等都是時代的罪惡，只有每個人都奉行至高無上的愛之法則，摒棄任何形式的暴力，才能在道德上趨於完善。

⑮原註：參閱艾瑞克・霍布斯邦（Eric Hobsbawm）和特倫斯・藍格（Terence Ranger）合編的《傳統的發明》（*The Invention of Tradition*），倫敦，一九八五年版。

⑯原註：米賽斯（Mises），《社會主義：經濟學與社會學的分析》（*Socialism: An Economic and Sociological Analysis*），紐約，一九五一年版。

⑰原註：奧克肖特，《政治中的理性主義，及其他文集》（*Rationalism in Politics and Other Essays*），倫敦，一九六二年版。

⑱原註：海耶克，《法律、立法和自由》（*Law, Legislation and Liberty*），倫敦，一九八二年版，第一卷。

⑲原註：艾略特：〈傳統與個人天賦〉（Tradition and the Individual Talent），載《艾略特論文集》（*Collected Essays*），倫敦，一九六三年版。

⑳譯註：保守黨領袖。一八六八年二月，原來的首相德比退出政界後，保守黨的迪斯累里出任首相。自由黨贏得秋季選舉後，迪斯累里未等召開議會便掛冠而去。一八七四—一八八〇年，迪斯累里再度擔任英國首相。

㉑原註：約翰‧凱西，〈傳統與權威〉（Tradition and Authority），載考林（Cowling）編，《保守主義論叢》（*Conservative Essays*）。

3

憲法與國家

Constitution and the State

布克哈特（Burckhardt，譯註：十九世紀瑞士史家）曾經論及一個「現代的重大謬論，即憲法能夠**被制定**出來」①。同樣可以說，更大的現代謬論是，認爲可以無休止地修訂憲法的各個環節。我提及的習俗、忠誠和傳統，構成了公民社會的生命線，但這些尚不等同於一國之憲法。同樣顯而易見的是，習俗、忠誠和傳統的延續，得益於統轄的權力，如果這種權力（即國家的權力），要對並非源自個人選擇的忠誠加以保護並將其奉爲神聖，那麼，這一權力本身就必須具備某種「既定」事物的權威。

憲法的形成

自由主義把國家當作實現個人自由目的的手段，勢必斷言公民社會與國家截然分離，要求後者只能在實現自由目標所需的最低限度內干預社會生活。因此，自由主義自然傾向於認爲，憲法能夠被制定出來（因爲，倘若憲法只是達成某個目的的手段，其本身就足以說明該目的，以便設計實現該目的的最佳手段）。自由主義者可能會把美國憲法的例子作爲論據，這是一個蹩腳的例證。它忽略了美國人繼承下來的東西，忽略了這份文獻誕生的特定環境，因爲這份文獻旨在既確保統一，也保護最早加入的各州之離心傾向。它忽略了所有已經定型的語言和習俗，尤其是英國習慣法的傳統，而這一傳統在

與英國王室決裂之前就已存在，之後則延續下來。它忽略了制憲元勳獨一無二的社會地位：他們都是有教養的紳士，在傳播「新憲法」神話時，可以享受界定其社會目標之既定制度所帶來的種種特權〔麥迪遜（Madison）因此在一七八七年制憲會議上表示：「我們的政府必須反對革新，以確保這個國家的永久利益。」恰恰是麥迪遜和傑佛遜（Jefferson）這類人的天賦，使他們能夠實現那一目標〕。這個例證還忽略了憲法最終批准時已平息的爭論以及依然存在的爭論。它還忽略了業已形成的權利和自由，這些權利和自由使得對一部「憲法」的自覺採納，成爲一種前後一致的姿態。簡言之，這個例證忽略了這個客觀事實：**像所有成文憲法一樣，美國成文憲法是抽象的公式，並不比《人權宣言》**（*Déclaration des Droits de l'Homme et du Citoyen*）**具有更具體的重要性**。時至今日，仍然可以說，這部篇幅不大的文獻的眞實涵義仍只能由司法程序來決定②。不管是否出於自覺，司法解釋考慮的是決定公民生活結構的問題。揭示美國憲法的並非書面的詞藻，而是歷史。美國憲法中通常被視爲完整體系的那個部分，只不過是建立在深奧莫測基礎上精緻的上層建築。

這樣一來就很淸楚，雖然保守主義者也要求國家與公民社會保持鬆散聯繫（也就是說，要比存在於共產主義中國的聯繫更鬆散），但如同他們關於公民社會的看法一樣，他希望把國家視爲目的而不是手段。作爲手段（作爲管理機構、商業企業、福利機關，抑或是諸如此類的事物）的國家，公民從屬於這種國家，其從屬方式並不同於他從屬於家庭、婚姻、部隊或俱樂部的方式。而國家被假定的應用目標，確實也是隻字片語難以言詮的。很自然，某人的鄰居會或多或少地干預他的生活，除非我們對這種社會和政治安排加以具體說明，不然便無法確定這種干預在何種程度上是可取的。祖魯人（Zululand）農村社區特有的「干預」，要比在一個蘇聯城市中感受到的干預大得多。但是，把這種干預說成是喪失自由，就大大地誤入歧途了，因爲受制於這種干預恰恰是祖魯人之所以成其爲祖魯人的特徵。哪裡有干預，哪裡就有統治，進而產生國家，不論它是多麼鬆散地組成。一個人不沿著這一方向朝既定的權力邁進，就既不是自由的，也不是不自由的，而是像無政府主義社區裡的流浪者，生活在「自由」的永恆幻覺之中，這種幻覺只會轉變爲唯我主義的行爲。

把國家視爲目的而非手段，就是把國家目標看作是與生俱來的，源於自身的生命力和內部的互動。以諸如此類的方式來看待各種制度也極其自然。不妨來看看足球隊這種組織，一些人屬於球隊的成員，另一些人則對它矢志不渝。球隊贏得這種忠誠並非作爲手段，而是作爲目的：關鍵在於這個團體以這種方式行事。它不是達到射門得分這一目的的手段（離開足球運動這一制度，射門得分的行爲毫無意義）。它也不是愉悅足球觀衆的手段。確切地說，在這種制度中，一個人能夠以各種方式成爲其中的一份子，它帶來的好處完全存在於成員身分這一紐帶之中。

保守主義者可以被看成是政治動物，這不僅因為他對憲法（對「既定」的國家）的尊重，還因為他不論從理論上還是在實踐中，都不願使國家與公民社會斷然分離。如我所指出，自由主義思想的一個核心信條就是：國家與公民社會的分離在理論上成立，現實中也必定如此。一位現代作家比較我們時代的法西斯主義與共產主義，認爲前者把公民社會的功能提升到國家層面，後者則容許國家壓制公民社會的功能[3]。然而，這種誇大其詞的文字遊戲，錯誤地描述了國家與公民社會關係的本質。這裡有的不是兩個不同的事物，而是從不同角度來觀察的同一個事物。與此相仿，一個人並非靈魂和肉體兩個實體，而是可以從物質和精神兩個方面來考察的同一個實體。自由主義就像笛卡兒心靈學說在政治上的殘留物，試圖把社會的精神說成是偶然地對社會實體起作用。爲了證明

這種生動的描述，自由主義的深刻良知付出了艱辛努力，以便把社會的生存與社會的精神「形態」分離開來，越來越驚奇地期待出現一種結局。當然，結局不是「政治體」（body politic）的生存，而是它的消亡。

保守主義者把憲法看成代代相傳的國家生存基本法則，國家不但是社會實體的保護人，還是社會實體的表徵。保守主義者絲毫不理會什麼「權宜之計」，因爲談論權宜之計意味著，我們正在考慮使用相互牴觸的手段來達成某種普遍目的。保守主義者認爲，目的與手段完全是同一東西：政治體的生命。不僅如此，保守主義者具備與社會主義者完全相同的一種深層本能：反對「最低限度的」政府擁護者，承認政治的實質在於既定的權力。保守主義者與社會主義者的分歧在於，兩者具有不同的合法性觀念。在保守主義者看來，合法性觀念不是來自結果，而是肇源於起因。他所認可的理由並不適用於任何臆測的或抽象的未來，而是適用於眞實而具體的過去。正是在「過去」，以及使自身成爲「現在」的過去之中，保守主義者找到了追逐權力的理由。他仍然把對權力的追求視爲目的而非手段，視爲他的政治認同的體現。從政者對權力的追求，僅僅是國家生活的一個組成部分，而且是必不可少的組成部分，眞正的政治家，會使個人野心和個人成就與現行的社會制度力量保持一致。

人權

如何把這種對待國家的態度轉變爲信條呢？以下我要從否定性的角度來探討這個難題。首先，保守主義者不願把政治事業建立在任何「普遍」或「天賦」權利學說的基礎之上。「人權」觀念在與共產主義的爭執當中，扮演了主要的角色，部分是因爲該觀念提供了簡便的方式來預想以下明顯的事實：被蘇聯強加在歐洲的共產主義政府，並不具合法性，而就近年的研究來看，還是個具破壞性的僞裝帝國。當然，既有好的國家也有壞的國家，既有殘暴的社會也有安寧的共同體；保守主義者樂於對它們進行評判。我們發現，保守主義者在評判時不會拒絕使用諸如「正義的」、「非正義的」之類的形容詞。**不過要是認為，整個區別可以概括為抽象權利的單純本體，並適用於所有人類而不拘其來歷和忠誠等等，這就既非切實可行的政策，也不是令人信服的學說了。**哪裡有義務，哪裡才會有權利；但義務規定的又是誰的權利呢？我確信《聯合國人權憲章》（*United Nations Charter of Human Rights*）包含許多道德眞理；但是，遵守憲章的政治義務又是產生於何種社會安排，何種具有共同利益的共同體，以及什麼樣的人與人之間的相互理解呢？

英國人幸運地繼承了社會生活和既定權力的悠久傳統；其權利一直受到承認，完成了很少使民族稟性和民族認同遭遇危險的程序（這一程序並不比人權學說驟然獲得支配地位來得危險）。他的權利在國家中以合法的形式體現出來，自然地賦予他一定程度的自由，使他期望受到公正對待；這些都是他人可遇不可求的。這肯定不是對現代世界之殘暴所宣告判決的最佳詞彙，箇中缺失與其說未能承認西方民主國所崇奉的「普遍」權利，不如說它破壞了公民得以防範政治權力濫用的一切程序。

權利與特權

有必要進一步考察「權利」觀念。毫無疑問，這個觀念在政治語言中異乎尋常佔據了主導地位。與其把國家權力視爲贈與來源，保守主義者寧可把它看成特權化身。特權是國家機器的組成部分，不能脫離政治權威而行使（因此，只有體現出某種社會或政治上的優先地位，「公爵」頭銜才屬於一項特權，不然便如哈克（Huckleberry Finn）④發現的那樣，公爵是極爲稀鬆平常的東西）。另一方面，贈與是一種與國家機器相分離的恩典。它既不要求報效國家，也無須在國家中有什麼地位，甚至不必是該國的成員。例如，一幢公共住宅就是一項贈與，因而不會給接受者帶來任何政治地位；儘管人們往往

聲稱它是一項「權利」，接受保守主義政治觀的人卻絕不會這樣表達。此外，這類贈與涉及權力的讓與，但沒有傳遞任何權威（在這點上，它們與政治特權迥然不同）。實際上，這展示了一條途徑，權威藉此途徑從政治中心形成，並把自身轉化爲處於劣勢者的權力，除了他們的「權利」外，這些人在政治上一無所有，而且不履行爲那些權利確立名副其實之資格的對等義務。

保守主義者並不反對慈善事業，我在後面會說明，保守主義者不得不接受某種形式的福利國家。不過，保守主義者不贊同把慈善事業全面轉化爲國家職責，上述例子已經表明箇中原因。**由於這助長了住房、衛生、財富和舒適等方面「天賦」權利的錯誤觀念，使國家既磨蝕了個人意志，也削弱了自身權威**。國家變成一部機器，一個分配中心，一種異己的實體，時而授予、時而抑制被視爲不受約束的權利的東西。保守主義者認爲，國家不是一部機器，而是一個有機體，甚至是一個人。其規律也不外乎生死交替、推陳出新，蘊涵理性、意志和友情。其公民並非全都處於同等水平，一些人享有其他人不具備的特權。因爲，其本質在於權力，權威則是其形式。就權力與權威兩者而言，平均分配前者會導致後者的喪失。我將在第八章中提出這個問題：權力出於何種原因、又怎樣才能轉化爲權威，一旦權力實現了這一轉變，將會出現什麼樣的特權。

作為人格的國家

前兩節說明把國家比作人格這一隱喻，這個隱喻在保守主義思想中居於核心地位。人是有機體，有生老病死。必死的命運決定了我們的態度，形成我們的動力和極限。但我們並不僅僅是動物，還是理性的存在。這並不是說我們是由笛卡兒二元論結合在一起的兩種存在，而是說我們的官能力量服從於一種活生生的獨特準則，我們的幸福即來源於這種準則的適當作用。我們具備爭論、勸說及信服的能力。我們能夠形成約束和義務，認清權利與責任。我們具備對自我和他人的意識，還擁有源於這一意識的價值體系。我們的世界洋溢著根據過去指導未來的意志。理性貫穿於我們的生物性存在，以免沈溺於眼前的慾望，讓理性扮演自覺反省的鮮明角色。所以，恰如理性有賴於生物性存在，生命的連續性也仰仗理性的運作。

同樣，社會機體形成縝密分析的思維能力，這種思維就是社會自我認識得以形成的「憲法」。如同人的理性原則一樣，這樣一部憲法將確認約束、義務、特權和責任。它有理有據，要麼說服人，要麼不被相信（因此存在一種獨特的政治程序，它並非革命方法，也不僅僅是追逐權力）。憲法賦予社會生存以連續性和意志力，它創造歷史而不是

繼承歷史。但是，**國家依賴於有機的基礎：其意志和自我形象有賴於社會機體的延續，社會機體同樣依賴於各種合法權力。國家與公民社會彼此相互滲透；割裂兩者即意味著雙方的消亡**。因此，毫不奇怪的是，健全國家的憲法始終是不言而喻、籠統、措詞含糊的。捨此而外再做他想，就如同認爲一個理性存在物，按照尚未被肉體慾望和激情改變的一連串指令從外部控制自己。正如理性滲透於人類生活，憲法也貫穿於社會的運行之中。我們談及把國家與社會聯結在一起的「紐帶」，那僅僅是因爲兩者在不同程度上表現出特殊的相互關係。原始部落社會很少轉化爲政府形態：所有的一切都是本能、有機體，超出了歷史和變革的範圍。在獨裁主義國家中，社會一成不變地前進，卻受到憲法束縛，這部憲法阻礙社會運行，削弱社會活力。這種情形就像是一個清教徒的軀體帶著良心的桎梏行進。無拘無束的人格理想在不同的時代會以不同的方式實現，理性和激情在其中繁盛不衰。什麼時候社會生活與憲法形式和諧共存，政治領域就實現了這一理想。當然，它永遠不會被實現，只能以不展現什麼普遍模式和外在目標的方式來接近。因此，我們必須留意我們的社會接近以及背棄該理想的程度。

我希望我已充分說明我們的比喻，使它具有說服力。箇中的論據艱深晦澀。我將含蓄地提及這些論據，不時把它們展現出來。我這麼做不是爲了驗證基本哲學體系，而是爲了闡明並擁護保守主義信條的核心內涵⑤。但我們找到了必須摒棄「人權」這一表達

方式的原因。像人一樣，國家不能把它授予的特權說成是「天賦的」。國家與公民的關係與公民彼此之間的關係，兩者體現出相同的基本原則：要求一項權利即意味著授予一項權利。「天賦」權利學說企圖逃避一切名副其實的權利施加的懲罰。這正是它的直接號召力所在，也表明了它在政治上的孤陋之處。

本質與認同

大家一旦摒棄「天賦」權利的表達方式，就能朝伯克關於國家「本質」（essence）的理念邁進一步，這個理念是：導致國家行爲的政治生活有個核心。這一本質即國家名副其實的「憲法」。不管是成文的還是不成文的憲法，都並非一套法規。要了解有什麼樣的法規，只能由風俗、習慣、慣例以及表明人們處事方式的「樣式」（style）著手。這一點在英國議會的運作中表現得很明顯。在那裡，倘若法規與習俗分離，就會對兩者都造成傷害（君主依照慣例，要求掌握下院多數議席的政黨領袖出任大臣。這並非是一項法規，也不是一種習慣，卻是整個統治慣例的先決條件。喬治五世（George V）就一九三一年國民內閣問題行使最高權力一事，直接證明了君主權力的適應性）⑥。

倘若憲法並不僅僅是一套法規，那我們如何辨識它呢？假如確實需要的話，我們又

怎樣才能把它與形成公民社會的習俗區分開來呢？簡單的答案是：憲法存在於人們以之行使權力的法規和習俗之中，它指導、限制、認可權力，並因此首先透過法律，透過法律「樣式」，透過法律界定的公民地位顯現出來。它據以進行變革和發展的是自身的內在邏輯：先例、慣例及抽象司法概念的邏輯⑦。**保守主義的天性並不是阻止變革（因為那是國家必不可少的運動），而是捍衛歷經變革保留下來的要素，它使我們能夠確信，不同的變革階段就是政治體的各個階段，而憲法要素會輪番維護社會要素。這就是保守主義的政治宗旨**。公民社會一旦遭到破壞就難以恢復，公民社會這一活生生的事物是很脆弱的，它要求在合法的國家中得到保護和完善。保守主義政治家的任務就是與折磨著國家的傳染病做鬥爭，維護滋養國家的各種制度。我將指明某些傳染病，然後力圖闡明迄今爲止倖免於那些傳染病的憲法精髓。這裡並不是表達樂觀主義或悲觀主義的恰當場合，借用一位印地安酋長曾經用來抒發此種感受的說法：人們從許多杯子中啜飲生命之水，而我們自己的杯子並沒有破碎⑧。

民主

德・托克維爾（De Toqueville）在論及民主這一病症時寫道，它「不但使每個人忘記

祖先，而且使每個人不顧後代，還與同時代人疏遠。它使每個人遇事總只想到自己，最後完全陷入內心的孤寂」⑨。托克維爾的表述感情強烈，反映出法國大革命在所有後代的心靈中造成的痛苦。但是，這一表述蘊涵一個事實。箇中的困難在於要找出若干措詞，來說服人們承認托克維爾的說法。他所預感的社會分裂，既具傳染性又防不勝防，而他所假定的民主程序之正當性，則是恆久又生動的概念訴求。政治家如果希望批評這種民主程序，就必須聲稱自己反對的不是民主，而是其某種局部或特定的形式：比例代表制、一院制議會或公民投票。但是，這些特定形式反映出政治家必然聲稱要捍衛的同一種原則：就政府而論，正是被統治者的輿論把合法性賦予了政府的所作所爲。人們據理反對舉行全民公投，因爲不應當要求兩千萬人民就他們完全一無所知的問題做出重大決定（例如，是否加入歐洲貨幣聯盟的問題）。人們還據理反對比例代表制，因爲它會產生羸弱、優柔寡斷、充斥著怪人的議會。然而，這類論點有賴於一項原則：否定民主的基礎。因爲這些論點斷定，公衆輿論只有得到能使其懸崖勒馬的憲法之認可，方是合法的指導力量。因此，民主選擇無法單獨賦予政府以合法性。

正是出於類似原因，伯克最早在關於法國大革命的巨著中確立憲法原則時，並未把全民投票權視爲憲法原則必不可少的組成部分，也不認爲它與統治的合法性有什麼關聯。倘若選舉權限定於有地位、受過教育、富裕或有權有勢的那些人，換言之，限定於

自覺關注國家命運的那些人，那麼，我們國家的憲法本質極有可能直到今日依然絲毫未受影響。迪斯累里突如其來地從自由黨人手中奪過選舉改革的旗幟，這肯定不是因爲他把普選權看成托利黨（Tory）的基本原則。這一姿態具有戰略意義，而且恰逢其時。這一姿態也印證了他的如下看法：社會等級底層的保守主義者絲毫不比社會上層的來得少，恰恰是在蔑視其他階級成見的中產階級那裡，自由主義找到了天然的棲身之所。

然而，不應低估接踵而來的對民主的擁戴。「授權」學說（每次大選都日益浮誇地助長這種學說）使得對民主的擁戴經久不衰。該學說認爲，政黨綱領是對人民的承諾，選舉勝利等於是兌現承諾的一紙契約（如果綱領包含了不止一個此類「承諾」，一個政黨就能夠在一群選民中獲得多數，但這一多數又在與他們關係最爲密切的問題上，投票贊成少數派意見。那麼，他們這算是履行義務嗎？這種情形並非十分罕見的例外，十有八九倒是屢見不鮮。因此，如果認爲選舉獲勝就確立起類似契約的義務，那完全是一派胡言）。

這種對民主的承諾，同樣也見諸於近來布萊爾工黨政府（Labour Government of Mr. Blair）對改革上院的決策，決策中將上院亟須改革視爲理所當然，僅僅因爲上院已然充斥不合民主的程序云云。一旦認眞對待這種論點，就會導致各種制度（學校、醫院、學會、修道院）的顚覆，這些制度的繁盛有賴於並非源自其成員「授權」的統治特權。箇

中觀念又再次是深刻反保守主義的：合法性並不存在於現行習俗之中，只能存在於契約或半契約性的協定之中。人們因此認爲，只有事先獲得臣民的「選定」（chosen）或同意，政府或程序才是合法的。不過，只要考慮到民主選擇明顯的人爲環境，人們勢必斷定，這種「選擇」的先決條件，正在於公民必須承認。若干他們不會也不能選擇的重要合法性，亦即該程序提供了選擇，而人民和各機構則要加以捍衛。

然而，**保守主義者對民主程序還是抱持深刻的疑慮，儘管該程序再怎樣公平與自由，從來都只是優待目前正在做選擇者的需求和渴望，而忽略了尚未加入的我們，以及已經過世的人的需求和渴望**。同樣地，這種理論的缺失也困擾了社會契約論，困擾了民主選擇論，換句話說，就是優待了在世者及其即時利益，而罔顧過去和未來的世代之利益。也因此，這就長期的共同體而言，可說是具分解性的溶媒之危害，不利於國家的長治久安。

伯克在駁斥法國大革命的大作當中，也以類似的看法爲重心。不過，既然這涵蓋了我們所面臨的最重大問題，就不妨在更爲現代的脈絡中來立論。伯克認爲，只有在大家不僅承認在世者，同時也顧及未出生者和死者時，才能將社會視爲契約（如法國革命家根據盧梭所提出的）。或許提及死者對現代人的觀感來說稍嫌詭異：畢竟他們已經不再與我們同在，所以大家可能認爲，其利益已經與我們的作爲不相干涉了。不過，伯克並

不這麼認爲。他相信，在我們對死者的尊重當中，他們仍擁有恆久的利益。再者，法律也明文承認，不管是否符合其他人的利益，大家都有義務去實現遺囑人的遺願。

不過，就把死者及其遺願納入吾人的計畫中而言，還有更深刻的理由。有史以來，機構之設立向來都是以尊重死者的觀念爲基礎。像是中小學、大學、醫院、育幼院、俱樂部、圖書館、教會，和學會等等，都是仰賴已不在世者的財產或贈與，以私人基金會的形態來延續其生命。該資產目前的持有者，就道德方面而言，不過是暫時的受託人。基於尊重死者，其遺贈是不得任意使用的，受託人必須以合乎創辦人或捐贈者的宗旨來延續下去。爲了尊重死者，在世的受託人還要維護其後繼者的利益。尊重死者乃是受託資格及其立場的根本，必須守護著在日後仰賴該遺產的子孫後代。不將死者納入考量，就是罔顧未出生者。不需要進一步深究，就能知道此即違反中庸之民主的眞正危害。

所以說，民主程序要能納入這種設計，亦即延續過世者的發言權，而未出生者也能在政治程序中得到考量。不過，也未必是所有的過世者和未出生者：而是所有從屬於統治權所律定的第一人稱複數者——亦即歷經各時代的共同體，在現代術語中常被視爲民族，「民族」一詞就其語源來說，是與出生和血統相關聯的，也就是說，不談及此，該長期觀點就無從被視爲政治活動的一環。

君主政體

如果民主選擇合乎理性，那麼它一定能在制度和程序中，給不在場的世代發言權。實際上，只要在世者的即時需求，可以根據社會的長遠未來利益來調節和修正，這些制度和程序就能以受託人的立場來督促這些代表。其中一種制度，就是傳統觀念所抱持的君主政體。在未經普選選出的狀況下，君主政體並不能單純被理解爲代表現今世代的利益。他（或她）乃是一出生就進到這個地位，並以法律所界定的世襲者來繼承。如果君主也有發言權，該發言權就會確實以政治程序所要求的跨世代方式受到理解。就若干實際意義而言，君主乃是歷史的發言權，在他們這種極爲偶然的取得官職的方式中，強調了他們的合法性基礎，乃是在人民、地方及文化等等的歷史當中。這並不是說，君主不可以有憤怒、非理性、自利，或是不明智的舉措。不如說，他們的權威和影響力，促使他們明確面對以下事實，**亦即他們所代表的，並非現今選民當前渴望的事物，而是不同於若干選舉行為所假定的，是對共同體及其連續性而言重大的事物**。所以說，如果他們受到贊成，不妨被認爲是對民主程序的節制，如果要以合理立法來發佈的話，該程序就應該以這種方式來加以調節。

上院

我們大家在英國，一直都享受到較有趣的、另一種介入政治程序的世襲原則，這是透過議會中世襲的第二內閣之存在來進行的。如今該內閣已經被破壞，而壓倒該內閣的論據，卻頗爲薄弱而混淆，所以有必要在此談談這項事物的優點，免得該制度在不受惋惜的狀況下，就從政治分佈圖上消失。

就傳統的理解而言，世襲貴族的最重要特徵，就是其政治職務是和提高的社會地位相當，以及除了封號之外，還擁有由國家賞賜的領地。人們對貴族身分地位的貪戀，並不是因爲他們受封的財富（因爲要維持這種衆所期盼的生活方式，實際上是很昂貴的，而且也會因爲若干理由遭到拒絕，例如邱吉爾的例子），而是爲了這個封號背後的浪漫與高尙。就傳統認知來說，這個封號並不是頒給個人，而是頒給家族：這是父子相傳的，並構成了該家族的社會地位之永久保證，且有實際的政治權力爲之加冕。

結果就是，議會上層內閣的主要組成份子，其利益並非在世者的短期利益，而是某家族的長期利益。其中最爲主要的，乃是對社會與政治之連續性的深刻渴望。某項由於世襲而得以享有的特權，只有在能授予該特權的社會及政治安排得以延續時，才能夠保

有。所以說，**世襲的上院就不可避免地將自己視為社會或政治遺產的捍衛者或受託人，而就某方面來說，這也是民主程序的煞車器**。如果我們認為，民主程序正需要這樣一個煞車器的話，那麼這就是個贊成世襲上院的強有力論據了。

就產生匹配得上其特權的貴族而言，世襲本身並非充足理由。有能力的政治階層要從官職的世襲中脫穎而出的話，還需要其他條件；這就好比一位有能力的政治菁英，要從多數選舉中嶄露頭角，也一樣需要其他條件。儘管如此，伯克所說的「世襲原則」，仍是少數經過驗證的、將長期觀點注入政治精神中的方式之一。

筆者承認，就近年來實際面對的特定議題而言，上述的話是答非所問的——為何要授予這種出生的偶然立法權利呢？不過這個問題是不會有答案的，但是，以下的問題也不會有答案：為何民主選舉就可以授予立法權利呢？因為並**不存在**所謂的立法權利。立法權並非權利，而是特權，且是在不同的政治體制中，以各種不同方式授予的。不消說，這就是可被濫用的特權，而從來也是不斷被濫用，亦即既在貴族政體，也在民主政體當中被濫用。直到近年來，我國都還流行一句未被挑明的至理名言，那就是這種濫用可以透過對立的貴族與民主內閣互相制衡而降到最低，兩內閣彼此都擁有權力來糾正對方的過度作為。

為了理解不受拘束之民主的缺陷，我們不妨把它與若干方案做比較。筆者的論據一

直都傾向於貴族政治傳統。不妨讓我們來澄清這項說法。貴族政治這個語詞源於古希臘，本意是「由最優秀者統治」。然而這並非我國歷史中的舊意涵，也不是作為政治法令的意涵。就確保「由最優秀者統治」而言，並沒有現成方法。不少獲取並授予政權的方法，在人類歷史的進程中都被嘗試過了，其中各項方法都在若干時代產生過「由最優秀者統治」——而且以民主來說，就我們對德國的案例所知，這句話也是很確實的：就民主而言，其價值即在於這類錯誤是可以修正的，在發現到我們選錯人之後，畢竟還可以罷免他們的職務，於是這就成為贊同民主的最強有力論據，以及在政治精神中維持民主程序的理由：換句話說，就是該制度使得我們能夠擺脫我們的統治者。

持平而論，歐洲多數的世襲貴族並沒有享受到統治權，而是形成介乎統治者與受治者之間的特權階層。不過話說回來，就貴族政治一詞的一般意義而言，則包含了公共職位與職責的特殊概念，以及重等差、輕平等的文化。就算貴族本身無意於以人民或統治者自居，他們的世襲地位也會督促他們就其公職、權利與責任進行思考，並在種種形式中培養這種差異。**保守主義者傾向於認為，這就促進了公共精神與高度文化的薰陶，亦即授予這個國家一個隨傳隨到的政治階層，他們樂於擁有足夠的空間來提供服務。**該階層的存在，賦予了公共領域若干永恆事物的魅力與尊榮，同時還將鑑賞力、修養和知識，賦予所有渴望公職者以合法的屬性，該屬性使那些擁有者（不管擁有得再少）得以

將自己和受冊封者與偉大人物們相提並論。貴族對合法性求之若渴；他們不得不撐持這種對他們而言如同天命的特權，而這卻是一般人大費周章才能取得的。所以貴族在卓越文化之永恆化方面，乃是多多益善的。

不可諱言，舊日的貴族社會已然消逝了。不過那種文化與公共精神的眼光，卻比孕育該眼光的社會還多持續了一段時間。該眼光活絡了我們的大學與中、小學，並由BBC所傳播，直到最近幾年還保留在我們的民族生活當中。套用一個受多方濫用的詞彙，此乃「菁英主義」也。這就是說，該主義關心的是守護那些得之不易且具獨佔性的成果，確保這些成果不被廉價的替代品和十足的假貨所稀釋。這都是建立在批判性的判斷、鑑賞力，以及社會等差之上的。該主義還支持了若干擁有菁英世代作爲自然成果的教育與文化機構。沒有人能否認，這種民族文化的眼光很快就對民主的思考方式感到厭惡，或是否認課程改革和教育哲學都明顯唾棄那種「菁英主義」理想。結果曾經是知識的嚴重損失，以及整個溝通媒介水準的低落。要遏止這種低落，或許爲時已晚；不過話說回來，做這種事的意圖就界定了保守主義的政策目標，而這比其批評者所料想的，還要來得更受歡迎。

還是讓我們再回到上院這個主題吧！倘若一種賦予職位與責任的制度，僅僅要求具備某種世襲繼承的授予權來承擔這種職責，那麼，人們又怎麼能公然譴責它有損國家的

繁榮呢？認爲世襲原則「過時」了（即使它透過不斷册封新貴族而得以完善）的說法空洞無物；只須大致看看國際政治的現狀就不難發現，民主同樣過時了。下面這種說法，等於重申對每種晉升方式的反對意見：世襲原則隨意地授予職責，卻不考慮這些職責的接受者是否稱職。難道可以憑空認爲，有能力蠱惑選民（希特勒就具備這種能力）與適合擔任公職之間有某種關係嗎？的確，聽著當今下院裡的辯論，再想起《特洛伊羅斯與克瑞西達》（*Troilus and Criseyde*）的作者⑩也曾經是下院成員的事實，令人不禁產生奇怪的感覺。但是，一旦人們想想那些議員爲了進入下院所做的一切，那一事實也就不再使人驚奇了。

上院議員具備不可侵犯的社會尊嚴和政治尊嚴，他們具有由選舉產生的群體永遠缺乏的突出特徵：閒適的特質。閒適把爭論轉化爲對話。我們的上院考慮的觀點和利益對於煽動家來說毫無用處，因而必定會在你爭我奪的權力鬥爭中被棄置不顧。此外，上院高級法官（Law Lords）這類貴族職務來自於學識，因而具備由對話帶來，卻會被爭論消除的一個重大優勢：他們在只有他們才有資格決定的所有問題上一言九鼎。其實，上院高級法官已經阻撓了更爲激進的立法，他們並非面對一群煽動者演講，而是對聚集在一起的聽衆發言。他們在上院的存在，增強了他們在國家事務上的權威；我將要指出，對於保守主義思維來說，至關重要的正是他們的權威終將獲勝。

近年來，保守黨面對對手咄咄逼人的策略，擺出種種改革和改良的姿態。這些姿態更多的是姑息，而不是準備戰鬥。這種情況之所以出現，並非毫無緣由。一個主要原因在於，保守主義政治最終的確需要有一種超越政黨忠誠的一致情感。不過，撇開政策不談（這裡面的政策十分微妙而且爲數衆多），關鍵是認識到，這個問題極其重要，保守主義者不能有半點退讓。改變上院體制的任何舉措，必須既打算強化其權力，也意圖保全其超然立場。白哲特（Bagehot）爲上院做了有力辯護，他認爲有必要進行兩項改革，改革的目的不是削弱，而是恢復上院的權力、特權及尊嚴⑪（自那以後，這兩項改革，廢除委託投票制（proxy vote）和設立終身貴族制，已經平靜地實現了）。近來布萊爾新工黨所提出改革，似乎是設計來達到相反效果的——也就是將上院改造成某種電視談話秀，在其中人的尊嚴被丟棄，而意見與其說是著重在眞實性，不如說是偏重在其「政治正確性」。

民主的幻覺

如此看來，保守主義者的確希望，我們的等級制度能照顧到民主選舉原則，而不把屬於「國家」的權力授予「政黨」。一些政治家把下院當成全體國民的辯論廳，把它視

為自由的保障和無特權者的保護神。下院這顆珍珠孕育於公眾輿論這片沙壤的邊緣，確實常常把那種無害的輿論傳達給社會機體。但它只是一顆培育而成的養珠，它之所以處於該位置，乃是因為憲法把它安置在那裡，它不具備任何憲法未曾賦予的權利。經過一連串癌變似的生長，它開始吞噬庇護著它的外殼，從而把政府制度轉變為扭曲並束縛政治程序的腫瘤。最主要的腫瘤一直都是內閣——這是完全由首相所任命的大臣內部圈子，該內閣暗中決定了所有問題，並佯裝同時對議會與君主負責，但實際上卻未對任何人，乃至對自己負責（如近來若干前閣員之荒唐可笑的回憶錄所描繪的）。沒有一位外界觀察者不會蔑視這種政治體制，而所有保守主義者都應該憑本能來加以反對。因為這種內閣使得政客們可以從民主的弊病中不當得利（諸如對多數意見的投其所好、對憲法拘束的漠不關心，以及只宣傳愜意的謊言而忽視不甚愜意的真相等等），同時還迴避了若干優點，也就是負責、協商以及議會主權等等。

問題出在喪失了有機平衡。我們的議會機制是從這種需要演進而來，即：調和相互牴觸的權力，以符合社會連續性的方式，化解新舊利益的盤根錯節。民主是實現這一目的的最有效手段。不幸的是，民主是權力本身所不承認的一種理想的別稱：**權力謀求的是強制與統治。民主原則的氾濫破壞了議會平衡，形成了「職業」政治人**。這些機會主義者希望，在維繫足以使這個職業值得從事的表面尊嚴和榮耀的制度中，盡可能地向上

爬得又高又快。然而，眞正的權力蘊藏於全體國民之中，這種權力對展示魅力的行爲不感興趣，毫不鬆懈地追求自身往往超出議會控制範圍的目標。只要政治被視爲一種職業，只要人們以推銷員式的兢兢業業和目空一切爭權奪位，下院就必定始終是個戰場，它最大的特點就在於能夠使議員們精疲力竭。儘管這樣，我們可以設想一種並非「職業」的政治模式，這種政治模式更接近追求學問或履行職責，而非商業化的討價還價。但是，屬意於這樣的政治，就要放棄表演性的政治活動。

司法獨立

保守主義者以什麼樣的態度來對待憲法，又以何種原因、方法來捍衛憲法呢？由於無法對英國整個體制做出說明，目前該體制極不易理解，涵蓋了許多無謂的改革，我打算只考察它的某個不起眼的部分，以期表明保守主義態度如何在權力的亂麻之中得到體現。我將考察司法獨立問題。議會鬥爭往往圍繞這個問題展開，卻始終毫無結果，因爲政治人至今尚未想出解開這個憲政難題的方法。不過，事實表明，司法獨立是左派政策的一個障礙。實際上，有一種流行的、在英國被視爲前言不搭後語的說法：司法裁決是建立在「中產階級」意識形態之上，必定不由自主地阻撓試圖損害中產階級私利的立

法。在可以爲這樣的警惕帶來根據的中國大陸，就幾乎沒有保留下任何司法程序，有的不過是由地方名流所執行的專斷審判而已。中華人民共和國的法規彙編，原本每年都會以一般大小的書冊形式來發行，到了五〇年代末期已變得非常輕薄。一九六四年，這類出版品就停刊了。自此之後，法令完全只是政黨指令和地方風俗的事體。因爲一如所有優秀的列寧主義者所知，國家的衰敝導致法律的成效不彰。

於是，國家對於社會主義者而言，好比它對自由主義者而言一樣成了工具；其目的是「社會正義」，就這個詞彙所能代表的事物來說，是描述某一我們既未擁有、也可能不會冀求的社會。很自然，舊工黨對於是否認同這個觀點猶豫不決，因爲它並未表明排他性的社會主義態度，甚至沒有表現出反保守主義的態度。人們對於英國憲法抱有殘存的尊重，這既反映了公民自身尊重法律的天性，也反映出新的利益團體（工會、地方政府黨工、「準公共公司」）希望進入政治權勢機構的迫切願望。於是有新工黨的崛起，該政黨致力的並非社會正義，而是該所屬階層的進展，不過用的是「社會正義」作爲其組織的標誌罷了。

在保守主義者看來，問題很簡單。他認爲，平等主義原則沒有傳達任何關於未來現實的具體觀念；與之相反，英國憲法爲我們展示了我們每時每刻都在面對的一種秩序。維護那種秩序是個淸晰的目標，「社會正義」則不是。

司法獨立是個難以說明的獨特現象，它植根於事實與虛構交織的曖昧政治領域。它具有任何一種根深柢固的憲政機制所固有的歷史和神話。事實上，它既不可能是絕對的，也不可能是自給自足的。人們通常按照孟德斯鳩（Montesquieu）的說法⑫，把國家的權力一分爲三：行政、立法和司法。這一直覺雖然健全，卻缺乏明確的理論支撐。當然，由單獨一個機構掌握行政程序、法律制定和司法實施，既非必須也不可取。但是，這三種職能不可分割，從某種意義上說，它們背後的意志完全相同。例如，倘若英國內閣試圖將立法權與行政權分開，就無法進行治理。而且，如果立法機構不能迫使法官實施它制定的法律，這個機構便毫無權力可言。因此，司法機關的名義首腦必須對立法權力負責。這樣一來，我們的上院議長就對王權負責，還對王權的意志負責，因爲它已由議會制定爲法律。由此，我們看到君主政體的神話帶來的一個好處：權力既可以是單一的（要進行統治就必須如此），同時也可以是多重的（這是公民遵守法律所要求的）。但我們該如何解釋司法獨立這一符合憲法規定的客觀事實呢？

我們所說的司法獨立是相對的。這在英國有三個主要原因，首先，法律推理（legal reasoning）和法律程序自始至終是獨立自主的。事實上，衡平法在蘇格蘭和英格蘭法律中擁有的優勢地位（十分矛盾的是，這一狀況是詹姆斯一世（Jame I）試圖逼迫司法機關就範時造成的），使得議會法令實際上無法控制司法爭議的方式。凡是運用抽象證據

原則和自然正義原則做出法律裁決的領域，都存在司法獨立的要素，所有人（哪怕是政客）在日常事務中都必須接受那些抽象原則。

其次，司法裁決不能被議會推翻，而只能以適當的法律程序來撤銷。正常情況下，立法不具備追溯效力。不過，我們必須提醒自己，作爲這個國家的最高上訴法庭，上院也是一個議會機構，恰恰是一種憲法規約（constitutional convention），防止了不承擔司法職責的貴族在上院安排審判。

最後，我們的法律並未（或者說尚未）編撰成法典。它建立在一系列先例或習慣法的基礎上，由成文法加以拓展、限制和修正。因而，法律的演進通常是出於司法而非政治上的考慮，一旦突然間出現議會提出、簡化或者澄清問題的情形，如制定《財產法》（Property Acts）、《盜竊法》（Theft Act）以及有代表性的一九五七年《居住人義務法》（Occupier's Liobility Act）時出現的情形，那或許是因爲人們從現行司法推定中發現並引申出一種制度。這種司法解釋直接應用於我們本土社會的實際生活，在這一過程中把這個國家的永久形象，丹寧勳爵（Lord Denning）[13]在嚴厲斥責議會時常常令人惱火地訴諸的形象，納入到國家的法律之中。

一個野蠻的國度，不可能把「正當的法律程序」（國家的意志）與政黨或個人的意志區分開來。在這樣的國家，法律不具備獨立的權威，只擁有委託權。部分就是由於這

三項司法獨立的原則，英國的憲法才得以保護我們免於這種野蠻。不過，也有美中不足之處。戰時的司法程序就可以是專斷的，立法也可能具有追溯效力（也是戰爭所造成的）。但這些都並非常態。保守主義者更憂心的是，我們的習慣法要從屬於風行歐洲大陸的拿破崙法典（Napoleonic Code）和羅馬法，因爲這些法典所認同的權威法源，主要是抽象的法則，而非具體的個案。**保守主義者抗拒歐盟的真正理由，並不是歐盟會破壞議會的自主權（因為這已經由內閣的統治體制所造成了），而是因為這會踐踏在英國最為重要的權威法源，也就是習慣法。**

成文法的優勢

然而，憑藉完全正當的步驟，可以控制司法部門的行爲；這個步驟看起來合乎憲法，這一表面現象卻令人誤解。憲法中並沒有指導這個問題的法則；以不取決於英國統治原則慣例的主題而言，把國家視爲手段的思潮並不是違背憲法，而是反對憲法。我所說的是用成文法改造國家，並且只要有可能，就應嘗試用成文法取代習慣法，哪怕因此與自然正義相牴觸。一旦發生，法官就必須服從成文法。

只要憲法適應人們的社會生活，服從就成爲複雜而有建設性的行爲，而絕不會被理

解成受到法規的嚴格束縛。人們往往注意到，司法解釋追求的並非法律的字面意義，而是法律的精神實質，而且它（儘管必須聲明服從）並不認爲只有議會才掌握法律的精神實質。因此，議會只是國家機器的組成部分，而不是國家本身；這一點對英國人民產生了巨大影響。法官能夠根據自身的現行原則重新詮釋苛刻、專制或混亂的立法。法官很自然地借助某些手段，要求一個人履行自願達成的合同，或在某人被蓄意鼓勵造成損害時指明一種義務。旨在克服這類司法弊端的立法必須嚴厲，體現出過動時期所罕見的精確性。明顯不公平的法律——如一九六八年的《租金法》（Rent Act）（它意圖修改始終對一方當事人造成損害的契約）、徵用法案和國有化法案，以及試圖剔除仍屬嚴懲之列的罪行的犯罪意圖（*mens rea*）的法令——不得不極爲小心地頒佈，以免徹底取消司法限制。

目前，這種程序取決於法庭權力與議會權力之間的平衡，保守主義者會把砝碼壓在前者。因爲法官除了考慮在既定社會秩序的框架內追求正義外，別無其他主導性目的，議會的考慮則是有目的的，從本質上說對社會秩序具有潛在威脅。過多的成文法規以及相關對法官立法資格的限制會打破這一平衡。當然，不可能把成文法全都廢除，各方面的管理需要仰仗成文法。但是，英國的成文法通常是審慎的，既受司法先例的限制，也有「國家的理由」（reasons of state）的限制。如今在歐盟官僚致力於發佈「指示」，並

要求納入各項所屬管轄權法律中的同時，成文法也就扼殺了習慣法。

社會主義者對這個結果大表歡迎，就像新階級的福利官僚一樣。**如今，喜歡追求「社會正義」的政治人，容忍不了那些想要更「合乎自然的」正義的人們。因此，他總是尋求免於司法限制的成文法。**這些成文法必定迅速地紛至沓來，致使共同體根本沒有時間對變化做出判斷（看一看近來推行綜合教育的情況就不難明白，法官一直在力所能及的範圍內做出補救）。在煽動變革的狂熱中，司法部門不可避免地會充當保守主義的力量。因爲法官的意圖，是把議會的法令與既定法律體系結合起來，從而（間接地）使議會法令與現行法律機關保護下的各種制度結合起來。因此，試圖摧毀那些制度的政治人，期望取消法官的立法資格並將其全部賦予議會，尤其是下院，在那裡司法部門既無直接的代表，也沒有顯著的影響。

那些把以習慣法爲王的司法部門視爲保守主義力量的人，無疑是正確的。依據英國法的規章制度行事的法官，所能做的就是尊重體現於法律的社會安排。他在執法過程中消除了怨恨，從而間接地恢復了某種現狀（*status quo*）。「社會正義」的道德規範，要求各個社會階層因爲特權、成就、才能以及智力或物質上的優越而受到懲罰。這樣的法律既不能由憲法來確認，也不能用自然正義的道德規範來認可。於是，法官的立法能力，間接阻止了平等主義國家的形成。

政府與政黨

如同透過深厚的歷史力量和諧地置於憲政框架中的各種事物一樣，司法獨立還面臨另一種危險。這種危險就是必然伴隨著政治激進主義而來的對憲法的不敬。旨在改變既定制度的政治人，不會認爲自己的目標應受現行憲法的限制。只有當憲法服務於他的目標時，他才尊重憲法；否則他就對憲法視而不見，或是束之高閣。正是由於這個原因，一些工黨人士近來認爲，政府與政黨之間的區別微不足道。目前，司法部門對議會負責，並透過議會對國王負責。某些議會官員，如總檢察長、上院議長，負有調和立法者與執法者關係的職責。但這些官員是國王的官員，透過國王對國家的利益負責。民主政治要求那些官員由議會的多數黨任命（雖然這不過是種憲政慣例）；但他們並非直接對那個政黨負責。因此，重要的是，要是看到這些官員被迫按照政黨壓力行事，例如懲戒一位法官，就會出現憲政危機。保守主義者必須迫使任何攻擊司法獨立的人無法代表國家的權威，而只是代表政黨的勢力。如此一來，這種人會發現自己的意圖越發顯得令人困惑。

這就使我們面對一個就保守主義者來說至關重要的憲政問題：議會的性質以及政黨

政治在決定議會事務時的作用。曾幾何時，在面臨憲政改革的威脅之際，正是伯克——這位羅金厄姆（Rockingham）輝格黨中的保守主義者——敦促議會中的朋友組成一個政黨。一些人或許認爲，這種政黨的劃分既違背了保守主義，也破壞了憲政平衡。依我看，情況未必如此。伯克認爲，政黨政治是防止出現民主程序勢必造成的政治生活崩潰的堡壘，他的這個直覺肯定是正確的。由於政黨施加的影響，人們投票並非是表達個人願望（支援各種不同類型的國家生活方式），在很大程度上是當作忠誠於一種統治風格的姿態；正如保守主義者和普通公民希望的那樣，政黨的連續性最接近於國家的連續性。但是，這樣一來勢必導致政黨政治越演越烈：**始終面對無謂的改革措施的保守主義政黨，在執政時必須行使與對手同樣大的權力，以便廢止那些措施；這並非由於國內政策上的這種攻防戰是健全的，而是因為這是結束該戰役的唯一途徑**。這種做法是迫使各個政黨認可一個共同目標的手段，使它們再度成爲「派系」而非「運動」，使它們同等受制於國家利益和憲法的權威，使它們之間的爭論是出於彼此對於國家事務的不同態度，而不是爲了對權力的同等渴望等其他原因。它們形成的綜合形象，必定包含大量的保守主義成分。要做到這一點，關鍵在使政府與政黨分開，賦予前者以後者擁有的同等權力，尤其要把那些不屬於議會管轄權範圍的權力賦予政府。

公民社會與國家

為了理解我提出的攸關存亡的憲法問題，我們必須再回到先前對公民社會性質，及其與國家的密切關係的思考和討論。我認為，保守主義看待事物的基本觀點是：個人應當到社會中尋求自身的完善，應當把自身只看作是那高於自身秩序的組成部分，這種超乎一切的秩序，產生自他們自願的同意。個人必須把自己看作參與其中的該秩序的繼承者而非創造者，以便從該秩序（從它「客體性」的圖像）得出能夠決定自我認同的觀念和價值標準。他將認為公民的恆定性使他從搖籃到墓地的人生過程具有了意義。他所處的世界並非與他一起誕生，在他離世後也不會消亡。

結論是自然而然的：一部有利於實現保守主義觀的憲法，將為世襲權利原則騰出位置，而且肯定無懈可擊。世襲制鞏固了家庭與財產之間的聯繫，這種聯繫既體現於人性之中，也是保守主義者提出的「自然的」政治見解的組成部分。我們發現，憲法的一個方面（世襲特權）首先反映出公民社會的特徵，其次反映在財政政策的需要上。在此，不可能把「國家事務」和與之相關的公民生活的全部永久特徵區分開來。我們要找到保守主義者能夠闡述世襲原則（或憲法的任何其他方面）信念的確切方式，就始終必須探

討比眼前的政策更重大、也更難以把握的問題。我們生活的國度中，國家與社會共同發展，其方向則針對國家主權這一共同的目標。**要構想我們國家的政治前景，就要達到兩方面的目標，即外在的政治連續性，和內在社會生活方式的凝聚力**。正如世襲統治的例子所表明，以及我在前文中論證的，上述兩個目標密不可分。然而，在某些政府事務上，自由主義政策總是竭力促使國家與社會相分離。

例如中央權力下放問題。目前這有一部分是由布萊爾政府所實施的，其結果還難以逆料。國家必定有中心有邊緣，倘若不以統治中心的同等力量和決心來治理邊緣，國家就會分裂。在建立在北倫敦的霸權之上的新生「英吉利」（English）王國，是什麼阻止了心懷不滿的諾森伯蘭人（Northumbrian）堅持他們與生俱來的獨立權？阻止雅茅斯（Yarmouth）石油儲藏豐富的城鎮實行自治的又是什麼？在布里克斯頓（Brixton）的風俗、習慣和語言，和遙遠的威斯敏斯特（Westminster）的法律似乎格格不入的情況下，又是誰在統治布里克斯頓的共和國？而還有誰會鼓動來抗拒由諾丁山（Notting Hill）的拿破崙所領導的起義呢？（譯註：上述幾例皆爲英國歷史實例，以反對所謂的權力下放。）

不僅如此，有著確定疆界的王國必然在疆界之內實施統治和自主決策，人民會把這些決策看成源自某種由他們自身而來，並表達他們心意的集體生活。從憲法角度看，這就意味著立法自主權。保守主義勢必難以接受不可思議地蓄意放棄主權，亦即有人主張

與其在國內制定英國法律，還不如在布魯塞爾（Brussels）制定。如今，出於商業目的制定的歐盟法律體系，已經使從事國際貿易的企業獲益匪淺。其實，該體系源自這種見解：經濟繁榮就是所有政治和法律的眞正目的，並將人民的富裕等同於多國企業的獲利。一旦歐洲議會的決定更密切地反映議員的意識形態，許多事物就將以一種英國人不喜歡的方式強加於他們身上，但他們無權予以拒斥，除非與已囊括了這個國家整個經濟生活的條約徹底決裂。保守主義以普遍的人性哲學爲基礎，因而持有廣義的社會繁榮觀，不承認任何單純的「國際」政治，不承認任何無強加於人、無視並吞沒社會傳統的憲法或法律實體。作爲一種政治態度，「歐洲保守主義」完全是一派胡言，當然，除非它意味著維護密切的聯盟和商業關係，或者是某種更爲野蠻的東西，如復辟神聖羅馬帝國，恢復教會的無上權力。

我討論的雖然是憲法問題，卻反映出對於公民秩序的看法。反過來說，一些問題產生於大衆的情感，卻在符合憲法的決策上體現出來。所有那些構成難以言喻之民族觀念的感情，所有迫使政府必須對公民資格做出法律限定——作爲符合憲法的法令——的感情，情況莫不如此。迫於世界性移民現象的壓力，有關公民資格的法律近來得到比較系統的闡述。許多英國人從未聽說過《國籍法》（Nationality Acts）和移民法，強烈感受到所謂的「異族楔入」（the alien wedge）。無庸置疑，即便是聲稱效忠「多元文化社會」

的那些人也絲毫不會懷疑，我們的社會與美國不同。我們的社會並非那種社會，因而就公民資格現狀來說，人們不可能對移民抱持消極的蔑視。自由主義的長處（這種長處並非形成於大衆的一致意見，而是源自自由主義菁英的政治權力）最明顯的標誌，大概莫過於英格蘭人、蘇格蘭人以及威爾斯人擁有若干優先權，來要求這些由其祖先所創造的文明之利益，這是其祖先授予他們這種只爲他們所有的利益⑭。英國習慣法的一貫原則，是把煽動仇恨（因此也包括種族仇恨）確認爲嚴重的刑事犯罪，然而並未明確偏執情緒是否屬於仇恨，也未明確是否應當以高壓手段來對待之，正是這種手段使這些情緒變得如此偏執。相反地，社會意識似乎不可避免地孕育出這些情緒，其中包括固有的成見、共同的文化和物以類聚的願望。很難說就此有充分的理由把它們斥之爲「種族主義」，這可說是於法無據的指控，但對此目前也沒有適當的辯詞。被指控爲種族主義，意味著要爲此感到罪過：這可是自由主義對民族性思維的最大成就。當代保守主義最重要的目標之一，想必就是企圖恢復檢查和威嚇的機關，該機關曾經有效地使民族認同的訴求保持靜默。

就我所談到的問題而言，自由主義關注的始終是把國家與社會兩者分離。而只有把兩者聯繫起來，才能體現保守主義的憲法觀：具有普遍意義的、不言而喻的事物。保守主義者之所以首先關注權力下放、立法自主權、移民等問題，原因就在於它們是一些能

夠立即獲勝的鬥爭。公民社會的磁場引力在此達到了極致，必須把憲法置於公民社會的領域之中。

國家越糟，法網越密（*Pessimae republicae plurimae leges*）。塔西陀（Tactius，譯註：西元一世紀古羅馬史家）的話開始在英國應驗，約瑟夫・德・邁斯特爾（Joseph de Maistre）曾對此寫道：「眞正的英國憲法在於令人欽佩的公益精神……它引導並拯救一切，相較之下，已經形成文字的東西無關緊要。」⑮但是，正如我力求表明的，雖然因時光的流逝和現代行政的複雜性，約瑟夫・德・邁斯特爾的理想在所難免地有所改變，卻依然在英國得到了證實。只要能分辨出這種「深刻地」未言明的憲法仍將顯現的地方，那就足夠了。因爲那是保守主義者必須進行戰鬥的地方。

結語

憲法並非法規的總和，也不能被制定爲一部法規。正如人的自我認識貫穿於他的生物本性那樣，憲法也滲透到社會機體之中。它並非建立在「天賦」權利之上，因爲它既授予特權也授予權利，以便要求得到尊重。

國家與社會的統一無須任何民主程序；在當今世界上，民主化就各方面而言其實都

是對這種統一的威脅。但是，還有一種更爲嚴重的威脅：自由主義者渴望重塑憲法，以致它既不適應任何特定的社會制度，也不呼應任何特定的歷史同一性。我已經指出，保守主義者要抵制那種企圖，必須到空想變革的論壇之外，尤其是到人異言殊的亂糟糟的下院之外謀取國家權力。因此，他必定會捍衛司法機構、上院以及所有的自治制度，它們可以使政治程序心照不宣、不受黨爭干擾地發揮作用。在保守主義者看來，憲法的變動必定體現社會感情的變化，而不會體現那一小小的職業政治人階層的機會主義目標。但是，倘若保守主義者屬於該階層，他就必須勇敢而謹慎地戰鬥，在每個得到社會紐帶支援的問題上立場堅定，不容許任何政黨篡奪屬於國家而非政黨的「忠誠」，因爲這種忠誠源於社會秩序，不屬於任一政黨而屬於國家。我們現在必須考察的並非國家本身，而是作爲國家意志的法律。

註釋

①原註：布克哈特（Burckhardt），前引書（*Socialism: An Economic and Sociological Analysis*），〈導言〉。這一觀點實際上應當歸功於德·梅斯特爾（de Maistre），《論政治組織和人類其他制度的基本原則》（*Essai sur le principe générateur des constitutions politiques*），載《梅斯特爾全集》（*Oeuvres complètes*），里昂，一八八四年版，第一卷。梅斯特爾已經認識到，憲法的紐帶是「超驗的」，因而推斷制定憲法屬於上帝的事。從對超驗紐帶的忠誠到對超驗存在的信念，這一段落具有重大的政治意義。我將在第八章再繼續這一段的討論。

②原註：有趣的是，關於美國憲法的主要教科書〔愛德華・柯溫（Edward Corwin）撰〕名叫《憲法及其在當今的涵義》（*The Constitution and What it Means Today*），自一九二〇年以來，它修訂了十三次。換句話說，美國憲法研究的進展不是以科學發展的速度，而是以法律演進的速度取得的。

③原註：馬庫色（H. Marcuse），《理性與革命》（*Reason and Revolution*），倫敦與紐約，一九四一年版。

④譯註：美國作家馬克・吐溫的小說《哈克歷險記》中的主人翁。

⑤原註：黑格爾在《法哲學原理》（*Philosophy of Right*）和《歷史哲學》（*Philosophy of History*）中已對這種哲學做了詳盡闡述，儘管其措詞需要修飾。從波桑開（Bosanquet）和奧克肖特（Oakeshott）的思想中仍可發現這種哲學的痕跡。這一觀念和柏拉圖的《理想國》（*Republic*）一樣古老。

⑥譯註：一九三一年，工黨麥克・唐納政府出現政治危機，喬治五世出面干預，召見了保守黨和自由黨領袖，最後組成了以工黨爲首、三黨聯合執政的政府。

⑦原註：很難對這一邏輯做出說明。一個有趣的討論（主要是從自由主義憲法觀的立場來進行的）是德沃金（Dworkin）的《認眞對待權利》（*Taking Rights Seriously*），倫敦，一九七七年版。

⑧原註：見露絲・本尼迪克特（Ruth Benedict），《文化模式》（*Patterns of Culture*），紐約，一九三四年版。

⑨原註：托克維爾（Tocqueville），《民主在美國》（*De la démocratie en Amérique*），第二卷第二部分。

⑩譯註：叙事詩《特洛伊羅斯與克瑞西達》（約一三八五年）的作者即喬叟。

⑪原註：沃爾特・白哲特（Walter Bagehot），《英國憲法》（*The English Constitution*）（克羅斯曼（Crossman）編，倫敦，一九六三年版），第三章。白哲特爲上院所做絕妙辯護的水平，遠遠超出近年來的討論。

⑫原註：《論法的精神》（*De l'esprit des lois*）（一七四八年）。美國憲法已經以法規形式表述了「分權」學說，

但這一事實並沒有使這一學說變得較易於理解。

⑬譯註：當代英國最著名的法官和享有世界聲譽的法學家。

⑭原註：西季・威克（Sidgwick）在《政治學原理》（*Elements of Politics*）（倫敦，一八九一年版，第二九五頁）中，最簡潔地表述了這些問題上的自由主義觀點，他捍衛一種「世界主義的理想」，據此，政府的「事務就是在歷史因素業已交付給它的特定領土內維持秩序，但絕非是決定誰將居住在這一領土內，或是限制任何特定的人類享有其天賦的利益」。聽起來似乎「歷史因素」會劃出一塊領地的界限，卻又不同時劃分居住其上的人民！難以想像，從一個距離普通男女的政治感情如此遙遠的公理中，能夠得出什麼樣的關於主權或合法性的概念。

⑮原註：梅斯特爾，前引書。另見休謨在《英國史》（*History of England*）第四十七章中對詹姆斯一世與習慣法發生衝突所導致的憲政危機的評述。

4

法律與自由

Law and Liberty

如果我們的討論仍然停留在「政黨政治」層面，其起點就應當是，保守黨如何在七〇年代逐漸自視爲「法律與秩序」的政黨。但是，不論目前實際狀況如何，「法律與秩序」純屬政府事務，不可能有哪個政黨會使自己的言行看起來像是不關心維護「法律與秩序」而勝選，工黨曾經爲這一點付出過代價。馬基維利一針見血地道出了人人都不願意相信，卻又承認其確鑿無疑的一個眞理：「爲了維護法治，君主必須首先運用法律——這對於人來說是再自然不過的，但也必須準備使用野蠻的暴力。」我們關注的問題，是法律的性質、範圍及其在保守主義思想中的「形象」，其他都屬於策略性問題。從理論上說，可以聽任「法律與秩序」自己維護自己。

法律的領域

哪些事物應受、哪些事物不應受法律的支配呢？法律能夠界定和限制公民的行爲到何種程度？在此，保守主義者仍然不會滿足於簡單而絕對，能夠套用於所有國家和制度，卻又無視其歷史和特性的答案。即便如此，他仍然必須與自由主義對手競爭，而自由主義在法律範疇領域裡無所不能，也就是說，這是首先進入其腦海的。自啓蒙運動以來，人們似乎已十分自然地假定，在每個法律問題上，「個人自由」的目標都是問題的

關鍵，這不是個法律何在的問題，而是如何從理論上予以說明的問題。我們應當奪走這個人的自由來保護另一個人的自由嗎？自由主義哲學認爲，法律只有在下述意義上才正當：它保護個人免受傷害；它必須最大限度地容忍與上述目標相吻合的自由。顯而易見，人們不會輕易拋棄這種自由主義觀念，因爲它傳承了令人肅然起敬的知識份子傳統，有著經久不衰的知識份子魅力。然而，重要的是要明白，保守主義者無論如何也不會被迫接受這種觀念。

我已經說過，這種自由主義觀屬於個人主義的範疇。它認爲個人具備自我完善的潛力，擁有理性並或多或少加以運用。正確地運用理性，也就意味著毫無束縛地運用理性，依照「自主」（甚或「眞實」）選擇的規範來過生活。康德堅持認爲，一切人性之善正是產生於這種自主選擇的實踐，人性特有的最重大的墮落就在於「意志的他律」（heteronomy of the will）①，即依據並非出於自身掌握的規範來行動。這種哲學是沙特存在主義（Sartrean existentialism）的先驅，是啓蒙運動關於人的概念的最完美典範。從中可以爲下面這種觀點找到理由，即人的幸福在於自由，一切統治只有在作爲達到這一目的的手段時才是正當的。人們在指出理性的缺陷時，不必像杜斯妥也夫斯基（Dostoevsky）筆下的「宗教大法官」（Grand Inquisitor）②走得那麼遠。康德認爲，從自主這一最重要的基本原則，可以得出某種輔助性的行爲法則：每個人出於理性約束而接受的道德律

令。但是，正如康德認識到的，那些法則依然僅僅是「形式上的」，而且他本人試圖從中得出特殊行爲規範的嘗試不僅頗爲牽強，在概念上顯然也沒有任何政治意義，沒有對最有效地服務於人類道德目的的社會組織做出任何說明。實際上，如此運用道德律令似乎是在要求，人認爲自身不屬於這個世界，而是屬於其他的某個世界，認爲自己是一個「目的王國」的理想成員。

在我看來，如同康德的自由、自主的人一樣，自由主義政治觀同樣屬於花言巧語。保守主義的觀點的始於相反的前提：抽象的自主理想雖然令人欽佩，在本質上卻並不完善。人們具有自由意志；他們做出選擇，依據理性行動，在所有事物上都受到他們是什麼、又希望是什麼的觀念的指引。但自由這一「形式」必須具備內涵。**對於缺乏評價事物概念的人，對生活在唯我論真空中的人來說，自由毫無用處。這種人毫無來由地想要眼前的一切，對自己的選擇所涉及的客觀秩序卻一無所知**。我們無法單純從選擇概念得出行爲的目標。我們必須表明，行爲者如何評價他打算去做的事情。他憑藉什麼樣的觀念，又借助什麼樣的感知能力，認爲自己的目標是值得爭取的？承認某事值得去做，無異於把它看成是一項成就。這意味著相信這件事能帶來價值、尊嚴、敬重，簡言之，帶來社會認可（我說的是一般情形，不是極爲複雜的實例，例如必須用推測來確定的「你」、「我」之間的界線）。這種對於某事價值的認知通常無須訴諸言表，它眞實而

清晰，這就足夠了。沒有這種對事物價值的敏銳感知能力，自主也就無從存在，而這種感知能力不可能憑藉選擇的行爲來獲致。它不是產生於自由，而是源於爭取自由的努力；不是透過沈溺於自我，而是透過對他人的了解。簡言之，價值觀念需要自我對他人的認識，而自由只能從這一認識開始。自主的先決條件在於對於社會秩序的認知，即使那種秩序是理想的，不過是因爲人們曾經眞切地體驗到它。自主的個人是社會實踐的產物。所謂個體的人，就是認識到自己並不單純是一個個體的那些人。無政府狀態（即不承認受公共領域拘束的自由）並非個性的獲得，而是個性的淪喪。個人自由是巨大的社會性人爲產物，它試圖將自身說成是獨自天成，由此產生了自由主義的神話。

法定成年人

上段文字的涵義在實際應用時，會變得更爲明確。我所說的一切不但與自由主義對立，也與更爲實用取向的法律觀格格不入，因爲這種法律觀只把法律視爲懲惡揚善的統治權力。法律就是行使這樣的一種權力：沒有這種權力，人類的生活，用霍布斯的名言來說，就將是：「孤寂、貧窮、污穢、野蠻和短命。」但這種觀點還可以從自由主義的角度來表達。可以說，一旦擁有能夠阻止人們干預他人「權利」——如生命、和平、

隱私以及財產——的權力和機制，法律就發揮了正當職能（毫無疑問，這種觀念在默示契約或康德式「自然法」觀念中找到某種自然的、普適的基礎）。這個觀點勢必認爲，法律的功能在很大程度上是保護性的，既然法律提供了大體上的保護，那麼，只要一個公民使那些和他一樣隨心所欲的「法定成年人」（consenting adults）感到滿意，法律就不能正當地侵犯他隨心所欲的「天賦」權利等等。

每個人都感受到這種觀點的魅力，因爲在自身靈魂的某個角落，每個人可以說都是「獨處的法定成年人」（consenting adult in private），渴望擺脫國家的監視，進到純粹的個人領域。像偉大的雅典人一樣，我們謀求「我們私人生活的自由與寬容；在公共事務上則服從法律」③。如果對於這種高度文明追求私密性的願望缺乏謹慎的態度，哪怕這一態度的主要表現，是星期日報紙（*the Sunday Newspaper*）可以任意爲那些從未有過私生活的人們曝光一點其私生活的景象，任何一個現代國家都不會繁榮昌盛。**不過，這一觀念不可能單獨決定「新」的社會秩序，實際上也根本決定不了任何社會秩序。**

財產權

試舉一個小例子：財產權。在極端的自由主義者看來，對於個人按照自認合適的方

式，處置從法律和道義來說，都承認爲其個人所有物的權利而言，任何干預都不可能是正當的（我們姑且假定，把所有權劃分爲合法與有益兩種類型而產生的問題不存在）。但是，如果認爲一個商人擁有某種不可褫奪的權利，把屬於他的穀物倒入大海，或是在發生饑荒時拒絕將穀物投放市場（無論這一行爲的動機是否是爲了營利），那就太荒唐了。顯然，所有人都會認爲他的行爲是不道德的——英國目前允許的一些短缺物資的交易中確實出現這樣的情形，拒絕宣佈上述行爲非法的國家，肯定不會行使憲法賦予的那種權力，那種確保人類社會連續性的權力。有人會說，這只是個極端的例子，有些事例能夠提供「反證」（rebuttable presumption），即一個人可以自由地處置屬於他的東西。這種看法同樣值得懷疑。對於一個普通人來說，什麼東西是屬於他自己的呢？讓我們以他的住房爲例，因爲這是他在心理上最親近的東西，而且是一切「私人」事務的中心。他是以房客的身分，還是不動產的完全保有者身分擁有房子，這無關緊要，因爲兩種方式在英國法中均擁有財產權，也都能代表交換價值。人們長久以來始終認定，個人不可以自由處置他的房子，而且這不僅僅是因爲某些處置房子的方式直接「傷害」了鄰居。在未得到法律授權機構許可的情況下，他不能毀壞、變更、（有時）甚至是重新裝修自己的房子。**這樣做的理由可能完全出於審美上的考慮，事關「地方特色」、「傳統風貌」等等，簡言之，就是出於對應當如何照管個人財產的公共期望。**人們也不應當認定，這

種對審美原則的合法尊重是現代人的做法，是爲了保護迅速變動的不動產市場。在十六世紀的威尼斯（Venice），鳳尾船船首的樣式就是由法律來決定的。審美觀在設計事務上的主導作用具有重大的意義。因爲這表明，法律對視覺的連續性規定了一種意志，除了國家的既定權力之外，這一意志不會有任何其他的合法來源，它不是被理解爲達成個人目的的手段，而是既定社會秩序的維護，以及屬於大家的公共遺產之文化。只有當我們摒棄個人主義的人性觀時，這種法律才會被理解爲正當。

道德與法律

那麼，什麼是法律的合理範疇呢？法律就是國家意志及其權力在國內事務上的體現。既然國家與公民社會相互依存，法律的合理範疇就是事關社會連續性的一切事物，就是可以看成是需要國家保護的一切事物。法律必須涵蓋能夠強化或打破信任和忠誠之紐帶的所有行爲。支援這一觀點的明顯實例，和支援任何觀點的例子毫無二致：合約的信守，宣佈無故傷害爲非法，民法和刑法的共同本質等等。人們還可以舉出更多有爭議的事例，這些例子所涉及的問題中，自由主義意識形態的優勢可能會成爲無法無天的理由，而不是自由的依據。

再來看看公共行爲準則的情況，以及對待性關係的嘗試性態度的大衆宣傳（部分透過「性教育」媒介）的事例。這兩個問題均涉及難以訴諸筆墨的事情。對於第一個問題，人們會爭辯說，公共行爲準則與個人道德規範之間有聯繫（或者說至少應當存在一種聯繫）。就另一個問題而言，這是一個不能任由統計學擺佈的領域，因爲它涉及某事的性質而非數量（也就是說，性慾這一紐帶的性質）。結果，武斷的人士自以爲相當了解「電視暴力」的問題，很容易認定這裡沒有任何需要決斷的問題，因而也就毫無問題可言。事實上，正如每個人本能地感覺到的，這裡面大有問題。另外，上述兩個事例都與統計資料沒有任何眞正的直接聯繫。我們假定，某個社會定期安排基督徒自願當衆殉難於野獸或劊子手的景觀，統計結果顯示，這個社會公開的暴力事件要比不搞這些健康的宣泄活動的社會少得多。這難道說明了什麼問題嗎？顯然絲毫不說明任何問題；**因為邪惡與否並不在於行為的後果，而在於行為本身**。進一步說，上述做法的邪惡之處主要不在於受害者（他們很可能渴望得到並且自豪於他們面對的既定事物），而在於大衆的精神墮落。這一點顯然與公共行爲準則有重要的關係。在看了黃色電影後離去或滯留的人多還是少，有這種或那種習俗的人多還是少，都無關緊要。社會的實際情況並非最主要的問題。首要事實是，他們看了這些東西。

如今，在所有這些問題上，少數人的意見似乎已比普通公民無法清楚表達的情感博

得更多注意。家庭約束形成的情感以及負責的日常生活養成的節制，理應納入公民保護而不是受到輕視。只有誇大其詞的自由主義政治觀，才會對個人道德規範與公共行爲準則之間存在聯繫的情形視而不見，才會不願承認兩者在政治上具有緊密的關聯。最近，一個陪審團在公開審判中不但以淫穢、還以褻瀆的名義駁回了一項判決，某些人對此驚詫不已。但是，人們一旦注意到，自己或其他人在家庭生活中發現的那種情感力量，注意到普通人——他們的公民生活開始於家庭——在打算放縱自己時必定會產生的害怕心理，便絲毫不會認爲此事有什麼可大驚小怪的。這看起來或許是小事一樁，其實遠非無關緊要。因爲正是對性慾衝動的引導，才最終形成了社會紐帶。看樣子保守主義者不會信服那種特殊的日耳曼—美國感情主義④，它認爲性衝動的自由表達與社會交往的眞正和諧完全一致，還把社會弊端看成是源於某種「壓抑感」（repression）的獨特體驗。這肯定是一廂情願的見解，不僅自欺欺人，還錯誤地看待了人性。而經過馬庫色（Marcuse）和佛洛姆（Fromm）所渲染的壓抑感，則已然是道德紀律的別稱了。

我們暫且將性行爲這個難題放在一旁，而集中討論公共行爲準則問題。實際上，人們肯定很難抱著輕鬆心態，把自由的性交易看作一種奇特景觀，也很難輕鬆地看待性激情隨即從個人之間的承諾轉變爲抽象願望。借用一個馬克思主義的概念來說，這種性商品的拜物教造成了性異化。它在人與自身的滿足之間設置了一重障礙，把性行爲的涵義

轉變爲對性行爲本身的拙劣模仿：不是生存處境的選擇，而是轉瞬即逝的慾望的滿足。這種「拜物教」是人類精神的敵人，是關於自由的幻覺，取決於性市場的波動。它意味著人執著於自身的動物本性，喪失了自身的社會性本質。自《包法利夫人》（*Madame Bovary*）受審查以來，出版審查制度不斷遭到反對，理由是它威脅到藝術和文化。但是，人們必須把個人的作品與孕育出這些作品的文化區分開來。但既然已經實行出版審查制度，爲什麼又不應持懷疑態度呢？在我們這個時代之前，沒有哪個文明時期沒有有效的審查制度，卻很少有哪個時期像現在這樣如此浮泛地缺乏藝術靈感，如此迫切、狂熱地爲了追求一種貶值的獨創性，而以藝術的名義褻瀆神聖。

現在來看看性道德問題。人們肯定會說，這些總不屬於法律範疇吧？但我們知道，這些問題是人的動物性與理性時常發生直接的，且是不可調和的衝突問題，法律以緩慢而複雜的方式，依據只能稱作公民社會對此的強烈反應來採取行動。請想一想法律上關於「同意」的假定。與一個心甘情願但卻未成年的中小學女生性交是犯罪，如果一個男子能夠輕而易舉地做成這件事，這項罪行就越發嚴重。而且，從法律上說，那個女孩並沒有同意。在這個法律上的假定背後，有著道德上的假定，而且是對於社會自我形象來說至關重要的假定。這就是關於「無罪」（innocence）的假定、神話或者說價值觀念（從政治角度看，假定、神話和價值觀念之間並沒有什麼不同）。人們只有借助於無罪概

念，才能體驗和理解性關係，也就是說，將性關係理解爲某種有別於純動物性活動的行爲。也只有透過無罪概念（以及相應的身體成熟期的觀念），性愛才有可能表現爲某事的完成，表現爲求愛的結果。因此，**相關法律之所以正當，乃是因為不可或缺的道德觀念**。其實，該觀念或許只是極爲近似地與人們的行爲方式相符，絕大多數普通公民卻希望以這種方式來看待自身行爲，來理解被法律奉爲神聖的價值觀念。自由主義者很難接受這種法律。「性教育」的倡導者甚至認爲，整個「無罪」概念本身就極其不合衛生。

這個例證屬於不那麼重要的例證，但它意義重大，因爲它表明保守主義對公民社會的態度，如何轉化爲對一些人所稱的公民「自由」進行嚴格限制的法律，又不至於侵犯關於國家正當行爲的觀感。這些法律不會帶來任何「有害」的後果；或者說，倘若它們造成了有害的後果，那只是因爲「傷害」在這一過程中被重新定義了。你不能說，「承諾年齡」（age of consent）學說符合了何者對青少年「有害」的優先觀念。人們拓展了「傷害」概念，使之包含無罪和成熟這類艱深的觀念，並不是說未成年的性嘗試因爲是有害的，所以是錯誤的，而是說未成年的性嘗試因爲是錯誤的，所以才是有害的。其方式就是以道德意涵來加以渲染。

自由與傷害

上文中的思想，使我們與彌爾（Mill）及其後繼者所闡述和捍衛的自由主義法律觀發生直接衝突。不只是在維多利亞時代的各種大辯論⑤，即便是如今，在功利主義名聲掃地多年之後，這個問題依然多次引發爭論。這個問題最近的一次爆發，是德夫林勳爵（Lord Devlin）的《論道德的強制性》（*The Enforcement of Morals*）一書突如其來地引發的，它不僅使整個知識界猛烈抨擊自由主義信仰，還導致了《沃爾芬登報告》（*Wolfenden Report*）⑥的出台，以及隨之而來的旨在消除我們法律體系中所有性偏執痕跡的措施。自一九六七年頒佈《性犯罪法》（Sexual Offences Act）以來，許多類似問題必定表現出狹隘的觀念。但是，這個證據表明了自由主義思想的生命力，不容忽視。仔細考察這個問題，便可以揭示影響自由主義思想的兩項基本原則。第一條原則構成了自由主義思想的前提：刑法唯一應當關注的，是保護公民免受傷害。第二條原則是方法論上的，即一切法律和道德問題都有討論的餘地，驗證的責任與其說落在廢除某種訓示（precept）的人身上，不如說是由保留了它的人來承擔。自由主義者對每種制度都要問「爲什麼」，卻永遠不會質疑這種問題之所以產生的前提條件：缺乏信仰。道德規範如同體現

了它的法律一樣，其基礎始終是深奧難解的。自由主義者並不比任何其他人更了解強姦、偷竊、公開展示淫穢或血腥場面爲什麼是錯誤的，卻喜歡用類似問題上的自相矛盾來愚弄對手。倘若這些問題成爲沈思而非成見的對象，它們必定會引起前後矛盾乃至幼稚的言行，因爲它們處於人類理解力的極限。如果說一種既定的慣例不會傷害參與者，這只意味著人們可以（以某種安全而不參與其中的超然態度）把它僅僅看成是道德情操的殘餘。控訴傷害還會有其他的意思嗎？傷害觀念應用於肉體時，其涵義十分清楚明確。我們都知道傷害或損害一個人的身體意味著什麼。但是，強姦並不總是帶來肉體的傷害，因而對這一罪行的量刑，必須在很大程度上看其所導致的「心理」、「精神」或「道德」上的傷害。但僅僅是因爲我不同意某一件事，我就被這件事傷害了嗎？倘若這就是評判標準，我們就必須修訂國家在財政、教育和環境方面的法律。難道我是被一次當眾處決的場面所傷害嗎？我們要怎樣才能找到認眞的答覆，而不需要延伸「傷害」的概念，以伸張那種道德不認同的最佳庇蔭呢！再者，我被一幢優美的建築或一件藝術品的毀滅傷害了嗎？只有一種回答，能產生絕大多數自由主義者希望看到的法律（因爲他們屬於一接觸此類問題就發抖的階層），即我是被法律的實施所傷害，而且是以完全超越了房地產開發商因法律的實施而破產的那種小委屈的方式。最後，我是被（私下裡）訂下（我本人不了解的）婚約——在日後的某個時期，我的整個道德天性會對這種婚

約感到厭惡——的機會所傷害嗎？很顯然，**除非我們著手把自由主義者希望消除的那種道德和社會情感，完全落實在「傷害」這一概念之中，不然就無法對這些問題做出切合實際的回答**。這場爭論完全被說成是偏執的愚昧與開明的理性之間的衝突，其實不過是各種成見之間的牴觸。爭論的一方坦率承認把道德情感帶入爭論之中，另一方卻用理性的面具把固執己見掩蓋起來，安詳地期待勝利到來。

這並不是否認，存在著所謂名副其實的自由主義共識。倘若乞靈於那種共識，就有理由在法律上做出相應的變更。如果說自由主義的道德規範逐漸不再是菁英者的資產，而轉變爲公衆輿論的通行貨幣，這或許倒是確有其事。人們怎樣才能知道答案呢？從爭論中無法找到答案，答案在於人們一直在使用的試金石，在於法官和陪審團的答覆。一旦道德情感出現衰退，判罪或服刑的願望也隨之消退。所以，有必要設立一項「危險駕駛致死」的罪名。因爲，當陪審員看到另一個人因爲他們本人每天都極少防範的一項行爲受到指控時，有哪個陪審員會做出過失殺人的裁定，並判處恰當的十年刑期呢？同樣，公衆對承諾年齡的認識正在改變，而且這種改變正開始在法庭上表現出來。

提倡使用這種傳統的試金石，並不是在鼓吹人民的呼聲就是上帝的聲音（*vox populi, vox Dei*）。這完全是出於使法律始終處於它的受治者的視線和理解力範圍之內，完全是拒絕假設事先存在一種共識，除非這種共識已經在人們唯一必須眞正保持嚴肅的法庭上

得到證實。受多數人意見的折磨，是譴責多數人價值觀的教育必然帶來的懲罰；共同道德秩序的觀念，則是使多數人調適於彼此既不了解、也無法仿效的各種怪癖的最強大的力量。

憲法權利

在此有必要停頓片刻，來談談自由主義在面對民眾道德規範這個重大問題時的另一種策略。自由主義的這種策略就是：證明法律是憲法權利的分配機制。如果憲法包含了對「道德多元論」（moral pluralism）的承諾，那麼，公民將合乎邏輯地預期，法律不會把他的道德準則強加於另一個人，哪怕對方的道德準則僅僅是爲了論據的緣故而假定的。從這一觀點來看，無論人們的共識多麼強烈，法律具有公共性，道德規範則屬於個人範疇。不僅如此，法律的宗旨只與一樣東西有關，這就是憲法。憲法賦予人們在公開法庭上據理力爭的權利。美國的法學家正是傾向於以這種方式來看待他們的法律；人們雖然毫不遲疑地贊同法律賦予的權利就是憲法權利的觀點，卻懷疑對於「道德多元論」的承諾，即使是與美國司法程序公認的理論相比，也未必是前後一致的承諾。這裡所說的理論是指社會契約論，但任何一個美國人怎麼會遵循並不屬於他自己的道德規範呢

⑦？根據那種理論得出的結論，必然是：無法加入社會契約的那些人，就不能得益於法律的保護。例如，一個胎兒正好就處於這樣的處境。這點在美國的「羅伊控告韋德」（*Roe v. Wade*）一案中確證無疑。法官布萊克門（Blackmun）先生說，胎兒還不是一個「人」，因此無法合理地擁有法律規定的任何權益，法律雖然不承認什麼道德規範，卻認可結成國家時的所有契約。自由主義從最初的前提發展到現在這樣的一個假定，眞是叫人驚奇不已。但保守主義者寧可回到該前提本身，以便了解「道德多元論」究竟爲何物：一種極爲偏執的康德式「道德律令」（Moral Law），一種自由主義將道德劃一性強加在社會議程上的方式。歸根究柢，「對人類而言十分自然的是，但凡他們關心什麼事情的時候，都會表現出偏執的傾向」〔彌爾：《論自由》（*On Liberty*）〕。

法律與社會

不論法律以何種方式滲入國家機器，其權威都取決於其對社會凝聚力的認識。任何試圖踰越該認識的法律，都無法贏得公民矢志不渝的效忠。同樣，法律將以合法的方式，介入每個對於社會紐帶的強度或參與者的社會形象來說至關重要的社會生活領域。如此一來，不可避免地會有家庭法、規劃法以及規定人們工作、消遣的天數和次數的法

律，乃至控制得到許可的酒精飲料種類的法律（正像伊斯蘭法律承認它表達的見解與酒類消費相衝突那樣，我們的法律也承認，酒館裡散發著惡臭的戲謔——咸認爲是促進眞正的聯繫——以及毒品文化具危害性的柔和滋味，則咸認爲是走向唯我主義的第一步）。保守主義法律觀的一個重大長處，正在於不僅能夠解釋這些問題，還使之變得明白易懂。依我看，倘若依照自由主義的觀點來解釋，那麼除開一小部分核心的刑法和民法外，我們國家的整個法律體系幾乎全都站不住腳。

人們進而探問：當今的現實政治問題究竟有多麼重大？箇中細節必定超出本書的範疇。很難對法律的運作進行調整以順應社會的趨勢，試圖只遵循源於社會生活的趨勢而不致預示其衰亡，也困難重重。我認爲，從整體上說，法官比議會更有資格做出這種調整；看看最近在男子與配偶關係中引入雙方義務上的細微差別，就可以明瞭這一點，這些差異是用純粹的司法概念（諸如推定信託⑧）引入的，從而在不妨礙家庭法基本原則的情況下，適用於棘手的案例⑨。即使在這一問題上法官的熱情往往過了頭，司法的調整仍然是可行的，而不必去弄清楚這個錯綜複雜的法律難題，也沒有必要另行編造其他的家庭概念。

自由主義屬於菁英階層的信條，它不可能替代人們日常生活的忠孝之情，且一直是衆多致力於法律改革組織的指導力量。這些組織壓倒一切目標，是疏離法律與公民生活

的關係，把選擇領域擴張到傳統人們謀求約束的領域。自由主義試圖從法律中根除關於特定社會安排的形象。保守主義者認爲這根本就是剝奪了法律的權威，並將它改造成徒具形式而可規避的法規體系。個人必須找到反映於社會秩序之中的自我，從而由外而內認清自己所作所爲的價值，該秩序也必定以相同的方式在法律中發現自身形象。公民社會無法提供自身的自我形象，好比個人同樣不可能透過盯著一面鏡子來喚起自我意識。**公民社會在國家的制度中得以確認，作為國家意志的法律因此成為公民生活的具體現實。**從這個意義上說，一旦公民發現，他們的習俗與生活形態和法律之間的鴻溝日益擴大，到後來，風俗、習慣、道德、教育、勞動以及其他事物，就會一個接一個地從法律的管轄範圍中「獲得解放」，其社會效力的觀感隨之削弱。

刑罰

只要人們採納我所概述的法律觀，就會發現，承認刑罰構成法律條款的基本內容一事並不很困難。知識份子對自由意志問題的迷思，造成刑法學界把法律看成矯正和改造的工具，而非強制手段的觀念。這些問題極爲複雜，我不打算在此爭論。我只想表達一點看法：任何哲學，倘若它旨在把刑罰和責難從對人類事務的理解中剔除出去，就必定

使報答和讚賞變得多餘，使氣憤、怨恨、持平、尊敬和欽佩，簡言之，使構成了人際之間的道德關係網絡的所有態度變得多餘。這樣的哲學，最終勢必把人類價值觀這一精巧的上層建築從社會生活中徹底根除，留下的只是一片行爲主義的荒漠，無生命的電腦或許能夠在那裡繁盛，人類永遠不行。一旦這種哲學成爲道德生活和政治活動的基礎，就使兩者都喪失意義。

需要考慮的問題並非法律與秩序，而是如何看待法律及對法律的侵犯。我們必須認識到，下面這兩種人之間有著根本的對立，一種人把犯罪與法律的衝突看作是意志的衝突，另一種人則從個人（或社會）的「調整」或「失調」的角度，來看待那種衝突。保守主義者和顚覆份子均持第一種看法，他們都把犯罪看成是蓄意地，並且是出於自身目的而採取的無視社會的行爲。犯罪者的意圖或許並不是反對「公意」（借用盧梭的術語），除非他像惹內（Genet）⑩那樣試圖以反對公意的方式來尋求自我形象，把社會的外衣裡外翻轉過來，以便添枝加葉地講述社會的陰暗面。儘管犯罪者意在敵視社會，而既然社會是在國家中得到表述，並且該犯罪者也是該國子民，所以他就將懲罰自己的權利和義務託付給國家了。他的所作所爲就是對他實施懲罰的理由。刑罰的效果與此毫不相關。只要他對自己的行爲負責就足夠了，至於他是否被改造、矯正或壓制得服服貼貼，那也無關緊要。這樣一來，由於刑罰本質是追溯既往，刑罰的目的就必定是基於對

既定秩序的某種尊重，以及基於對受到罪行侵害的權威體系的尊重。刑罰並不謀求改正過失（因爲這屬於民法而非刑法的範疇），而是表達並緩解憤慨。所以，雖然可以原諒一項民事過失，對於罪行卻只能有寬恕（mercy）。最健全的刑罰形式是直截了當、明白易懂的，公民把它視爲自然的報復。**這種報復緩和了憤恨帶來的痛苦，消除了私人報復的必要性。刑罰制度完全賦予法律以一切報復行為所必需的權威**。

如今，不光是政治觀察家對刑罰的這種目的了然於胸，就連公民也明白，因爲它只由國家這一更大角色來改寫其本身目的。以這樣的方式來看待刑罰，就是確認了把國家作爲人、作爲意志以及作爲目的的本身的這種理想，這是保守主義的理想。這個理想的清晰性和連貫性是保守主義政治常識的標誌。它能夠樹立明確而人道的刑罰標準的事實，則是其合理性的標誌，因爲很顯然，它爲採納下面這種意見鋪平了道路，即刑罰的方式和嚴厲程度，應當直接取決於罪行的性質和危害性。

我們現在來考慮這種看法：刑罰的眞正理由不在於導致刑罰的前情，而在於刑罰產生的效果等等。公平地說，這種看法是現代「刑法改革」的前提之一。按照這個觀點，只要罪犯或公衆以某種確切的方式獲益於行爲，以致刑罰的眞實性質必定是保護社會或者促進個人改過自新，刑罰就是正當的。但這麼一來，我們馬上就難以解釋下述問題：我們爲什麼不應當對較輕微的汽車駕駛過失執行死刑（這種措施將徹底消除這類過

失），而埃塞克斯（Essex）大學社會學系的一門課程，又爲什麼會把這類過失按謀殺罪來懲處（對於駕駛過失這種個人的、本地的罪行而言，這一刑罰至少必須證明像監禁一樣是旨在改造罪犯）。這種荒謬，還不僅僅是以「前瞻的」態度對待刑罰制度產生的唯一缺陷。一個更爲嚴重的缺陷在於，這種態度使刑罰制度變得無法理解。因爲，它使對刑罰的說明絲毫不涉及業已犯下的罪惡，而是用中性的術語把罪行說成是生物學意義上的偶然事件，這個事件由一個目無法紀的機體引發，而我們目前唯一關注的就是對其進行「矯正」（cure）。這種態度〔在《發條橘子》（*A Clockwork Orange*）中有清楚的描繪⑪〕不是把犯罪以及對犯罪的刑罰視爲野蠻的行爲，而是把它們看成非人類的行爲：毫無理由、毫無目的、毫無價值。這等於是把自由這一不可或缺的概念變成了一種庸俗的誤解，把自由裝扮成「客觀」、「科學」的人類觀。

政府的既定權力一旦被專家和野心家摻進雜質，這種含糊不清的人道主義，就開始取代了與罪行截然對立的自然制裁。實際上，人道主義意味著不願意承擔國家公職的全部責任，卻又依然享受著這些職務帶來的種種好處。人道主義把自身說成是「良知」，外表相應地飾以全部的「眞誠」，考慮到人道主義的這種自大，人們只會對奧斯卡·王爾德（Oscar Wilde）的下述觀點感興趣：重要的是風格而非眞誠。在普通人看來，刑罰全然是一種道德上的必要，與任何人道主義的目標毫無關係。人們謀求把刑罰當作報

應，並且是制度化的報復，使罪犯應得的懲罰與受害者喪失的權利相當。**用「改過自新」（reform）來取代懲罰，就是使法律脫離其道德基礎；這樣做還剝奪了只有罪行的受害者才擁有的原諒的權利**。這種不眞實的做法強化了如下的觀念：要麼犯罪是「主觀的」，那麼只有社會習俗才能認定犯罪行爲；要麼犯罪的客觀性不引人注目地受到國家權力的許可。在這兩種想法中，前者導致了公共行爲水準的下降，後者則助長了通過個人而非制度來進行復仇的願望。

人們或許要問，這種「非自由主義」的刑罰制度應該採取何種形式呢？答案不可能抽象地得出。無庸置疑的是，如果刑罰制度要在社會安排中佔據保守主義者賦予它的地位，就必須恢復刑罰的一個至關重要的特徵，即必須清楚地意識到，刑罰的根源在於人類的行爲而不是什麼非人類的機制。從卡夫卡（Kafka）到惹內的現代作家，充分描繪了人類在缺乏作爲的世界裡的困境和墮落，這樣的世界遠離了道德規範，遠離了政治活動，把這樣一個世界變爲現實實在愚不可及。現在，來看看監禁制度。刑罰是對犯罪做出的一種反應，是一種人類行爲的反應方式，監禁制度是向罪犯和公衆傳達這種適當的刑罰觀念的最佳方式，這些難道不是顯而易見的嗎？回答絕對是肯定的。長期徒刑導致道德敗壞的效應，監獄形成有其自身價值觀念和傳統的罪犯社會的必然趨勢（惹內對此做了令人信服的描繪），缺乏家庭溫暖的社會生活產生的敗壞和騷亂效應，所有這一切

都使監禁變得既殘忍又危險。不僅如此，在其神祕外表的掩蓋下，監禁具有的威懾和懲罰的性質顯得微不足道，而保留監禁作爲唯一的刑罰形式，將產生一種荒謬的犯罪數學。據此，劫掠一輛郵政車大約要比預謀殺人惡劣四倍，這完全與正常人的良知背道而馳。

自然法

保守主義總是面臨頗嚴厲的批評：人們的政治抱負一旦集中於既定的秩序，就會壓制社會批判的手段，而命令人們去支援任何能夠獲取或篡奪國家權力的專制統治。如此一來，良好國家的理念好像無關緊要似地銷聲匿跡了。在回應這類問題的挑戰時，保守主義者與改良主義者不同，保守主義者的回應難以明確、系統地表述。保守主義者不會批判現行秩序，因爲那樣做並不足以有效地達致若干他確定爲唯一政治目標的目的。保守主義者必須在法律本身的運作中確立起法律有效性的標準。

只要法律代表了擁有權威的權力，國家就不會是專制的。英國的不成文憲法，把法律的制定託付給許多只是間接對權力的來源負責的制度，這就使得專制統治難以得逞。因爲，英國刑法的重要部分並非出於議會制定的法律，而是源自我稱之爲（用一個古老

並且在大多數情況下被誤用的術語）「自然的」正義。所謂自然的正義，我指的是所有人在彼此交往中認識到（但並不總是服從）的一個內省的過程，沒有這個過程，就無法以友誼的精神來看待人類的交往。我在前文中批判了政客們用來進行口舌之爭的「人權」概念，這不是因爲人權的標籤並未指明一個明白易懂的概念，而是因爲人們認爲它概括了政府的全部合法性，以致將西方民主狹隘的先入之見當成普遍的政治原則。這種觀念使得涉及人權概念的重大外交政策問題完全變得含糊不清。

話說回來，只有在下述這種意義中才存在著所謂的自然權利，即存在著天然的義務，也就是說，**人與人之間有種自然而然的「公平交易」**觀念。**我使用「自然」一詞，並不是指行使這些權利的權威能夠無須既定政治秩序的保護。而是人們能獨立認識這些權利**，從某種意義上說，較之界定了公民在特定社會秩序中的成員資格的權利和義務，這些權利「更接近」公民。

在行政法中，某些形式或程序原則被稱作「自然正義原則」，諸如代議的權利、不遷就某人本身來判定的義務，以及諸如此類的原則。撇開遺留下來的源於教會法規的原則不論，「自然的」正義與人爲的正義的分野只是間接的，透過衡平法和普通法之間的區別來體現。不過，這種區分完全顯而易見。無庸置疑，從兒童到成人、從生物性存在到理性存在的成長過程本身，就涉及一個人與其同胞之間的關係。倘若沒有關於何爲公

正的直覺觀念來調和那些關係，他們就享受不到友誼、仁慈和愛的溫暖。毆打一個沒有給你任何口實的人是不公正的，不經另一個人的同意就徵用他的財產是不公正的，強迫他人屈從於性慾是不公正的……諸如此類，不一而足。這份清單可以開列得很長，即便是實施那些只源於政治體制的法律，獨立的司法系統也將遵循推定原則。如同那些有著自身基礎的根本性原則一樣，推定原則的思想基礎，乃是每一種社會安排所預先假定的正義觀念，不能認爲這些原則僅僅是統治權力的產物。關於這種正義觀的起源和理由屬於哲學問題。這種正義觀，是對康德從自主理念得出的實踐理性的基本原則（即必須把一切理性存在視爲目的而非手段的原則）的反思？或者說，它僅僅是友誼自然發展過程的組成部分？答案如何與我們毫不相干；因爲從政治上說，重要之處在於這種正義觀是直接的，構成了社會交往的外觀的一部分。任何政治權力都無法從人類情感中根除這種正義觀，任何「再教育」的步驟也不可能徹底消除它。一位暴君所能做的，充其量不過是阻止這種正義觀的表達。正如自然正義是人與人之間友誼的基本成分，一個國家只要博得公民的友誼，被公民作爲目的而非手段來膜拜，其法律就必然體現自然正義。

社會正義

然而，我們在此必須認識到，「自然的」正義有個違反自然的敵人，即：相信人人平等的改良主義者所信奉的「社會的」正義。要詳盡說明兩者之間的衝突，最好的辦法莫過於考慮一個具體例證。我將考察涉及財產的法律。

「自然正義」認定，其首要實施對象是人類行爲，推而廣之則是引發那些行爲的特性。自然正義不適用於一種事態本身，對自然主義的判定不取決於孕育出自然正義的作爲。這種正義觀立足於並且表達了我們與同胞的相互交往。它之所以形成，完全是因爲我們能夠發現個人活動的正義，感受到這些行爲賴以產生的那種意志的吸引。如果我們在以後的某個階段拓展了自然正義理念，談及社會和政治現實的正義與非正義，我們所指的不是那些現實的性質，而是導致那些現實產生的起因。某位女性比別人生得更好看或者更聰明，這並不是非正義。實際上，保守主義者認爲，我們對於「正義事態」（just state of affairs）這個觀念的理解非常模糊，所以我們不能說，一個人生來比另一個人更富有是非正義的，或者說某一比例的公民掌握了一定比例的國民財富就是非正義的。這些都是事實，但只有當這些事實是因不公正而造成的時候，才是非正義的。倘若要抨擊這

些事情，就必須使用其他的術語，而且，除非那些術語涉及人類行爲，否則它們應當更多的是審美上而非道德上的術語。

因此，爲了在政治爭論中運用「正義」概念，「社會正義」的倡導者創造出獨特的刻意假定，即所有的財富（或許還包括一切利益），都屬於單一的所有者（社會），該所有者（以某種無法對人言明的方式）有義務確保財富的「分配」。同時，鑑於對事實所做的空洞無物、毫無歷史根據的描述，在要求得到部分財富的權利上完全平等的人們（這種平等純粹是基於身爲公民這一事實）當中進行財富的不平等分配，就是非正義的；這就好像在孩子們的聚會中不平均地分配糖果那樣「不公平」。這種杜撰的「分配」，是如此頻繁地與人們對正義的直接感受相牴觸，人們若要相信這種假定，只有透過不厭其煩重複它吸引人的訴求部分。也就是說，這種分配無異於劫富濟貧。

爲了充分說明社會正義與自然正義的衝突，我將考察對當代具有重大政治意義的例證，即：爲絕大多數私人房客提供法律保護的一九六八年《租金法案》（The Rent Acts）。我之所以選擇這個例證，不是因爲它是個易於討論的題目，而是因爲它說明了自然正義與社會正義衝突的嚴重性。《租金法案》授權干預契約交易，從而保障了超越契約規定權利之上的法律權利。這樣一來，拒絕信守一項契約，或是拒絕強加契約並未包含的條件，就不會違背自然正義的精神實質。人們始終承認，做出承諾的自由是相對

的，就像安東尼（Antonio）⑫一樣，在面臨急迫之需的情況下，一個人可以用自己的生命訂立契約。爲了消除原本可能被契約認可之一切不公正的對待，自然正義部分地涉及契約的廢止和重訂。顯而易見，對於一個人來說，擁有一個家是必不可少的，因此，法律就不大可能會對涉及住宅（或者說產業）所有權的契約袖手旁觀。自最早的封建時代以來，有關房租的法律就規定了各種「權利」，即便對於擅自佔地者也是如此，沒有這些權利，房東與房客的關係就會像過去的（共產主義體制的）俄國那樣，變得蠻橫霸道。其結果必然是，由於法庭和法規自始至終嚴密監督土地的使用契約，就極難制定出一套用來規定特別公平安排的準則。**不過，人們不會認為下面這種情況是公平的：必須總是並且不可避免地為了一方當事人的利益而重訂某種類型的契約，而且還以這種方式，把所有權轉移給僅僅訂立了使用權契約的某個人。**假設有這麼一個法規，它宣佈任何一個自由立約租賃一輛汽車的人，都可以立即重訂契約，以便要求終身（某個他選定的家眷也可以終身）使用這輛汽車，條件則是租金下調，所有的修理義務當然仍由出租者承擔。此時，自然正義就受到侵害，人們將依據常識終止這類契約。

如今由於我已提及的原因，自然正義觀在土地這一較複雜的事例中，變得令人迷惑。顯然，一個人對自己的房子及其周圍空地的感情，搬家的難處，要找到另一個可以保留原工作的地方的種種困難，所有這一切使一位房客聽任決意提高租金或終止租賃的

房東的擺佈。即便如此，透過自由和強制性交易的複雜網絡來遵循這種正義觀的困難程度，不應當成爲下述做法的理由，即全盤採納「社會正義」的道德規範，以及隨之而來的（《租金法案》證實了這一點）完全重新分配財產的企圖，以使房客獲得以前屬於房東的財產權利（這就像我所舉的例子那樣，一輛汽車的所有權在一項「租賃協定」的名義下發生了實質性的轉移）。這個例證具有極爲重要的意義；因爲除開一些極爲特殊的場合外，《租金法案》導致了私人出租協定的終止，從而使得我國城中區的所有土地開始先是變得空蕩化，然後是破敗，最後則是成了化外之區。這曾經是「遷到郊區」運動的主要原因，也使得當前政府與規劃專家感到力不從心、悔不當初。

顯而易見，我們討論的《租金法案》，能夠被理解爲「社會正義」的實現，因爲該法案在其他條件相同的情況下，將促成財富從富人向窮人的轉移。同樣清楚的是，這項法規的條款如此明確地有利於「較弱的」一方當事人，以致直接侵害了自然正義。請考慮這樣一個並不罕見的事例。一位寡婦，她死去的丈夫留給她的不過是結婚時的房子和很少的錢，她住在自己買的一套小小的公寓裡，僅指望依靠結婚時的房子提供的租金生活。這所房子已經頗有年頭了，購買時也付出了相當大的代價，是她和丈夫主要的辛苦成果。房客安置下來後，這位寡婦發現自己無法讓他們搬走，而且很難管理他們。這所房子已不能再出售。此外，這位寡婦不能提高租金以趕上通貨膨脹的速度，她負有修繕

房屋的法定義務，迫使她爲無法籌集到的開支疲於奔命。對於她來說，後果不僅僅是艱難，簡直是貧困。我們談論的當然不是生活的艱辛；引起我們注意的是：**這種極度的不公平，恰恰是因為求助於「社會正義」概念才導致的**。錯就錯在這項法律本身固有的不公正。

如我所說，這是個複雜的例證，因爲它涉及史上形成的權利與契約性權利交織的法律領域，而且每種權利都受制於迫切需要，那些需要不會受詭譎多變的個人選擇所支配。誠如我在下一章中提出的，「契約自由」充其量只是一種理想，它受制於各種環境的制約因素，這使得保守主義者不可能單純以這個概念作爲自身論點的依據。錯綜複雜的社會總是驅使我們拋棄公平關係的範式。只有透過我討論過的這類例證，才能夠眞實而深刻地觀察到「自然」正義與「社會」正義的衝突，在那些例證中，複雜的社會狀況修正並展現自然正義的運作。倘若事實果眞如此，那麼，政府日常工作中一旦採納「社會正義」的倫理標準，就將給社會紐帶（這一紐帶是基於公民彼此之間以及公民與國家之間的友好關係）帶來不合自然的重負。不僅如此，這樣做肯定會造成深遠的影響，導致財富轉移到百無一用的人手中。就事物的本然而言，社會正義肯定無法根除技能、勤奮和才智等深層次的不平等，這些因素會立即再度使一些人的地位上升，另一些人的地位下降。俄國近來的歷史充分說明了這一點。

因此，保守主義者只有在自然正義的概念中，才找得到對懷疑論者的回答，以及所謂的社會公益的成見。自然正義與法律程序密不可分，它遠非國家的外部目標，而是對構成了國家的法律和習俗起到限定作用，並使其多樣化。

寬廣的歷史觀

現在，熟悉的幽靈又將困擾我們。我一直避免哲學的論證，而是透過獨特生動的事例來提出「自然」正義的概念。信條要求具體化。但談及何爲具體就進入到歷史的範疇。人們會問，站在歷史學家的中立立場來看，這種「自然正義」意味著什麼？答案看起來令人感到窘迫。自然正義的前身源於羅馬法中的《萬民法》（*jus gentium*）。這種殘留下來的法律的實施對象不是公民，而是廣大的被征服地區人民，針對被征服地區人民的習慣法程序規定了一項很合宜的（convenient）上訴權，之所以說是合宜的，乃是因爲它在把羅馬表述爲正義的最終仲裁者的同時，進一步確認了羅馬的最高統治權力。這一萬民法載入了教會法，被中世紀法理學家和神學家奉爲「自然法」。從歷史上看，倘若教會不是試圖組織針對歐洲君主推行的地方性法律的上訴法院，並以此堅持羅馬的主導地位的話，羅馬法中的萬民法轉變爲教會法又能意味著什麼呢？同樣，倘若不是爲了鞏

固透過法典規定的法律顧問來謀求表達的政治霸權，《拿破崙法典》又怎麼會再度如此倚重自然法的言詞呢？我們還可以舉一個更近的例子。這就是一九二四年頒佈的《北羅德西亞樞密院令》（The Northern Rhodesian Order in Council），該樞密院令規定了該保護令⑬的政府機構，它規定在民事訴訟案中法庭必須（在可能的情況下）以當地法律爲指導，還規定法律不應當「違背自然正義」。自然正義的約束再次成爲對統治權力的約束。格勞秀斯（Grotius，譯註：十七、十八世紀荷蘭法學家）的罕見失敗足以證實這種「歷史」觀，他在宗教改革時期，未能從殘留下來的教會審判權中引申出首尾一致的「國際法」。「自然正義」是統治階級的奴隸。只要沒有這類階級（如民族國家彼此之間產生的問題），就根本不會有什麼自然正義在那裡制定法律了。

要考察各種實事問題，考察我們的史學家所提出的外交和法學理論問題，是很棘手的。讓我們也像歷史學家那樣發問好了。我們要問，爲什麼一個人（他並未成爲某個統治階級的一員）會被「自然法」學說所蒙蔽？坦誠的歷史學家會承認，這並不是出於對「人權」的忠誠。所以，合理的說法似乎是，如它自稱的那樣，這種學說是極爲「自然」地形成的，也就是說，**它產生自人性的迫切需要**。**這正是擁護這種學說就有利於統治階級的原因**。**這就好像是為了統治階級的利益，才確認和鞏固其治下的人民擁有的每一種自然情感**。無端的暴行、強姦、盜竊、欺騙，和未經審判的監禁，都使人產生不**正**

義的感覺，這種感覺是社會經驗的必然結果。爲什麼情況必定如此，這並非歷史學家的問題，而是屬於哲學家的問題；爲什麼事實就是如此，則已如上述。這就是我們能夠著手說明羅馬、教會以及《拿破崙法典》的力量和經久不衰的原因。既然自然正義絲毫未因接近政治權力而受到損害，它就構成了權力的一種正當理由，因爲權力始終是伸張正義的必要條件。

話說回來，世上也存在著沒有正義的權力。人們會說，在現代歷史中，竭盡全力伸張正義的恰恰不是「自然正義」，而是「社會正義」。後者提出了一項政治目標（社會平等的目標），前者只是把一項基本的社會原則轉化爲法律。正如我的例證所表明的，從某種意義上說，兩者不可避免地會發生公開的衝突。

然而，自然正義並非絕對地存在，而是以不同程度存在。人們不會認爲，人類能夠有效地克服貪婪的本性，以至於僅僅正義本身就足以統治人類。所以，我們終究還是必須回到本章開頭引用的馬基維利的評論。既然國家的權威無處不在，它就確保了公民的忠誠。公民可以爭取任何他認爲合意的自由和利益，只要既不會威脅社會秩序，也不會威脅社會秩序中蘊涵的個人滿足。在這樣的國家中，每一種憲政機制的中心都是自然的正義，每一項司法裁決也都含藏了自然的正義。但是，倘若認爲國家的權威不會受到任何挑戰，或者說公民社會沒有任何把既定制度視爲權力的工具，而非權威的體現的因

素，那是對人性抱有過高的期望。因此，在一切法律體系中，必須有針對煽動的法規，必須有重申國家權力的法律，這些法律可以只服從於必要性原則，完全不受自然正義法則的約束。這裡的眞理如此顯而易見，所以任何政治信條都無須使自身受歡迎的安慰性言詞。毫無疑問，國家權力一旦受到威脅，其權威也就面臨挑戰，公民社會的組織隨之面臨威脅。爲了正義的緣故犧牲權力，將使正義無法伸張。因此，針對煽動罪的法律規定了不經審判的監禁、正常法律程序的縮減乃至立即執行的死刑，這些都不是無法克服的缺陷。關鍵在於這類法律必須實施的範圍。如果援引這種法律構成了司法程序的主體，就像共產主義俄國的情況那樣，那麼國家權力顯然就沒有眞正的權威，整個安排就會處於不合法的邊緣。

我們在此所發現的事物，或許可以稱爲國家中正義與忠誠的辯證法。只有在博得尊重的既定制度的框架中，伸張正義才是可能的。一種制度博得了尊重，不一定就意味著它能做出公正的決定，它還必須擁有把這些決定付諸實施的權力。該權力必須體現於司法裁決中，使一種獨特的權力轉化爲行政的指令，轉化爲法律的實施以及私人爭端的平息。行使這種權力，有賴於對既定秩序的普遍忠誠，因而公民希望從那一秩序中獲致的公平處理，也仰仗於那種忠誠。作爲對這種對正義的期望之回報，國家期望博得公民的忠誠；公民則在良知的驅使下，贊同國家在鎭壓叛亂時採取最暴烈乃至「違反自然的」

措施，只要是在能使公平處理成爲規範的情況下，該目標都要盡快得到回報。這自然就是爲像智利的皮諾契特將軍這樣的人應該表示的辯詞，這種人面臨做出抉擇的局面：爲了維護自然正義而以暴力方式建立秩序，或是默許進行中的暴力以及致力於「社會正義」的社會之墮落。只有不曾經歷過共產主義的人，才能不對這位面臨兩難的將軍抱持同情——不過這並不是說他必須曾經是其中一份子。

因此，保守主義法律觀特別重視通常稱爲「法治」的那種人爲憲法機制。憲法成功的標誌就是法治，法治標誌著，一切權力的行使都能用法律術語來說明和評判。因此，法治能夠使公民迅速區分國家的權威，與若干叛亂團體的權力。保守主義國家的一個基本特徵恰恰在於，**這種「法治」之所以大行其道，不是因為法律具備了比國家權力更高的權威，而是由於國家權力與法律權威終究是一體的兩面**。一旦國家權力被賦予法律的合法形式，它就披上了整套權威的外衣。我們將看到，保守主義者總是用法律術語來描述政治爭端。不論是在勞資關係、集會的慣例，還是控制壟斷和縮減個人權力，乃至在自然狀態仍然盛行的國際關係領域，保守主義者都不是透過對抗國民的權力，而是透過法律來謀求解決之道。

結語

我已表明，保守主義的法律觀清晰、連貫，與一般公認的觀念相反，這種法律觀與正常的情感完全協調一致。法律作爲國家意志，必定也表達了社會意志。「個人自由」的理念，既不足以孕育出正常的良知所能接受的法律，也不足以產生符合正常的行政需要的法律。人們無法令人信服地宣稱：法律的正當性僅僅在於保護個人免受「傷害」。唯有公民之間的紐帶方能形成正當性，而法律也要用同樣的方式來思考，就像習慣法被認爲是起源於社會的首要經驗一樣。這樣一種法律觀勢必伴隨相應的刑罰觀。這種刑罰觀在開始陳述時似乎顯得嚴峻，實際上，它的人道程度絲毫不亞於自由主義的對手觀。

我考察了存在著普遍正義原則的可能性，普遍正義原則具備比單一憲法更大的權威。我斷言，世間確有普遍正義原則，這些原則不可避免地與「社會正義」的目標發生重大的衝突，而且不能把這些原則視爲權力的工具。它們的普遍性源自普遍的社會秩序狀況。因此，儘管保守主義法律觀尤爲重視各種現行的社會安排，仍能夠形成一種應用範圍超出現狀（*status quo*）之外的有效性評判標準。憑藉這種標準，保守主義者就能否認那種認爲每一種社會安排都值得保全的觀點。不過，不管是怎樣值得保全的事物，都

必須在法制的框架內進行審視，當中的調整和變革，則要透過法庭來仲裁。

註釋

①原註：見康德，《實踐理性批判》（*The Critique of Practical Reason*）。

②譯註：見杜斯妥也夫斯基，《卡拉馬助夫兄弟們》（*The Brothers Karamazov*），第五卷第五章。

③原註：伯里克利（Pericles）的葬禮演說，見修昔底德（Thucydides），《伯羅奔尼撒戰爭史》（*History of the Peloponnesian War*），第二卷，第三三一四六頁。

④譯註：這裡是指奧地利醫生弗洛依德創立的精神分析學，和美國心理學家馬斯洛（Maslow）創立的人本主義心理學。

⑤原註：彌爾，《論自由》，倫敦，一八五九年版，以及斯蒂芬爵士（Sir James Fitzjames Stephen）的答覆：《自由、平等、博愛》（*Liberty, Equality, Fraternity*），倫敦，一八七三年版。現代的討論見哈特（Hart）在《法律、自由與道德規範》（*Law, Liberty and Morals*）（倫敦，一九六三年版）一書中扼要地重申的自由主義立場。

⑥譯註：英國「同性戀犯罪和賣淫問題委員會」一九五七年發表的報告。

⑦原註：見喬治・帕金・格蘭特（George Parkin Grant）所做的極佳的探討，《英語民族的正義觀》（*English-Speaking Justice*），薩克維爾（Sackville），新布倫斯威克，一九七四年版，第四部分。

⑧譯註：推定信託（constructive trust）有多種形式，其共同點是衡平法院不管財產歸屬人意願如何，強制某人有責任為他人保管財產。

⑨原註：見埃弗斯控告埃弗斯案（Eves v. Eves）（1975, 3ALL ER 768）和戴維斯訴約翰遜案（Davis v. Johnson）（1978, 1ALL ER 1132）等案例。

⑩譯註：法國作家、荒誕派戲劇家，最極端的無政府主義者，無視各種社會紀律或政治義務。

⑪譯註：《發條橘子》（*A Clockwork Orange*）是英國作家安東尼‧柏吉斯（Anthony Burgess）的一部小說。後改編爲同名影片。小說及影片設想了一種荒謬的辦法來糾正暴力行爲，強迫主人翁少年罪犯阿歷克斯觀看各種暴力行動影片，同時播放貝多芬的《第九交響曲》，使之徹底「糾正」過來，成爲有益於社會的新人。

⑫譯註：莎劇《威尼斯商人》（*The Merchant of Venice*）中的主人翁，爲了幫助好友巴薩尼，他以割下一磅肉爲條件，與夏洛克訂立了借款契約。

⑬譯註：北羅德西亞即一九六四年獨立的尙比亞。樞密院令是英國內閣所頒佈的法令，理論上係君主根據樞密院的奏議頒發的命令。

5 財 產

Property

到目前爲止，我在描述保守主義態度時已走得如此之遠，居然沒有提到被一些人視爲保守主義最爲推崇的東西，這看起來似乎令人奇怪。但是，讀者將會發現，我描述的政治觀，在很多方面不同於把一切政治活動都看成所有權問題和財富的創造與分配問題的政治觀。然而，政治信條倘若不涉及這些問題，就不足以令人信服；反之，即便對財富與所有權問題的過分強調符合時尚，也只是使我們更有理由認眞對待這些問題。我們尤其必須考察私有財產的性質，確定保守主義者以何種方式、在何種程度上致力於捍衛私有財產。

財富與管理

經濟學是務實的政治家全神貫注的重要問題。此外，坊間經久不衰地流行著一種關於國家機器的說法，彷彿國家就是一家公司，它的「管理層」全神貫注於所謂的「經濟成長」①。大衆傳播媒體助長了這種說法。然而，這種政治程序的圖像究竟眞切到何種程度呢？

如果說保守主義的核心是所有權問題，這並不是因爲保守主義就是這樣被定義的。例如，保守主義與資本主義兩者之間沒有什麼邏輯上的一致性。兩者之所以相互聯繫，

乃是因爲我們業已描述的那種基本的保守主義態度自行孕育出對私有財產的需要。保守主義始終與任何特定的經濟政策保持距離，更不會把自身等同於對財富的追求。

財產

贊同所謂的某種「保守主義」的最愚蠢的理由，莫過於下面這種論調：「自由市場」經濟使每個人在追求個人物質利益時，表現出追求整體福利的動機，因而是國民財富的保障，成爲維持和提高「生活水準」的最佳途徑。倘若現實果眞如此，「保守主義」的眞正敵人——如今已確認爲「社會主義」和「公有制」——勢必會消除公民具有的物質動機，而這種物質動機正是民族賴以繁榮的前提。

實際上，這樣的論調雖然一度爲競選口號提供了內容，卻展現出一種雜亂無章的政治觀，彷彿積累財富是社會存在的唯一目標，政治的唯一任務就是找到實現這一目標的最佳手段。無疑，公有制消除人類動機的論點有事實根據；侵蝕私有財產制的企圖，肯定與各種最重大的經濟目標格格不入。但是，這些經濟目標是否就構成了全部的政治活動，這一點並不清楚。舉例來說，社會主義者對財富分配比對財富積累更感興趣。他們完全以此爲基礎來博得大衆的支援。在一段時期內，英國托利黨確實堅決反對「市場」

經濟，這麼做並非是爲了促進國民財富的增長，而是爲了鞏固社會秩序，托利黨非常正確地意識到社會秩序正面臨市場經濟的威脅。

國民財富問題不容忽視，它的影響勢必波及國家內政、外交的方方面面。然而，世間並不存在什麼有說服力的政治學說或人性論，能夠表明財富是絕對的善，貧窮是十足的惡；或許只有出於這種願望，即把人類的一切私有財產都降格爲某種可計量之物，才會用這種方式描述事物。大概沒有人認爲，與愛斯基摩人（Eskimo）在貧窮生活中享有的夥伴情誼相比，他們憑藉魚罐頭工廠的勞動而擁有的財富富於意義。當然，在國際政治和國家安全方面，物質財富具有重要意義。但是，美國的巨大財富在越南戰爭中沒有多大作用，而英國、荷蘭與神聖羅馬帝國加起來的資源，也未能動搖法國人追隨路易十四的決心②。還有人堅持認爲，財富是內部秩序和民族文化的重要先決條件，難道威尼斯、荷蘭和佛羅倫斯沒有爲我們提供這方面的證據嗎？這麼說的人必定忽略了希臘和古日本的情形，忽略了「農夫皮爾斯」（Piers Plowman）③身處的貧困世界，他們還忽略了這個事實：儘管任何一個西方國家的財富遠勝於文藝復興時期的義大利，可沒有哪個西方國家，能夠孕育出足以與短暫活躍於佛羅倫斯這個蕞爾小城的上百位藝術家中最差者相媲美的藝術家。實際上，財富與社會和政治安定的關係是個難解之謎，用經濟學術語來系統闡述一切政治活動，無疑是用最靠不住的臆測來擺佈人類生活的已知事實。

這並不是說財富的生產對於政治考慮不起作用。**而是說，這是堅持政策先於財富的生產，政策意味著引導人們的行為，使之集中於維繫社會生活。如此看來，財富的創造不足以成為政策**。倘若人們認爲創造財富能夠構成一項政策，那部分是由於人們相信，創造財富是經濟穩定不可或缺的保障。儘管對「生活水準」的強調是民主化進程的必然結果，西方社會在上個世紀一直受到通貨膨脹、經濟蕭條，以及迅速波動和變化的物質環境的困擾，這些經歷充分地解釋了政治上強調「生活水準」的原因。這些驟然出現的倒退，伴隨著「社會、政治和道德上的浩劫，使得社會無法維繫普遍的體制——行爲模式、習俗、觀念、語言。也就是說，受害者『意識形態的上層建築』」④。柏林上述評論蘊涵的眞相，引導政治家努力深入理解這些問題，不惜一切代價試圖避免兩次世界大戰之間的劇烈動蕩。人民的忠誠有賴於各種不變的期望，有賴於關於自己和其他人物質地位的既定觀念；賴於這種認識，個人不會成爲隨時有陷於貧困的可能，或有突增不可思議財富的那些無從控制的力量的受害者。只要這種認識是國家權威的構成因素，那麼穩定和維護公共通貨以及與之相關的一切物質期望，就成爲國家的部分職責所在。但是，正如保守主義者直到最近一直認識到的那樣，這不是主張自由市場，而是主張某種類似於自由市場對立面的東西。實際上，這已導致保守黨接受了，把國家對市場過程的干預，看作是出於社會和經濟之必需的經濟理論，如凱因斯（Keynes）的學說。

經濟學的主導地位

討論私有財產制之前，有必要考察一下經濟學的主導地位對於政策的影響。一些人或許認爲，這標誌著全盤採納馬克思主義的觀點，即「物質生活的生產方式制約著整個社會、政治，和精神生活的過程」，人們必須始終區分「生產的經濟條件方面所發生的物質的、可以用自然科學的精確性指明的變革」，與「人們藉以意識到這個衝突並力求把它克服的那些法律、政治、宗教、藝術或哲學的，簡言之，意識形態的形式」⑤。換句話說，這似乎相當於這種理論：從經濟學這門「科學」中，可以找到對現實社會生活的眞切認識。政治不過是人類意識試圖不受規範地表述和控制現實生活，而現實生活實際上依然服從於任何單純政治概念都無法把握的法則。

事實上，情況要比這更爲糟糕。因爲馬克思（Marx）推翻政治常識判斷的勇敢嘗試爲這樣一種學說所抵消，這種學說在所謂的「經濟」層面上，恢復了那些在政治表層似乎已失效的人類自我意識的全部特徵。「勞動價值論」與其說是一種經濟學理論，不如說是一種政治剝削理論。「勞動」是人類自我意識固有的概念，馬克思在把它當作經濟現實來描述的同時，還描述了藉以體驗社會生活的思想和情感⑥。直到最近，圍繞在我

們政治家身邊的「經濟顧問」，通常擁有自詡比馬克思學說更爲科學，又依然絲毫不涉及人類道德生活的理論。公民資格被降格爲消費，經濟學的大獲成功極爲愜意地伴隨著政治判斷力的衰退。其他一些不那麼有管理頭腦的政治家，則淪爲經濟學家的受害者。這些經濟學家雖然保留了科學專業的外表，卻把無法從經濟學公式推導出來的政治偏見，僞裝成形形色色的經濟學公式。這樣一來，似乎一位加爾布雷思（Galbraith）、海耶克（Hayek）或弗里德曼（Friedman）就能夠以科學家的權威來討論政治事務，實際上其政治信條通常與其經濟理論脫節，其經濟理論本身也與其他所有對立的理論一樣，值得懷疑。**所有這一切令人們對佔主導地位的經濟學抱持懷疑態度，尤其是懷疑它表現出來的學問的自命不凡，懷疑它的預言、概念和結果。這些大都掌握在常設顧問手中，其中很多似乎直接來自政黨以往的政策，而不是來自一門不偏不倚的學問的公理**（這一點在「新古典主義」的市場理論中表現得十分明顯，在美國人近來對「寡頭企業」的抨擊中幾乎同樣顯著）⑦。

不過，懷疑主義的時機尚未成熟。七〇年代，我們各主要政黨接受了類似的經濟政策（部分是迫於國際貨幣基金組織的壓力）⑧，而隨後柴契爾執政時自由市場思維的勝利，以及經濟部門的影響，這表明在經濟事務中有種最低限度的公認知識。戰勝了工黨意識形態的知識，或許可以完整地概括某一新興科學的基本眞理。現在，我們假定確有

這麼一門具備馬克思和其他人都聲稱已掌握了全部預言和闡述力量的科學。難道一位政治家不應該利用這一科學成果，並藉此提高自身的政治判斷力嗎？

要回答這一問題，我們必須提醒自己注意，人類一切自然科學都不能取代或推翻我們所說的政治判斷力的模式。當然，我們可以構想一種中立的、預言性的社會行爲科學，其結果不會使人類行爲變得更爲可理解，只會使之更不可理解，因爲它或許不得不在解釋各種行爲時，完全拋開人們理解行爲的方式。經濟學與政治的關係，非常類似於神經學與個體感情的關係。從理論上說，我可以把自己的朋友視爲由複雜神經系統支配的有機體，把我對他的全部了解，和我對其行爲的所有期望作爲上述認識的根據，我卻因此肯定無法像我通過友誼直覺地了解到的那樣來了解他。在我看來，他或許已經成爲一具機械的軀殼，對於這樣的一具軀殼，我或多或少地不再有愛與恨，高興與憤怒，讚賞與蔑視，實際上不再會有人類特有的各種情感。我將不得不像躲避某種異己的、不可理解的東西那樣躲避他⑨。只講求科學性的經濟學家，大概正是以這種方式把公民社會看成是按照科學法則運轉的軀體，這些科學法則能夠用公式表達，卻絲毫不涉及人們藉以把自身理解爲政治存在的概念、價值觀和情感。這種科學事業的唯一後果，是使政治變得不可理解，使人們不再直接參與政治，使人們既不再想從屬於、也不想不從屬於他們周遭的社會安排。我將在下文中論證，若干這樣的反對意見適用於一切「決定論」的

經濟學模式，尤其是力求以「價值中立」的預言性科學來取代政治判斷力的馬克思主義歷史理論。

財產權

前文所述並非否認經濟學的重要性，也不是認爲不可能存在一門名副其實的「政治經濟學」，正如家庭經濟取決於家庭生活的需求，眞正的政治經濟學也受制於政治上的當務之急。然而，在強調這一未來的「科學」之前，我們必須探討財產的政策賴以形成的基本原則。保守主義者不僅僅關注財富的創造。那麼，他會像社會主義者那樣把注意力轉到財富的分配上嗎？回答是，他會這樣做，但只是間接地這麼做，而且這麼做的原因完全是出於某種私有財產觀。這種私有財產觀難以表述，原因很簡單，它發端於人類社會意識深處的直覺。恰恰是忽視了這種直覺，保守主義的反對者才有可能把政治問題看成是事關「生產工具的控制」，才有可能頭腦簡單地建構起社會主義與資本主義的二分法來囊括當代政治的方方面面。在保守主義者看來，這種二分法是幼稚的，因爲它過於簡化，乃至忽略了保守主義觀的基本原則：人類絕對而根深柢固地需要私有財產。

所有權關係是把人與自然結合起來的基本關係。因此，它是各種客體社會化的首要

階段，也是所有更高層次制度的前提條件。它不一定是貪婪或剝削的產物，但必然涉及人類藉以擺脫物的支配、把反抗的天性轉化爲順從的概念的過程。借助於財產，人類就得以把意志賦予人類世界，由此開始發現自己爲一種社會存在。

上述高論出自黑格爾⑩，它們需要轉化成清晰的政治語言，這一任務並不輕鬆。但是，一旦我們發現私有財產觀與我在第二章提出的觀念是多麼接近，我們也就邁出了第一步。試想，若沒有財產制度，人將會是什麼樣子。他無法確認這個世界上的任何一樣東西屬於自己，因而不能自由地利用任何東西，也不能期望其他人把這些東西的使用權賦予給他。他只能把渴望得到的一切東西，完全當作願望而非權利的對象。他也無法把這個世界的任何一個部分，與任何其他人聯繫起來（除非是出於某種偶然的力量或利益）。一個有權支配森林和田產的人，擁有的處置它們的權威並不比其鄰居更多。「權利」與「所有權」的概念未能表達出對世界的共同認識，結果，世界一直與權利、與所有權格格不入，並成爲爭權奪利的戰場。贈與權也無法終止這種鬥爭，因爲贈與以財產爲先決條件。因此，對象無法在確立和強化社會關係方面發揮任何作用。相反，它們完全脫離了人類世界，它們尚未完成的轉移就成爲一連串無生命、無人性的東西。

人如果從這種狀態中覺醒，喚醒眞正的自我意識，意識到自身是中介者，就必然會從不同的角度，從權利、責任和自由的角度去看待世界。財產制度使他得以這麼做。某

樣東西以財產的面目出現，就不再僅是無生命的對象，而是轉化為各種權利與義務的焦點。這些權利與義務根本不必是契約性的。實際上，它們究竟源自何處的問題並不具備多少直接的重要性。關鍵在於，直到它們形成之後，直到財產從「有效控制」（借用馬克思主義者的表述）轉變爲制度化的權利之後，財產才對人類社會有所貢獻。以財產及其相關權利的方式，物件才擺脫了單純的「物性」（thinghood），並由人類來主導。它現在已經打上了人類社會關係的印記，對著其所有者反映出身爲社會存在的自我形象。把各種所有權權利逐步灌輸到世界，人就按照其眞實的、社會性的自我形象重塑了世界。他現在就像在家裡一樣舒適自在，而此前他不過是放任自流的。

正是出於這一原因，人對待財產的看法首先是針對他身邊的事物，房屋、房間、家具等等，也就是說，是針對那些與他息息相關的東西。因此，家是財產的主要領域和贈與的主要場所（好客是僅有的一種使其本身成爲一項義務的贈與形式，因爲它是在另一個人被邀請進到明確屬於某人的領域時才表現出來的）。

於是，在私有財產與自我實現之間，就形成了深層聯繫。倘若這點受到懷疑，部分是因爲人們往往混淆了擁有與消費的關係。消費行爲並不以所有權爲先決條件，哪怕是在哲學家所說的原始時代人類所處的「自然狀態」，依然存在消費行爲。然而，在文明國家中，消費還意味著權利的行使，意味著所消費之物的所有權。不過，消費只是財產

的一部分，而且不是表明財產社會屬性的那個部分。財產的重要方面在於其不變的部分，即所有權被視爲永久性或半永久性的部分。要充分達成這種財產觀，就必須存在永久性的擁有對象。這就說明爲什麼在所有權人的心理中，土地佔據了恆久不變的地位。眞正的贈與並不是被消費掉（並且只有在好客的過程中方能給予）的東西，而是可預見的消費之外的東西。贈與物體現的是一種使用權。這種使用權可以是排他性或限定性的，永久的或半永久性的，絕對的或可以取消的，這裡面存在多種必定爲經濟理論所忽視的差異（在凱因斯看來，「很顯然」，「消費是一切經濟活動唯一的目的和目標」⑪。之所以很顯然，只是因爲凱因斯學說未能區分財產的不同形式，以及財產的不同持有方式）。同樣的原因解釋了，爲什麼這種財產觀傾向於把自身轉化爲對審美價值的追求，爲什麼人們會把美好的東西奉獻給上帝。典型的個人贈與物是裝飾性物品，它把跨越任何所有者壽命的價值保存下來。在這類物品中，重要的實例是房屋，房內的家具，以及所有那些通常裝在新娘送給新郎的雕花義大利大箱（cassone）裡的各色瑣細物品。

財產與家產

家是私有財產積聚並轉化爲超越其本身某種共用物的地方⑫。家庭中不存在什麼分

配的契約，家庭生活的本質就在於共用。家庭中每一件重要的物品都屬於「我們的」。私有財產附著於這一首要的社會關係，同時也強化了這一關係。正是出於某種這樣的原因，保守主義者始終把家庭和私有財產看作是兩種一榮俱榮、一損俱損的制度。家庭生活開始於家，而成家需要有財產。不論用什麼抽象理由來反駁這種家庭與財產的關係，它都屬於不可辯駁的常識。就我所知，下面這種抽象的論調極其軟弱無力，即把「家庭」與「財產」之間的這種聯繫說成是一個偶然，尤其是所謂的「資產階級」家庭，還試圖預言這種家庭即將滅亡。這種特殊的攻擊起源於最膚淺的觀察。因爲我們能把什麼樣的家庭判定爲據說血緣、家產與財產之間的關係已經鬆弛或消失的「非資產階級」家庭呢？激進的批評者在此，總是決意訴諸某種其本人或其他任何人都無確切認識的假想未來。他如果引述歷史，那通常總是爲了錯誤地描述歷史⑬。來看看某些典型的「非資產階級」家庭的例子。荷馬史詩中的 *oikos*（我們現在的「經濟」一詞就是源自於此），不僅僅是指一個社會單位，還指一個家庭，它有財產，並具備所有權權利和好客的義務〔涅斯托耳（Nestor）在希臘人的戰船邊力勸他們時喊到：「拿出勇氣來，我的朋友們，在其他人面前，要顧及自己的尊嚴！要記住你們每一個人，你的孩子和妻子，你的財產和雙親……」（《伊利亞特》（*Iliad*）第十五卷，第六六一—六六三行）爲避免人們以爲荷馬所說的只是統治階級，或許最好再參照赫西奧德（Hesiod，譯註：古希臘詩人）的

《工作與時日》（*Works and Days*，第一卷，第四〇五頁以下），以及僞託爲亞里斯多德（Aristotle）所著之《家政學》（*Oeconomica*，第一卷）中的評論〕。就家庭的構成而言，現代無產階級家庭與文藝復興時期延續至今的貴族家庭沒有兩樣。在考察這類社會單位時，人們會發現，**社會生活的個人領域是何等密切地與財產制度交織在一起，以及拆散兩者勢必造成多大的曲解**。有些人僅僅因爲無產階級家庭無法負擔或並不需要購買房子，就想像它以某種方式擺脫了財產約束，這種人其實是頭腦不清。財產並不意味著類似物品的積聚，它屬於一種特殊形式的**權利**。在路上行走的權利是財產，同樣，使用公用割草機的權利，把門關上不讓另外一個人進入的權利，也都是財產。就連擁有一套國民住宅也是一項財產權利，該權利在法律上是可以撤銷的，但實際上並不比私人租賃更易於廢止，而且人們以一種領域感來對待這一權利，其強烈程度絲毫不亞於人們對待鄉間別墅的情感。這裡存在的差別當然具有重大的意義，擁有一套國民住宅，無產階級就能夠積聚各種動產和機械電子產品（汽車、電視機、洗衣機等），從而在一定程度上改變家的面貌。也許正是這些東西，以及對它們的特殊渴求，表明了人們（如消費社會的反對者所認爲）譴責整個家庭財產安排的政治原因。但討論該複雜問題只會掩蓋眼前的問題，家產與家庭之間的固有關係是不容否定的。因此，保守主義者勢必關注財產分配，而不只是關注財產積累。保守主義者堅信家庭的政治重要性，依靠家庭忠誠來形成

對既定政治秩序的尊重，因而勢必會希望依照任一通行的家產概念，在各個社會階層中分配財產。如何進行這種分配呢？國家又該在何種程度上促進這種分配呢？

分配與市場

我認爲，只要存在財產以及人類的積極本性，就不可避免會有交換與積累。有人認爲，存在者不會產生上述結果的私有財產制。這種見解迫使我們設想這樣一個社會，其中，人們的富足足以使其輕易滿足自身需要，而人們的天性又是如此懶散，以致對他們來說征服和支配的慾望聞所未聞。各種文學作品中充斥著這類幻想，就連亞里斯多德、霍布斯和尼采所說的一切，也無法阻止人們炮製和耽溺這些幻想。讓我們還是現實一點吧：人們謀求國內和平與安全，博取聲望和讚譽，追逐權力和權勢，追求友誼和愛情。在所有這一切追求中，只有愛情是無法憑藉財產來獲得，而且缺乏保障的愛情也是悲慘的。更進一步說，其他各項目標不僅是由財產促成，還仰仗財產，因爲它們需要具備確立一項重大權利、防範侵犯的能力。所以，對財產的渴求會與對安全、地位和權力的渴望交織在一起。交換（因爲沒有人能夠生產出自己所需的一切）和積累（它帶來保障與權力）同等地促進了上述各個目標的實現。天賦、才幹、精力等等實際上純屬人類生命

的附屬物，其分配是不平均的，所以財產的分配也會是不平等的，除非訴諸我們業已有理由拋棄的「社會正義」概念，否則就不應把財產不平等分配的事實看作是「不公平」。在這種不平均的分配中，人類首先賦予世界以人性，並使之作爲其社會意志的對象而變得可以理解。從某種角度來說，也正是這個過程造成了人與人之間的對立。致力於財富再分配的社會主義者（堅信只有在平等的前提下才能消弭社會衝突），已經找到了實現其目標的方法，稍後我將考察其中的三種方法：稅收、國有化和徵用，因爲它們在國家的各種活動中扮演了極爲重要的角色，任何政治信條都不能視而不見。

「分配」既可以由政治角度來考察，也可以從經濟觀點加以分析。人們可以考察一項特殊稅收的公正性，考察徵用在政治上是否明智，或者考察財產分配與社會生活品質之間的關係。這些都屬於政治問題，取決於正義、友誼、共同體等概念，正是憑藉這些概念，身爲社會機體一份子的人們才得以理解社會機體。人們或許還會考察累進稅制的經濟效益，或是投資收入稅的效應，抑或是動產的普遍所有權所帶來的財政收益。這些都是經濟問題，必須由一種恰當的理論來回答。對這些問題的回答，必定涉及屬於一般性政策問題的建議。一位政治家雖然必須對這些問題有所認識，但這種經濟上的考慮並非社會生活所要求的。無論政治家尋求或得到的是什麼樣的認識，只有當他具備一種政治信條，具備一整套能夠形成一以貫之的政策的信念，這種認識對他才是有益的。因

此，在充分討論經濟管理方面的問題之前，有必要回顧一下對於這些問題的解決來說得失攸關的種種政治因素。我們必須考察一下保守主義思想的基本原則中涉及分配問題的方式。

在英國，分配一直是項重大的社會主義事業。但是，我們必須指出，實現「公平分配」的願望並不等同於消除私有財產的願望，而是希望對自由主義（或「古典的」）經濟學家視爲自然秩序的事實加以調整。就整體而言，英國社會主義者一直是維護私有財產制的，這部分是出於我已詳盡闡述的那種直覺，那種認爲財產與家庭生活息息相關的直覺。至於「激進派」的批判，那種認爲私有財產完全是一種罪惡，應當盡可能迅速地從這個世界中清除的看法，我將在後面再論及。

人們或許會奇怪，我們此刻考察社會主義，爲什麼必須涉及它的狹義形態，即以再分配爲目標的社會主義。我們捍衛私有財產，難道就不能任其自由發展，使其依據市場的自然法則在社會中建立起來嗎？答案當然是否定的。這不僅因爲不假思索地拒絕再分配的要求是荒謬的（雖然持這一主張的人大都毫無判斷力可言）；而且，在臚列了保守主義贊同維護私有財產的基本理由之後，還對私有財產的分配抱有一種純粹自由主義的態度，也將是錯誤的⑭。我們從已有的解釋中不難發現，財產權必定與民族和社會的歷史密切相關，不能隨意地把它降格爲單純的人類協議的梗概。財產是一種制度，要求以

國家的制度來加以實現和保護，一個人擁有的財產權，並不意味著某種壓倒一切的自然正義法則，而是一項權利，這種權利的前提條件，是忠於使其所有權得以實現的社會。因此，**沒收財產的法律並不意味著不公正，只要我們能夠表明，社會秩序和社會平衡需要徵用個人財產，那麼國家理由將勒令以公共利益的名義取締私有財產權**。毫無疑問，不論是以暴君尼祿（Nero）式的方式，還是用更為狡黠的官僚權力的方式，國家的理由都可能會被濫用。即使在個人權利與公共需要達成平衡的遠古時代，也存在著任何政府都不應忽視的正義原則。現代社會有大量的偶發事件，人們不再認為，對私有財產的需要應當規定人類的「自然」權利，也不再認為每一種統治權力都應當制定市場法則（無論這種法則意味著什麼）。不論自然正義做出了何種規定，它都僅僅是財產法則的一個組成部分，不足以決定制約著個人的法律權利關係。

英國歷史悠久的土地法最充分說明這點，該法多次編入法典，最終形成了重要的一九二五年土地立法，它體現出一千年來國家與公民之間小心翼翼地交往，傳達了對於喪失、獲得或讓渡土地所有權的方式的微妙認識。古往今來，人們始終認識到，市場法則不足以解釋得失攸關的土地所有權問題的細枝末節，而各種既非源自契約，也非出自任何其他形式的人類選擇的相對權利，會使一切不動產承擔起法律義務⑮。此外，人們必須記住，財產即使屬於「私有」並以私人協定的方式轉手，也包含了不得以「市場」

價格來交換的各種權益。例如，受益人的權利使信託財產的法定所有者承擔了法律義務，後者就成爲衡平法意義上的信託所有者。這就使各種財產權形成了無法估量的複雜性，財產依然可以擁有，但已經屬於不動產，受制於各種禁止有效交易的條件。例如，一項出於多種目的，同時又無法開列受益者名單的信託（如對一所學院或醫院的捐贈就是如此），就表明私有財產處於稀釋的極點，瀕於變成徹底的公有。在這個例子中，雖然所持有的是「私有財產」，但任何由個人組成的群體都不具備財產的處置權（除非該群體是受託人，那樣的話它就只有責任，沒有眞正的權利）。這類安排雖然並未提供我們所說的私有所有權的範式，卻至少表明「私有財產」本身是如何包含了自身限制的可能性。財產權完全是可以爲了某個「更高層次」的制度而無限地加以限制的東西，那爲什麼不能爲了最高層次的制度，亦即國家的制度來限制財產權呢？

如今，只有極少數人還把市場經濟視爲私有財產的眞正目標，把「國家控制」看成是與公民自然權利直接衝突的十足邪惡。一九二三年，一位自由主義者⑯在下院宣稱（辯論的問題是「資本主義制度的失靈」這一抽象得令人吃驚的問題），在這些問題上的選擇，就是在「個人主義與社會主義」之間做出抉擇；這種看法從來就不正確，如今更是錯誤百出。但我們依然必須面對私有財產領域中國家行爲的合法性問題，以及保守主義者或許會承諾維護的那種「生產方式」（倘若眞有這麼一種方式的話）。

稅收

我們從考察稅收著手，除非否認政府存在的必要性，否則種種稅收的必要性就不容否認。在英國，政治事務中一直影影綽綽地浮現出稅收的影子，由於它是導致斯圖亞特（Stuart）王朝與議會決裂的問題之一，從而對我們歷史上最嚴重的憲政危機產生了重大影響。皮爾（Peer）政府於一八四二年引入了一項永久性的所得稅，使國家與公民之間的財政關係在上上一個世紀獲得了全面保障⑰。我們將會認識到，這一舉措出自一屆托利黨政府並非事出偶然，人們也應該以正義的理由來支援這一政策。倘若承認稅收的必要性，就不應懷疑它作爲一種制度的合法性。然而，正義問題突然揷了進來，因爲我們必定會問：「如何徵稅？」「徵多少稅？」以及「何時徵稅？」

在描述羅馬皇帝裝腔作勢的非正義行爲時，英國史家吉朋（Gibbon）經常提及「壓榨性」（oppressive）的稅收，我看他的許多讀者可能會因這一形容詞而動容。索忍尼辛和其他人以類似的措詞，描繪了無情地摧毀一切賺取私人利潤的努力的布爾什維克和史達林式的稅收體制。一旦從抽象的政治理論概念，轉到這類作者栩栩如生地爲我們描述的具體事例，絕大多數人都會因讀到的內容而感到憤慨。這樣一來，即便在此處，正義

觀念也爲我們提供了一種合法性評判標準。但要理解這一標準並非易事。一位重要的自由主義思想家已經得出結論，稅收不過是強制勞動，因而本質上就是不公正的⑱，其論據卻顯然令人想起馬克思的命題，即追求利潤的雇主必定通過攫取不付酬的勞動來追求利潤。一旦我們接受這個論據，就完全破壞了保守主義事業，就不再承認公民對國家和所有其他人負有責任的義務網絡。

首要問題在於，必須弄清楚國家在強制性稅收中的所作所爲。答案看起來很簡單，稅收提供了國家所需的資金，從而也就滿足了公民的政治需要。所以，自然正義意味著應按財富多寡對每個人課稅。然而，我們發現，幾乎所有的國家都遠遠背離了這一理想，**稅收實際上不僅用來為國家機關提供資金，還對財富進行再分配，即使那些財富是合法獲取的**。富人被勒令放棄更大比例的收入（而不單純是更大的數額），這不是由於要向窮人發放救濟金（因爲那通常是一個獨立的特徵⑲），而是因爲富人被禁止保有他們所掙得的東西。

有兩個主張累進稅制的理由值得重視，但都不大可能受到保守主義者歡迎。第一個理由純粹是政治上的，而且至少可以上溯到湯姆・潘恩（Tom Paine，譯註：十八世紀美國獨立刊物作者）那裡〔見《人的權利》（*The Rights of Man*），第二部，第五章〕。累進稅制具有一種使財產擁有平均化的長期趨勢，這不是通過佈施窮人，而是通過剝奪富人

（事實總是證明這要容易得多）實現的。這樣的理由必定會吸引社會主義者，對於一位相信蕭伯納所說的，社會主義僅僅是「民主觀念的經濟層面」⑳的社會主義者來說尤其如此，一旦超出那個特定意識形態，這種理由也就不再有任何說服力。累進稅制威脅到國家與較爲成功的公民之間的紐帶，只有當一個國家中充斥著貧困階層的怨恨，以至出於安撫他們的目的必須使富人受到懲罰，才能認爲累進稅制是一種社會必需品。沒有哪個保守主義者會接受這種觀點，因爲他本能地傾向於這種信念：能夠平息怨恨的，不是平等，而是對不平等的「確認」，這種確認體現爲維護公民生活的各種慣例和忠誠。按照亞里斯多德的觀點，人們所怨恨的並非巨大的不平等，而是細微的不平等。一個人不會苦惱於自己不打算與之相提並論的另一個人的富足。但是，他深切而敏銳地感受到自己相對於親近同伴的地位變化。所以，我們不必感到訝異，「差別的縮小」或「平權的喪失」（loss of parity）引起的怨恨，要遠遠超過先於它們、並且比它們更爲持久的「不平等」分配所招致的怨恨。

第二個理由是經濟上的理由。表面上看來，累進稅制必定產生不了多少財政效益，因爲它使有才幹者不願意工作，從而降低了可供課稅的總產出。然而，情況並非必然如此。一個顯而易見的事實是，人們花錢總是量入爲出，一旦超過某個限度，一個人將不願意花用其收入所得，除非他具有（通常是伴隨著繼承的而非收入的財產）浪費習性。

換言之，盈餘如果沒有被國家沒收，就將積累下來，不會再回到市場。它將轉化爲一座城堡、一堆黃金、一批名畫、一座圖書館，或是其他某種閒置的東西。個人有時會以間接地創造了就業的資本投資方式，把盈餘重新投入市場。但無法保證他一定會這麼做。假如我們接受了凱因斯主義學說關於經濟成長有賴於積極刺激需求的假說㉑，我們或許會相信，借助公共開支或再分配手段，可以徵用上述閒置盈餘來供給經濟，以使較貧困階層可以把它轉化爲可消費的東西。我們或許還會認爲，經濟成長（或者不出現經濟衰退）是一種政治必需品。在這種情況下，累進稅制就成爲國計民生的一項保證。

人們即便接受了第二條理由（我將在下一章中說明，拋棄該理由所依據的原則的原因），它最多也只能證明一種極狹義的累進稅制形式爲正當。概略地說，經濟學解決需求下降問題的辦法，在於兩條曲線的交會點，一條是透過再分配之下的經濟成長曲線，另一條是抑制收入因素所導致的可課稅盈餘的下降曲線。稅收的最佳點將是收入的邊際抑制因素與罰沒的邊際效益相等的那一點。不論最佳點位於何處（其計算極爲複雜），它肯定會低於（包括保守黨政府在內的）歷屆政府實際徵收的最高額。

所得稅不僅是財政預算所不可或缺的，它還是受害者最易於理解的稅收形式。由於所得稅的本質決定了它會不斷刺激若干麻木不仁的人，它就成爲人們意識到的一種最輕微的罰沒形式。此外，所得稅的影響廣及全社會，而不是任一受治階級或統治階級，因

此，它就對政府開支施加嚴格限制，使各種社會力量形成自然平衡。如果較低階級與上層和中層階級在同一時間、同等程度上承受了某一政策的財政結果，那麼在對待這一政策的態度問題上，所有的人就會取得一致。徵稅絕非必然成爲社會動蕩的導火線，路易十六時期的法國和六〇、七〇年代工黨連續執政的英國情況就是這樣，在前者，貴族免於納稅，在後者，中產階級受制於各種就其性質而言既無法接受、也難以理解的苛刻措施。

維多利亞時代階級仇恨殘留下來的政治意識，解釋了推行這些苛刻措施的原因。每位社會主義者的內心深處，都不可磨滅地印刻著梅休（Mayhew）[22]筆下的倫敦景象，雖然所有的一切徹底消除了更爲愚昧者心中的這類問題，當前的全部現實，卻不具備堪與那個業已消逝時代的幽靈相抗衡的力量。要是英國的生活能夠在未被這群自我戲劇化的人打斷的情況下重新開始，那該有多麼好。**倘若社會統治者執著於無可彌補的罪惡，腦海中縈繞著永遠無法撫平的怨恨，那麼沒有哪個社會能夠長存下去。但這種情緒仍然在今日的英國佔據主導地位**。例如，它已經造成運用稅收來攻擊繼承而得的財富，既課徵苛重的遺產稅，又徵收（如今已逃避不了的）資本轉讓稅。資本轉讓稅不僅逐漸損害了財富在各代人之間的轉移，還削弱了個人贈與的作用，從而構成了英國法中對私有財產制最重大的直接打擊。這種打擊的矛頭不僅針對財產，還指向家庭和友誼。私人贈與受

到懲罰，儘管它是出於人們建立和給予一份家產的自然願望。一旦上一代人與下一代人之間，除非偷偷摸摸不然無法留傳任何有形的實物，人們就能感受到邪惡即將來臨的徵兆。各種事物的連續性突然中斷，過去和未來則開始隱匿於對眼前可直接消費之物的追逐。

在財政事務方面，保守主義者的態度似乎就是，直截了當反對使稅收長久且直接地屈從於某個再分配的外在目標。這並不是說保守主義政治家將支援這種觀點：稅收的唯一合法用途是確保國家財政收入，在必要的時候，他也準備把稅收當成社會控制的工具。但他很少會這麼做，與其說這是旨在社會革命，不如說是要保有連續性。

公有制

早期的社會主義者描繪了競爭所造成的後果，以及人們為佔據更大的市場貪婪爭鬥的陰森畫面。如今，競爭意識已是人類理智的必要組成部分，它與我們據以賦予世界以價值的自豪感和自尊感聯繫起來，就這點而論，悲嘆競爭意識較為庸俗的表現形式是毫無意義的。保守主義者不相信能夠設計出這樣一種經濟安排：它既可保全勞動者的自尊和原動力，又免除源自這種自尊和原動力的競爭。在談論人性深刻而無情的客觀事實

時，人們應當避免草率地做出判斷。不過，人們不必像空想社會主義者那樣把事情看得無比複雜。不受約束的市場法則孕育壟斷，即使沒有形成壟斷，也會形成商業寡頭㉓，壟斷不僅與競爭相牴觸，還會建立起與國家敵對的獨立公司或卡特爾（Cartel）。一直有人主張公有制或「國家控制」乃是補救之道。然而，倘若國家的「控制」把壟斷權力交給國家的話，這種控制就只能保護國家。在這些問題得到充分認識的共產主義俄國，國家控制達到了上述效果，因爲一家國有壟斷企業的工人由工會官員小心翼翼地引導著，工會官員本身則是執政黨的雇員。但在西方，推行公有制的結果，總是使國家變得更爲脆弱。國家允許工會既贊同壟斷原則（透過把不屬於該工會的工人拒之門外的方式㉔），同時又保留工會足以造成任何一家企業癱瘓的「罷工權利」。於是，國家從壟斷所有者（人們認爲它有助於維持其產業的發展和活力）那裡攫取的權力不是屬於國家，而是屬於「有組織的勞工」，勞工們可以要脅國家來補貼任一產業而使其失利。這一群體既難以安撫又容易形成對抗，其地位往往屬於毫無權威可言的權力，傾向於以自我保護的方式來看待自身，像敵視它要爭寵的主人一樣地與國家相抗衡。在基礎服務部門中，這種對抗的後果是災難性的。一旦那些基礎部門由（本來就必須由）國家來管理，就必須獲得法律上的認可，限制這些部門雇傭的工作者的活動。沒有哪個國家會樂於容忍其直屬的雇員（警察、消防隊員、軍隊、公務員、議會議員、郵務員、法官等等，這

份名單隨著每一次並非毫無理由（*acte gratuite*）的國有化而延長」。具有一種「罷工權利」。

公有制帶來了諸多問題，而要闡明保守主義對這些問題的看法卻並非易事。前面的討論提出了一個頗爲重要的區別，即一個國有化產業與一個公共部門的區別，以及一家公共控制的競爭性企業，與一種維持公共生活所必需的活動之間的區別。自由主義經濟學者將這些活動稱爲「公益」活動，其假定是這些活動並不會由以私人利潤爲唯一動機的市場所提供。私營企業的擁護者肯定會利用這一區別，來澄清對現代國家中各種複雜情況的探究。來看看郵政的例子。截至目前爲止，郵政服務是共同體的生活所不可或缺的，私人關係與一般商務都需要借助郵政服務來以習慣的方式進行聯繫。由於假定了這樣的服務不可能由私人所提供，或是只能選擇性地只在國家若干地方來提供，因此維持郵政服務體系就自動成爲政府的職責之一。很顯然地，隨著電子通訊技術的發達，郵政正在失去公營地位，並在不久的將來以供應商的身分與其他業主競爭，而其服務就不再具有公益性質了。只有在公共部門，才可以在不侵害規範的財產權的情況下，憑藉國家權力來扶持和保護一家商業企業，並（在可能的情況下）爲它制定法規。即使是在美國，這點也是得到承認的。正是透過合併各個獨立企業，「國家邊界」才得以拓展，而且往往達到臨界點。話說回來，儘管相關服務受到重視，但在近幾年卻出現了相反趨

勢，也就是「民營化」。這在若干情況下造成私人壟斷；在一般情況下，還導致了具有破壞性的脫產和不當得利。儘管如此，保守主義者還是一直很重視民營化，如此才能夠拯救那些與官僚既得利益無關、然而在經濟方面卻有存在必要的活動之行政效率。就筆者來看，眞正保守主義的立場是認知到，效率並非一切，以及像鐵道這樣能夠服務大衆，甚或達成更具價值的社會目標的事體，國家就很樂意從管控中保有利益。國家確實應該要這麼做，**不管該項服務需要多大代價，即使就私人企業家而言是無利可圖，但只要能夠為社會公益所平衡，就可列為政府的責任**。或許經營鐵道事業算不上有利可圖，卻能夠提供便利的大衆運輸，解除了鋪設新路以及更多自用汽車的需求。這並不是要國家拋售鐵道事業，相反地是鼓勵國家維持這項事業的理由。

然而，保守主義者仍然不願意支援國家對產業領域的干預，其原因並非一些人所認爲的那樣，是出於對成功企業的過分支援，而是擔心拮据企業所帶來的困擾。友誼的內涵並不包括培養依賴性，同樣，國家的活動也不涉及使公民養成財政上的依賴性。每當國家把一個產業國有化，就消除了自利的固有引導作用，代之以設立一個被裁員者的錢包，成千上萬的人受到無謂的雇用，這些人本可以在別處找到更高薪資的職位。在這一問題上，保守主義者寧願要所謂的「無情的市場法則」[25]，這完全是因爲它更快地實現了無論如何都會發生的事情。

細數各種相關論據是件冗長而困難的事。但有一個原則問題必須澄清，即國家責無旁貸的責任是掌握對臣民的權力（儘管霍布斯以不同的話語提出這項主張）。國家與公民的關係不是、也不能是契約性的。因此，這種關係不是雇主與雇員的關係。國家擁有權威、責任和家長式的絕對權力。一旦喪失了這些屬性，國家必將毀滅，社會亦將與之同歸於盡。因此，國家必須撤出每一種使其聽任個別公民擺佈的經濟安排。這個意見已經多次被置之不理，在現代更是如此。憑藉龐大而不受管束的文職部門，憑藉地方政府，憑藉國有化產業，憑藉各種諮詢機構、「準公共公司」和好管閒事的委員會，政府把自身的權力散佈給自利的米蟲。政府一旦無法強制他們，就會受到任何能夠這麼做的勢力（例如，一個工會）的支配。

資本主義

但是，倘若國家要以這種方式退出對經濟安排的直接參與（出於慈善而非某種契約權利來爲貧窮者提供幫助），就必須心照不宣地擁護那種一直被稱作資本主義的生產方式。因爲，除了在戰時或是對付專橫傲慢的罪犯時之外，干預私有財產流動的第三種方法（徵用的方法）是帶有太多的懲罰意味的。也不能把徵用當作是對付過度積累的私人

財富的單純補救措施。一旦財富得以積累（哪怕是在一個有限的程度內），一旦再分配只是部分地進行，那麼什麼也阻止不了最積極地追求並渴望財富的那些人積累財富。於是，任何想開創屬於自己事業的人，就必定從上述那些人那裡借用財富，而作爲那種借貸權力的後果，我們就被迫接受資本主義的經濟結構。因爲當一個人除了自然權力的稟賦外別無他物可以交換，雇傭勞動就出現了。避免這種狀況的唯一途徑，在於推行一種類似於封建主義（至少是馬克思所描述的封建主義）的體制，在這一體制中，財富在很大程度上是繼承得來的，而且禁止交換。同時，人生來就處於各種限制財富使用、限制人的活動的義務網絡之中，而且勞動力的自由出賣受到阻礙。儘管這種封建主義在毛澤東時代的中國推行得頗爲成功（以致人民被視爲生來就註定了各自的地位，既不能以職務，也無法以才幹來自由地擺脫那種地位，一切產品都交給一個以對勞動者全權負責爲己任的直接的最高統治者），事實卻已證明這一安排是暫時性的。幸虧這類措施超出了當代英國政治的範圍。

論及封建主義，使我們能夠澄清一個問題，一個對保守主義經濟學而言不容否認的問題。在早期，保守黨以推行相對緊縮且富於進取心的財政政策著稱，它不僅經常約束自由貿易，還引入了固定所得稅，通過了決定勞動力出賣和限制的立法。從歷史的角度看，或許可以把保守黨在大戰之後對凱因斯主義學說的皈依，看成是一個自然的思想發

展階段，即從（斯密（Smith）、李嘉圖（Ricardo）和彌爾（Milll）父子分別提出或設想的）認爲經濟事務是自我調節（以致干預的嘗試將弊多於利）的觀點，進一步發展到一種更爲貌似合理的觀點：最重要的是國家的姿態，沒有國家的監督，就可能會隨時發生匱乏和失業。所以或許並不令人意外的是，柴契爾夫人主政的保守黨放棄了國家的經濟角色這個概念，並舉起了自由主義經濟學的旗幟，當時正是該旗幟爲選民所唾棄的時候，結果就導致了，維持了一個世紀的舊日利益聯盟突然間就分裂了。然而奇怪的是，該政策既然曾經導致保守黨的瓦解（在全球性企業庇護下的自由市場經濟），如今該政策竟然還受到布萊爾新工黨的最熱烈擁護，想必這也會使得該政黨垮台吧。

持續性經濟理論已經牢牢左右了保守黨的觀點。我們應當再度提醒自己，**除非與某種完備的政治信條（一種界定了經濟理論從中作用的社會安排的性質和權利的信條）相結合，不然一切經濟理論都是無意義的**。訴諸經濟學就像求助於醫生，其動因不是自信，而是希望或恐懼。保守黨人對資本主義企業所施加的種種限制中，出自政治信條的與來自經濟理論的一樣多。這種限制絕非我們的時代所獨有。相反，自由貿易始終是鬥爭的目標，而非人們設定的規範。

馬克思主義的特殊貢獻，同時也是所有歷史學家和政治家都受益的貢獻，在於提出了這種觀點：社會和歷史的客觀事實，皆可由經濟結構來加以充分說明。馬克思令人信服地比較了兩種經濟結構，資本主義經濟結構和封建主義經濟結構。前者有賴於交換、雇傭勞動和資本積累，以無情的方式創造出一個財富階級和一個身無恆產的階級。後者有賴於奴役、徭役（corvée），以及阻礙自由交換的人身依附和地域依附。

如今，人們很難想像，還存在著沒有交換和流動趨勢的現實財富。在那些所謂的封建社會（因爲它們包含了各種特殊義務），貨幣盛行表明，實際存在的交換是社會的基礎，甚至是君主權力的基礎（例如，在英國「封建時期」，農奴能夠購買、出售、抵押和租賃從家畜到土地的一切東西，他們的封建義務往往也就比地域和莊園依附略多一點，這種情況既是武力所強加的，也是習俗使然㉖）。目前，一些馬克思主義者認爲，封建生產方式與資本主義生產方式之間，事實上存在眞實而絕對的差異，從前者轉變到後者乃是最重大的經濟現實，由此可以解釋諸如農民起義、新教興起以及城鎮的形成等各式各樣的問題。這些解釋中不無幻想成分，在附帶說明資本主義的現實替代者時必然

是空洞無物的。即便如此，我們能夠從中得出一個重要基本思想。「封建主義」和「資本主義」都是名稱，不過並非歷史事實的名稱，而是「理想型」的名稱（套用韋伯的用語）。社會或許接近於封建主義，或許接近於資本主義，實際上總是包含著兩者若干獨特的混合體。或許歷史上曾經存在過（在某個悲慘的共同體中存在，在我們文明的「黑暗時代」又喪失了）一個名副其實的封建主義安排。或許歷史上曾經存在過（也許是在十九世紀末的芝加哥或維多利亞時代的曼徹斯特）一座名副其實的資本主義城鎮。正如歷史表明，前者根本不存在，因而可以肯定後者同樣不存在。看看現代歐洲歷史就會發現，歐洲的各種經濟安排，不同於馬克思描述的那種自由資本主義企業的經濟安排。美國及其匿名的巨大壟斷組織和卡特爾進一步表明，即使是在沒有國家干預的情況下，古典理論中的「經濟人」（*homo economicus*）也不具備多少生存能力㉗。我們不再與人數不多、富於進取的「資產階級」發生衝突，他們在市場這一開放場所積累個人財富，用人與人之間的勞動力交易來獲取利潤。很自然，在一個它們僅能部分地「決定」的市場中，各個公司憑藉其內在活力和邏輯追逐利潤。它們與其所有成員訂立合約：與經理、工會駐廠代表、推銷員、機械師、顧問以及辦事員訂合約，他們全都成爲一個組織的雇傭勞動者，這個組織以匿名的方式積累利潤，其目標則像鯨魚的目標一樣，不是每天都固定不變的。再者，合約以相互約束的形式簽訂，一位經理很快變得不可或缺，他能夠

「決定」自己的條件。即使是最底層的雇員也逐漸擁有了同樣的權力，不然他們的工資就會取決於自身低微的地位，這種權力不是以單個的個人身分運作，而是作爲工會的一份子運作的，工會確保了作爲一個階層的體力勞動者擁有他們永遠無法單獨獲得的交涉權力。因此，**馬克思主義的概念只吻合理論上和理想化的安排，這些概念雖然有助於歷史研究，卻沒有為我們提供多少理由，去接受通常與之密不可分的政治經濟學**。首先，將現實劃分爲雇傭的剝削者和爲其所雇傭的被剝削者（他們因而獻出了他們的「無償」勞動時間），是荒謬的。事實上，每一個人都是受雇於人的。因而，通常被認作資產階級的那個階級與據說是受其壓迫的那個階級一樣，也把自己的勞動力繫於合同之上。兩者都創造出一份盈餘（因爲這只不過是以另一種方式表明，他們共有的企業是有利可圖的），兩者也都承受著馬克思主義者所說的盈餘被「沒收」的不公平[28]。這裡存在的各種差異都被這樣一種哲學抹殺了。這種哲學無論如何都把「正義」觀放逐到「意識形態」領域，其目的是從行使權力的角度來解釋（而且是錯誤地解釋）契約關係。

封建原則

我之流連於馬克思主義學說是出於特殊原因，即馬克思主義學說提出了經濟安排的

理想模式，這使我們能夠以更確切的措詞，來表述保守主義對待財產限制問題的態度。保守主義者所提倡的絕非封建主義，而只是封建主義的「主要原則：保有財產即意味著履行義務」㉙。迪斯累里（Disraeli）的這一評論表達了《西比爾》（*Sybil*）和《康寧斯比》（*Coningsby*）中的理想主義觀念，就歐洲的「封建主義」現實而言，這種觀念當然和馬克思主義對歐洲封建經濟的分析一樣錯誤。但正如經濟理論可以有理想化的模式，政治學也可以有這類模式，即從歷史上各種不完善的安排中，得出若干政治義務的理想。

現在，我們暫時來看看寬廣的歷史觀。沒有哪個社會已經成功吸收了工業化生產，或者說消弭了工業化生產帶來的不滿。不過，工業化、流動性、勞工與管理層的劃分以及對成長的無止境追求，業已極爲迅速地傳遍全球，如果還認爲這些事物的出現純屬偶然，就顯得愚蠢不堪了。保守主義的使命，並不是反對創造出這些事物的力量，而是發動一切反擊來維護社會秩序的眞實性和政治生活的連續性。就連馬克思主義者也不得不承認：「直到十八世紀末，法國和英國的普通大衆固守一種深切感受到的『道德經濟學』，認爲……經濟價值觀一方面完全脫離了社會和道德義務的觀念，另一方面也公然悖離了他們的文化。」㉚他們還不得不承認，就在上上個世紀，在與資本主義乃至其他所有控制體制都無必然聯繫的力量的影響下，興起了一種「反政治的經濟學，其盈虧

賬目的無情瀉劑使政治體的義務、相互關係和家長式關懷的古老觀念失去了效應」㉛。截至當時爲止，資本主義已經在歐洲活躍了四個世紀，這一持續時間長得足以湮沒一切歷史詮釋。因此，這種「道德經濟學」消失的問題，似乎遠比典型的歷史觀所能強加解釋的問題更爲複雜。

與其說我把財產當成保守主義思維的必然結果，不如說是當成主要的關注對象。我們完全有理由斷言，保守主義認爲社會和政治認同高於財產的自由積累。英國社會主義者聲稱，享有從事對抗工業化生產之罪衍的「英勇鬥爭」的光榮。他們寧可忘卻，**從「工廠立法」到工會立法乃至福利國家，要麼是保守黨人的發明，要麼就是長期以來為實現這些目標而奮鬥的保守主義力量使然。**

我們逐步清楚認識到，寬廣的歷史觀不夠寬廣。它仍然拘泥於使其成爲可能的那個世紀，它極爲熱切地盯住工業化進程不放，以期在頭腦中形成工業化進程重要性和力量的巨大而虛幻的圖景。它所做出的解釋似乎不可動搖，其原因卻僅在於這些解釋是得自一個「勢不可擋」（inexorability）之時代風尚的時期。但是，這種歷史觀忽略了持續不斷的政治活動，這些政治活動業已引導我們經歷了這些「勢不可擋」的變遷，看到了古老的「道德經濟學」的復甦。不消說，世界一直在變，而且是巨大的變遷。此外，這些變遷始終伴隨著一種奇特的苦惱。如果說這種歷史觀告訴了我們什麼的話，那就是我們

不能將問題束之高閣。關於工業制度的殘骸中顯現出來的特殊的「現代」人，我們有必要涉及某些更爲深層的東西。

結語

我已經論證，公民社會有賴於物權制度。因此，任何一種把國家看成社會的保護者的政治觀，也勢必會要求財產的延續。另外，一種承認存在於習俗和慣例中的所有權的觀點，也不會認爲財富的繼承和積累有任何不妥之處。更進一步說，它將設法保護財富的繼承和積累兩者，只要它們是產生於家庭的關係，只要它們得到了社會條件的支持。這意味著保守主義者恰恰希望對收入而非財富課稅。正是由於關注產生了保守主義關於財產問題的信念的公民關係，保守主義者不得不考慮財產的分配問題。他希望把那些公民義務逐步灌輸到財產積累中，一旦這些義務不復存在，社會的一部分人將獲益於對財產的一心一意的追求，另一部分人則將遭受痛苦。正如我已表明的，採納上述觀點就意味著有條件地支持現代資本主義，哪怕那種支持並不伴隨著對普遍貧困的厭惡，也不是對經濟「成長」的承諾。

但是，如果像一些人所說，資本主義生產方式（即使是現代的、業已大爲削弱的形

態）是困擾我們的唯一的或首要的惡之理由，那麼保守主義仍然可能成其爲信仰嗎？要回答這一問題，我們就必須表明，不論現代人的狀況伴隨著什麼樣的焦慮，該狀況本身並非私有財產的結果，而是其他原因造成的。我們由此進入到一個黑暗的政治領域，保守主義者和激進派都失去了各自的目標。

註釋

①原註：見奧克肖特，《論人類行爲》（*On Human Conduct*）。

②譯註：英國、荷蘭和神聖羅馬帝國曾經結盟反對法國路易十四的擴張政策，但在一六八九—一六九七年間的戰爭中，路易十四多次獲勝。

③譯註：〈農夫皮爾斯〉是一篇中古英語頭韻詩，據說作者是威廉·郎格蘭。

④原註：以撒·柏林（Sir Isaiah Berlin），《自由四論》（*Four Essays on Liberty*），第一章，牛津，一九六九年版。

⑤原註：見馬克思，《〈政治經濟學批判〉序言》（*A Contribution to the Critique of Political Economy*，一八五九年，譯文見《馬克思恩格斯選集》第二版第二卷，第三二—三三頁）。《德意志意識形態》（*The German Ideology*）一書更有力地闡明了這一觀點。

⑥原註：一些人也許對這一點抱有懷疑，別忘了馬克思受惠於亞當·斯密（Adam Smith）和李嘉圖（Ricardo）學說的地方：「勞動」作爲獨立於經濟學說的概念。馬克思還有另一個也是更大的一個受惠之處：「勞動意味

著普遍交往和人的**陶冶**（自我形象）。」〔黑格爾，《政治論文集》（*Schriften zur Politik*），第四二四頁〕。

⑦原註：例如，巴蘭（P. A. Baran）與斯威齊（P. M. Sweezy），《壟斷資本》（*Monopoly Capital*），紐約與倫敦，一九六六年版，加爾布雷思（Galbraith），《經濟學與公共目標》（*Economics and the Public Purpose*），倫敦，一九七二年第二版。

⑧譯註：一九七六年，面臨通貨膨脹和經濟危機，英國政府向國際貨幣基金組織申請貸款，國際貨幣基金組織向英國提出削減政府開支，實行嚴厲的貨幣緊縮政策等一系列前提條件。

⑨原註：我在這一段中引證了第一及第二章的理由，社會學的讀者將注意到這些理由與狄爾泰（Dithey）和韋伯（Weber）所說的「**理解**」（Verstehen）概念之間的聯繫。

⑩原註：《精神現象學》（*The Phenomenology of Spirit*）以及《法哲學原理》（*The Philosophy of Right*）。洛克（Lock）和托馬斯學派（Thomist）對「自然法」的解釋預示著這一觀點的某些方面。

⑪原註：凱因斯勳爵（Lord Keynes），《就業、利息和貨幣通論》（*The General Theory of Employment, Interest and Money*），倫敦，一九三六年版，第一〇四頁。

⑫譯註：作者在這一節中使用了三個意義相近但側重有所不同的詞 home, household, family，爲區別起見，分別譯爲家、家產和家庭。

⑬原註：尤其見傅柯（Michel Foucault）的著作〔特別是《詞與物》（*Les Mots el les choses*），巴黎，一九六六年版；《知識考古學》（*L'Archéologie du savoir*），巴黎，一九七〇年版〕，傅柯在這些著作中以神話學的方式來重寫歷史，得出了詞藻華麗、驚人的結論。

⑭原註：約翰・斯圖亞特・彌爾（John Stuart Mill）簡明地概括了自由主義觀點，他在《政治經濟學原理》（*The*

Principles of Political Economy，倫敦，一八四年初版，一八五二年第三版）第二篇第二章第一節中寫道：「就其根本要素而言，私有財產制度是指每個人有權任意處置靠他或她自身努力生產出來的物品，或不靠暴力和欺詐從生產者那裡作爲贈與或按照公平的協定取得的東西。」（這段話的語法是彌爾採納女權主義的一個相當不幸的結果。）

⑮原註：此處所提之事難於一語道盡。請參閱由彌爾以誠懇但並不公允的態度爲慣例的權利所辯護的說法（前引書，第二篇第二章第二節）；並參閱「競爭和習俗」一節（第二篇第四章第二節）中的探討，該段落有意將歷史概括在自由主義的原理中，卻也坦承其失敗。

⑯原註：這位自由主義者是阿爾弗雷德·蒙德爵士（Sir Alfred Mond）〔後來成了梅爾切特勳爵（Lord Melchett）〕。

⑰原註：皮特（Pitt）曾經引入「臨時性」的所得稅，在托利黨當政時再度推行這一措施（但時間是在現代保守黨形成之前）。

⑱原註：諾齊克，前引書，第一六九頁。

⑲原註：參見亞當·斯密在《國富論》（*The Wealth of Nations*）第五篇第二章中的最佳討論，彌爾則對此做了解釋，見《政治經濟學原理》，第五部分第二章。

⑳原註：《費邊論叢》（*Fabian Essays*），第三三頁。

㉑原註：《通論》（*General Theory*），前引書。

㉒譯註：梅休（Mayhew）英國維多利亞時代的新聞記者，《笨拙》（*Punch*）週刊的創辦人。他所著《倫敦的工人和倫敦的窮人》在當時極爲有名。

㉓原註：事實上，這一論斷背後的理論未經證明，而且往往是有爭議的。雖然巴蘭、斯威齊和加爾布雷思都斷言類似的理論必定會是如此〔其靈感來自於凡勃倫（Veblen）著作中對工業化進程所做的富於創造力的諷刺描繪〕，有若干證據表明，該理論只有應用於美國的商業時才是正確的。監督壟斷的立法在歐洲具有極為悠久的歷史，導致商業慣例已經納入了許多商業原則和目標。參見索爾斯坦・凡勃倫：《企業論》（*The Theory of Business Enterprise*），芝加哥，一九〇四年版，第三章。

㉔譯註：西方國家工會組織形式中有一種「排外性雇傭制企業」，即企業在雇傭人員時限於某個特定工會的會員。

㉕原註：海耶克（Hayek），《工業主義與經濟秩序》（*Industrialism and the Economic Order*），芝加哥，一九四八年版，第三章。

㉖原註：參見波斯坦（M. M. Postan），《中世紀經濟與社會》（*The Medieval Economy and Society*），倫敦，一九七二年版，特別是第九章。

㉗原註：參見巴蘭與斯威齊，前引書。

㉘原註：這種觀點要麼是平庸地追隨勞動價值論，要麼是更為迂迴地追隨這樣一種看法，即所有的工資契約都是「強迫性」的，從而使一方當事人處於奴役狀態。勞動價值論把亞當・斯密關於一種商品的眞實價值在於其可用以交換的勞動數量的觀點（《國富論》，倫敦，一七七六年版，第一篇，第五章），改造為商品的價值更確切地說是存在於生產它需要的必要勞動的觀點〔見《資本論》（*Capital*）第一卷〕。這種學說因而分配了不依賴於需求的各種價值，這雖然賦予了這一學說有益的意識形態力量，卻似乎消除了其全部的預言能力。認為工資契約是強迫性的觀點乃是取決於這個斷言，即無產者儘管並未個別地受制於所訂立的契約，卻屬於一個整體

受到強制的階級。儘管事實果眞如此，組織工會也就足以消除單方面的強制。

㉙原註：迪斯累里（Disraeli）爲其小說的一八七〇年版所寫的序言。

㉚原註：湯普森（E. P. Thompson），〈英國人的特色〉（The Peculiarities of the English），《理論的貧困》（*The Poverty of Theory*），倫敦，一九七八年版，第八二頁。

㉛原註：前引書，第四四頁。

6

異化勞動

Alienated Labour

缺乏思考能力的人承受著生活的重負，不願譴責他們認爲已經無可救藥的事物，而只在這個世界上尋求滿足。這樣的人具有一種與生俱來的本能，即透過自身的行爲來接受並認可他們生來就身處其中的制度和慣例。我已經試圖將這種本能轉譯爲政治信條的明確語言，這種本能植根於人性，爲了闡明其依據，我也已經概述了一種實驗性的人類哲學。這種哲學把我們確認爲屬於人類行爲的特殊活動從動物行爲中區分出來；人類行爲是一種不僅有本能、衝動和需求，還具備價值觀念的生物性行爲；他不僅存在於現在，也屬於過去和將來；他不只是承受現實，還使自身成爲現實的一部分，並給世界打上其意志的烙印。

現代意識

這一任務如今遇到了障礙。在過去的時代，維護正常人不假思索的成見是很容易的事情，因爲在那時，成見直接源於普遍接受的宗教教義，那時社會的連續性使具有自我意識的那些人，依然只是在最微不足道的信念上，才與那些命定從不懷疑所見所聞的更爲快樂的造物背道而馳。然而，如今我們突然發現自己面對那個怪異的實體：現代人。對於現代人來說，他必須努力與一種比他自身更爲重大的秩序建立起聯繫，而且，他所

尋求的那種秩序，未必存在於現有的或一直存在的事物之中，而是更多地存在於未來的或可能的事物之中。他無休止地渴望擺脫此時此地的狀況，任何宗教信仰都無法平息這種渴望，即使是對於世間易朽事物必然存在缺憾的堅忍信念也無法消除這種渴望。現代人異乎尋常的衝動轉化爲一種消弭一切的懷舊，這種懷舊不是針對過去，而是面向一個像天堂那樣只能從「不是什麼」的角度來描述的未來。

永不安寧也並非現代人在過去兩百多年裡不斷描繪的自畫像中的特質。永不安寧從屬於創造了現代人的整個人類世界的狀態，至少現代人相信是如此。在嘗試認識自身的過程中，現代人不得不去認識周遭所有那些被扔在歷史海岸上的生物的狀況，那些生物或許聽不懂他新奇的方言，但其狀況卻仍然有待做出前所未聞的描述。我們應該把各種反映「現代」人性的概念歸功於德國浪漫派，那些反映出我試圖以直覺理解的哲學觀的概念，也應歸功於他們。但是，現在是明確闡述這一核心問題的時候了。正是在這裡，我們必須一勞永逸地與自由主義分道揚鑣，只與那些認識到人類事務之深度的對手交鋒。歸根究柢，自由主義理想的主要缺陷究竟何在呢?自由主義的缺陷肯定在於，它把一切政治活動和所有道德規範都置於自由的理念之上，卻又未提供任何告訴我們自由究竟爲何物的人性哲學。它把人與歷史、人與文化隔離開來，使人疏遠了自身未選定的所有方面，而這些方面實際上是日後形成自主性的前提條件。自由主義者一旦試圖把自己

提出的自由理想具體化，就總是不得不（不論是有意還是無意地）認可一種特定生活方式的習慣和偏好，即解放了的都會知識份子的生活方式。至於人性，人的本質，即馬克思和費爾巴哈（Feuerbach）所說的人的「類存在」（species being）②，似乎只是以原子論的形式殘存在自由主義哲學之中，成爲一大堆亂七八糟的個人慾望和需求。人類的實現就在於在盡可能短的時間裡滿足盡可能多的選擇。這種哲學沒有提出任何自我的理念，有的只是構成自我的各種慾望，因此**它不具備任何自我實現的理念，有的只是慾望的自由滿足。這種哲學試圖拓展選擇的概念，使之涵蓋人們業已賦予合法性的各種制度，卻又不承認，人們的合法性觀念完全源於對自身的尊重，**源於對由這些制度所塑造、滋養和充實的造物的尊重。不能說人們渴望或選定了這些習俗、傳統和制度，因爲倘若沒有這些事物的存在，人們也就無從做出任何選擇了。同樣，不能說人們知道如何規避每一種代代相傳的安排，並以意志的若干突然的自主行動來宣佈某一安排爲正當。這就好像不能逃避不去自問：「未來的我還會是像現在這個我一樣的事物嗎？」①像激進派一樣，保守主義者注意到公民秩序反映的不是人類的慾望，而是人的自我。一旦保守主義者發現，人類的選擇，哪怕是最無害的選擇，與帶來滿足的那一秩序相牴觸，就會毫不猶豫地提出或捍衛一種將阻撓或改變那些選擇的體制。但保守主義者也是秉持懷疑態度的。他或許對過去抱有一種懷舊之情，卻不會把過去當作一個公開的理想來炫耀，在他

看來，其對手更爲眷戀一個並不存在的未來，無疑是一種過分的愚蠢，屬於黃金時代最後殘留下來的顚倒黑白的信念。

不過，不管這個世界病態與否，面對一個堅信其自覺部分就是如此的世界，保守主義者必須設法重新確立自己的立場，而他懷疑論的歷史所留下來的，只有藉以重新確立立場的貧乏語言。正是由於這一原因，他會極爲尊重激進派重新描述人類狀況的嘗試，以便把現代意識看作是人類狀況有的恰當部分。英國保守主義者出於對合法自由的熱愛，感受到自由主義理想的吸引。儘管如此，自由主義哲學卻既不屬於保守主義者的哲學，也非任何一個人的哲學。這種哲學所描繪的不是人類，而是一幅粗略的人類漫畫，一旦把現代生活的現實置之不顧，那一漫畫就越加顯得荒謬可笑。在下文中，我將借用能夠提升我們的政治眼力的概念（它們大都是來自馬克思主義中的黑格爾哲學成分），以期我們至少能使現代人在這種政治眼力的審視下無從遁形。我的討論必須是簡潔的，所涉及的卻都是需要詳盡分析的問題。我希望我的討論將足以指明保守主義者遵循的方向，同時又不會損害他的力量或是他極爲微妙的無目的。

異化

「異化」概念是馬克思從黑格爾哲學借用的。他用這一概念來描述資本主義制度中的人類狀況，這種狀況並非只是勞動者的狀況（如馬克思最初的思想所表明的那樣），而是每一個人的狀況。馬克思堅持認爲，只有廢除私有財產，才能克服這種異化，使人回歸到他自身，回歸到他的本質，也就是他的「類存在」。馬克思認爲，已經開始運作的社會歷史進程必將導致廢除私有財產，這種歷史進程涉及權力在不同階級之間的轉移，最終以無產階級的解放和全人類掙脫剝削的枷鎖而告終——不論是剝削者還是被剝削者都被這一枷鎖牢牢地控制著。到那時，歷史的眞理將得以昭示，私有財產則將消亡，不再在人與人之間的交往中起任何作用。

爲了維繫這種理想化的幻象，一種政治神學應運而生。這種政治神學要求那些參與者具備某種程度的信仰。不過，截至目前爲止，馬克思主義的這些描述贏得了如此廣泛的贊同，絕非偶然。當然，隨著我們「古典」文化時期的終結，社會已經出現了許多弊端。工業化、宗教信仰的淪喪、各個階級（包括勞工階層）的流動及隨之而來的富足、傳媒的興起、語言的貶値、幾乎普遍的空間和地位之脫序，不論造成這些現象的原因何

在，這些現象一起形成了現代的首要社會事實，即物質利益壓倒了精神利益。此外，伴隨著所有這一切，浮現出一個聲稱自身同爲因果的同樣不安分的幽靈——異化，即對於缺乏我們各自從屬的社會秩序的集體意識。它並不是現代最大的恐怖，卻足以提醒我們，不是每一個社會都是可以統治的，而且有些政治問題是經濟政策無力解決的。

因此，保守主義者承認，關於人類「異化」狀況的描述或許是正確的，其狀態與馬克思視爲資本主義生產方式必然結果的「商品拜物教」之間，可能存在深刻的聯繫。有鑑於此，**保守主義者希望提出對異化的看法，駁斥把私有財產說成是異化根源的指責**。並不是說，保守主義者提得出補救措施。人類的疾病並非全都有藥可醫，就我們所談論的問題而言，業已提出的補救措施在面對一個世紀的物質進展和精神敗壞下還能保有多大功效。馬克思遠不是提出一種補救措施，而是仰仗於一個預言，他並未賦予那一預言多少實質內容，只是在言詞上頌揚抽象的人類「解放」，有力地摒棄了所有那些其他人或許會與那一預言相混淆的切實理想[3]。在《資本論》第三卷中，馬克思（或者說是他的編者恩格斯）竟然宣稱工作日的縮短是這種解放的前提條件，但這一前提已經因西方社會日益加劇的懶散以及（一些人或許會說）日益加劇的異化而得以實現。倘若私有財產真的是所有積極的人類自由觀的必要組成部分，那麼，爭取實現馬克思所說的「解放」狀態，就意味著接受一個矛盾命題。不過，保守主義者仍然必須設法尋找補救措

施，因爲保守主義的可行政策是有賴於此的。就異化社會的本質而言，它並非可由保守主義方式所治理的社會。

目的、手段與勞動

人的異化首先表現在對工作（或「勞動」）的態度上。我們絕不能把工作看成是任意一種終止於產品的活動：機器不能工作，馬也不能工作（在我所說的意義上不能工作）。工作是一種理性行爲，它具有，或者說能夠具有目的和手段，即使在勞動者沒有任何工作的「選擇」的時候，他從事工作也是有目的的。馬克思的論點恰恰在於，工作是基本人類活動，因爲只有透過生產，才能建立和形成社會的大廈以及隨之而來的社會閒暇。一個人在工作中異化，就在他得以把工作僅僅作爲一個手段而非目的的時候，他異化於他的工作。目的與手段的區別，很難明確到足以使這種描述完全站得住腳。讓我們略過眼前的這種馬克思式的診斷，轉而設法做出直截了當的描述。

在寫作本書時，我在工作。此外，我的工作是達成一個目的的手段，實際上是好幾個目的的手段（我或許想透過出版這本書來掙錢）。然而，我寫作本身也是一個目的，也就是說，我爲了這本書的緣故而寫作。我不但渴望而且重視寫作這一行爲。這本書對

我**意味著**某種東西。我已經指出，一種目的觀或價值觀內在地涉及共同的公共行爲領域。**重視一項行為，就意味著形成對該行為客觀價值的某種認識，反之，重視一項行為也必定涉及對那一行為在其中具有一種（現實的或可能的）體面地位的公共世界的假定。**我把自己的行爲看成一個目的，就規定了我對自身的認識，就認識到我是與同胞潛在相關的存在。從事我所珍視的事情，我就確認了身爲社會存在的自我認同。這樣一來，我不僅與我的行爲融爲一體，還確實或想像地與我的同胞融爲一體。

我這種情形和奴隸的情況形成對照；這名奴隸被迫在違背意願的情況下從事某一重複性的工作，他對這項工作毫無興趣，利潤又總是掌握在他人手中。這樣的一個人不會渴望去做他平時所做的事情，更不用說重視它了，除非他具備愛比克泰德（Epictetus）④建議的那種自制的心態，一種我們不可能認爲是普通人所能具備的心態，以這一心態看來，僅僅是對奴役的意識就足以構成一種高雅的自由。這個奴隸不會把自己的勞動看成目的，只會看成手段。結果，他並未在勞動中得到確認，他的所作所爲並未體現他的自我認同。他把自己的所作所爲看成是**強求**他去做的，並把自身視爲手段而非目的。由於異化於自身的行爲，這個人就逐步異化於其自身，異化於構成了其本質的「類存在」。

在對兩種形成鮮明對照的精神狀態的極簡略描述背後，存在著人格這一重要理念，即人們之所以為理性的存在，是因為「他們的天性就已經註定他們自身就是目的。也就是說，是某種不能只作為手段來對待的事物」（康德語）。黑格爾哲學的一個顯著進步，就在於提出了我們只有將他人視為目的，才能把我們自身視作目的，在任何時候，我們的行為必須包含某種關於我們所作所為的價值的具體觀念⑤。只有不離不棄地與同胞和諧地生活在一起，我們才能擁有康德最為重視的自主。我們作為個體的存在，是以投身於社會為先決條件的。現代人之所以面臨喪失自由的危險，不僅是因為將要吞沒他的暴政，還由於（一個更為重要的原因）他異化於將再度賦予他的行為以公共意義的社會環境（因為這種異化狀態招致暴政，使暴政成為可能）。

如果以上述方式提出異化概念，我們就會發現，它既然是現代意識的狀況，也就未必如馬克思假設那樣植根於私有財產。不過，左翼作家堅持認為，把勞工和職員貶抑到奴隸地位的，恰恰是私有財產以及源於私有財產的資本主義生產方式。**然而，人之所以喪失對自身所處世界的認同，顯然不是由於資本主義的所有制形式，也不是由於私有財**

產制，而是由於工業化過程，由於人為的勞動分工⑥，以及工作的精神實質大規模地同化了人類公共生活，這就使得人類的滿足和價值似乎不再屬於公共事務，而是只在家中從事的個人事務。人類不再充分展現與其同胞之間的認同，而是與他們一道工作，卻又未意識到自身所作所爲的價值。可以肯定，私有財產制並不總是與這種意識相聯繫；例如，在中世紀和文藝復興時期，佛羅倫斯的大銀行家族所採取的資本主義生產方式中，情況也是如此（或者說，倘若但丁（Dante）也過著一種異化的生活方式，那我們就不要再抱怨我們也必定會這樣）。

在馬克思看來，可以肯定的是，「工業資本是私有財產的現實客觀形式」⑦。換言之，沒有私有財產，我們所知道的工業化進程將不復存在。這種斷言還有待證明。而且這種證明絕不能是無關痛癢的。例如，下面這種看法就是淺薄的：由於私有財產是工業化進程的先決條件，因而就成爲伴隨著這一過程而來的各種邪惡的根源。（因爲，一旦事實表明，私有財產也是社會之所以存在的先決條件，這一主張又怎麼能站得住腳呢？）除非對替代方案做出全面的說明，否則這種批判也不會是嚴肅的。

對私有財產的詆毀

一些人（包括馬克思在內）攻擊這裡提出的爲私有財產辯護的理由，從而在私有財產與異化之間建立起直接聯繫，忽略生產性質的因素。他們認爲，由於把財產看成是工作的目的，人類就使自己的一切活動終止於對象，並因此將只以對象而非其所代表的人類活動來衡量價值。所以，爲了尋求自身的價值，人類開始把自身等同於作爲對象的自身，等同於某種可以買賣的東西，一個手段之手段。不論是追逐還是擁有財產，人類都逐漸變成爲自身的財產，進而喪失了人性。這一點已經在佛洛姆（Fromm）⑧的下述觀點中表露無遺，即財產已經成爲一個「偶像」（idol），由於被一個偶像所奴役，人類本身就降格爲對象，僵化爲物的存在（thinghood）（這一觀點起源於費爾巴哈關於宗教本質的特殊理論）。

上述論點比我部分贊同的那一論點更爲流行，但也更值得懷疑。一度居住於愛琴海的那些偉大的偶像崇拜者，肯定無法從佛洛姆的畫像中認出他們自己；從費爾巴哈對篤信宗教者的描述中，也同樣無法辨認出《神曲》（*Divine Comedy*）的作者來。在希臘人看來，對河神、樹神和手工藝品的崇拜，構成了把人性賦予自然，使人比任何純粹的

「自然」物品更有尊嚴的過程。爲什麼在《伊利亞特》（*Iliad*）中，有著超出世上幾乎所有文學作品的堅毅、決心、活力和個性？這肯定是因為希臘英雄完全使自己的世界洋溢著理性意志，並由此形成完美的自我形象。在希臘英雄塑造的自我形象中，私有財產起了至關重要的作用。

擁有與消費

一旦回到我們最初的描述，區分擁有與消費，並相應地區分耐久性財產與可交換物品（商品）後，人們對私有財產的詆毀就變得更爲明顯了。有這樣不同的兩種人，一種人出於慾望追求某種東西，以求滿足消費這一物品的慾望，另一種人追求一樣東西則是出於對其內在價值的觀念，他的目的不是爲了交換或消費它，而是爲了擁有它。從目的屬於理性意志的範疇這一特殊意義上說，一種慾望的對象並不具備「目的」的特性。更確切地說，對象是滿足慾望的手段，在滿足的行爲中被消耗和廢棄。

先來審視一下貪慾與愛情之間的區別（這曾經頗爲顯見，但卻逐漸受到誤解）。在這一問題上，通常不存在任何合法所有權問題。但是，對待此事的不同態度之間有著明顯的差異，在財產關係中可以找到這種差異的對應物。貪慾能夠由多種事物來滿足，其

本質則體現於這一事實：其對象是滿足一種單一慾望的同等手段。愛情的滿足則是針對獨特的對象，只有在對象本身被視爲目的並因此是不可替代的情況下，愛情才會存在。愛情的目的在於一種「擁有」。所以，貪慾具有市場價值，愛情卻沒有（把市場價值提升爲唯一的價值標準，就必定會背棄愛情，試比較《萊茵的黃金》（*Das Rheingold*）⑨的序幕）。

我之所以提到這個例子，是因爲它表明了，動物性慾望截然不同於人類試圖使某種東西成爲自身的一部分，或是自身的延伸意義上的「擁有」。就一個人而言，這種擁有的意圖可以在婚姻制度中謀求實現；就一件物品而言，則可在財產制度中實現。因此，**所有權的最高形態，就是擁有因其自身的美而被人們渴求的對象。這種願望排除了該對象的消費，而且並不把這一對象視作諸多同等物之一**。人們努力放棄這類例證，轉而設法獲得這些例證中所包含的人類生命與價值概念，就會認識到，所有權關係的許多方面是不能從消費的角度來看待的，這種關係的特點在於認爲一個對象在某種意義上是內在地值得擁有的（雖然它在某種程度上也可交換，哪怕只是迫於燃眉之急的壓力）。人們尤其應當再次提及「家產」（household）概念中所包含的各個方面，人們的家庭觀正是憑藉這些方面才得以形成。人們尋求建立家產，不是出於急不可耐的動物性慾望，而是出於建構持續性價值觀念的願望，在這種願望中，人際關係、財產價值以及美學意義總

是不可分割地交織在一起。人們不會認爲家庭中的物品只是全然耐久的，是永遠擁有而不消費，但它們是目的而非手段。就此而言，家庭中的物品將被看作是部分地不可替代的，這就如同「代表」一座房屋的保險金無法替代房屋本身一樣。（家產與人們自身關係的性質，比其永久性的程度更爲重要。一輛汽車、一群牛、任何至少部分是因爲其本身的緣故而被人們所珍視的東西，任何人們用來表現自己作爲社會性存在所認同的事物，所有這些都將確認所有權關係。雖然牛的命運不外乎是被宰殺和消費，但如果人們不理解這樣一位農場主的悲傷，那是極爲愚蠢的：這位農場主的獲獎牛群感染了疾病，當局雖然恢復了牛群的市場價值，卻指責他蓄意搞破壞）。我此時此刻的用意，部分可以透過室內畫藝術來理解。在荷蘭室內畫中，我們同時發現了對處於自由狀態的自我的探索，對各種事物的終極價值的展現。肖像畫蘊涵對所反映事物的某種安排，從所有權角度來看，人們認爲這些事物把一間房屋及其居住者的內在生活呈現在世界面前。我們進一步發現，在平靜的生活中，人們試圖通過藝術來抑制消費的態度，試圖把通常僅僅被視作手段的東西描述爲目的。死亡的兔子就是「降格爲財產」（套用法律用詞）的兔子。蘋果與銀餐盤之間有一種眞實而短暫的關係，這種關係反映了作爲體驗到它的家庭自由精神的人類心靈。

讀者或許會產生疑問，是否有必要這麼奇怪地偏離正題；然而，我們正在討論的並非基本的經濟事實，而是現象學（譯註：以指人的自我認知）的微妙特徵，其中藝術能使我們以衆多政治理論所不及的方式來直接認識這些特徵。如我在上一節中所說，消費的態度不同於擁有的態度，消費的主導地位並非財產的本質，而是財產的病理。我們來看看爲什麼會是這樣。如果把一個人的努力完全導向物品的積聚，而這些物品除了可供消費之外再無任何意義，那麼，他的一切生產活動就不會爲其提供關於行爲目的的一致概念，而只能表明他作爲動物性存在的生存狀況。財產就已經降格爲「商品」，也就是說，降格到它的流動性、可消費的形態，從而也就不再具有鮮明的人類特徵。正是在一個只知消費的世界中，對於可消費和可替代之物的不懈追求，使人心充斥幻覺，中斷人的自我實現之追求，人們淪爲了《資本論》⑩有說服力地描述的「商品拜物教」的受害者。人們毫無意義地生活在一個手段的世界之中，因爲商品只是其自身消費的手段，而消費本身並非目的，因爲消費沒有改變任何屬於自我的東西（專家治國論者的大行其道已經成爲這種「拜物教」的標誌；如果從手段的角度來看待人們的生活，來看待人們所

有轉化爲追求形形色色可消費之物的願望，人們也就無從把政治有機體作爲目的，而只能作爲手段來「體驗」（live）。看來，必然伴隨著商品統治的，不是資本主義，而是一種專家與官僚治國論的社會主義。目前我們從歐盟得知的狀況，正是如此〕。

實際上，擁有與消費的差異乃是程度上的問題。同樣確切的是，消費乃是必需而非罪惡。不過，我們必須區分各種以財產爲目的的不同行爲。這樣一來，我們就會發現，單純追求消費而不去形成一種財產權關係，導致了人格的部分病理。一些思想家一直否認蘊涵著這一點的區別。凡勃倫（Veblen）的追隨者會說，這裡唯一的區別只是一種「顯著性」（conspicuousness）的區別。一個人積累財富只是爲了使財富的消費更爲可觀。但是，爲什麼會有藝術的個人贊助者，又爲什麼會形成以文明生活著稱的物質的與視覺的五光十色的事物呢？英國紳士之所以聞名於世並受到尊重，完全是因爲他們能夠在良好鑑賞力許可的範圍內安靜而不引人注目地消費。

通過上述評論我們不難看出，保守主義者爲什麼會不滿於那種把積極刺激需求當作克服衰退的唯一補救辦法的經濟學說。**因為除了把財產轉化為最具流動性、可消費性以及最無意義的形態之外，這種積極的刺激還意味著什麼呢？這種刺激會不可避免使人產生和強求過分的慾望，其相對代價則是社會和個人的實現。**這就出現了一個問題：倘若一個人的全部需要就是**自我實現**的話，他又爲什麼必須勞動呢？減緩經濟的發展以至於

只滿足這種需求，而其他部分得到空閒，這樣是不是更好一些呢？

我試圖劃定的這種區分，不會反映在經濟學說中，而是反映在探討積累和交換的基本法則中。人類的動物性把每一樣東西都賦予了一種交換價值，這完全是迫於需要強行進行交換的結果。當一個人飢餓或者生命受到威脅時，自我這一人為產物就四分五裂了（除非他具備英雄般的天性，而科學不允許經濟人（*homo economicus*）具備這種屬性）。在這種情況下，一切事物的可交換性就突然變得清晰可見了。所有這一切都有一個程度的問題，而飢餓和生命受到威脅的事實本身，就對通常不具價格的對象設定了市場價值。

所有權與控制權

假使我們檢視左、右兩派對於由市場所創造的世界所提出的指責，就會出現兩個特徵。第一個特徵是機械化生產以及與之相關的人為分工；第二個特徵是對消費主義或商品拜物教的指責。這兩種特徵都使得世界降格為只是手段而非目的的世界，一個消費者的算計取代了理性實踐的地方。據說，在這樣的世界中，人們被迫把自身看成他們並不了解的慾望所驅使的對象，他們的生活孤立於其社會生活，很少與其同胞直接、自然地

融合在一起。政治學因而面臨著被經濟學壓倒的危險，功利主義哲學支配著行政智能的運行，人們則如阿諾德（Arnold）⑪所說，沈湎於「機械化而外在」（mechanized and external）的思維方式。

然而，即使這些指責言之有據，但在生產工具的控制權問題上，任何變遷都不足以改變這種狀況：如果勞工被迫把自身的行爲看成是手段，那麼不管最終產品是掌握在個人、集體還是國家的手中，事實就是如此，他的行爲就只是一種手段。因爲把這一觀念強加於他的，不是控制權形式，而是其行爲性質。同樣，**把物品轉變為壽命短促的商品的，也不是私人生產。造成這一後果的是機械化生產的整個文化和模形**，機械化生產所製造的，不是眞正的物品，而是複製品和模型；由於複製品必定可以爲同類中的若干其他樣品所取代，就可以被使用並扔掉；這些都是無常的慾望和無止盡消費的象徵物。人類行爲接近這些東西的傾向本身就產生了對它們的慾望；再者，尋求可重複及可替代者的習性，侵犯了所有其他的人類的經驗領域——甚至是像愛情與性這幾種宗教與文化目前都已經從市場拯救出來的領域。一旦連性愛的關係都被視爲商品時，巨大的變遷就要降臨這個世界了。這導致人們不僅會在他們的行爲中異化，還會在他們的關係中異化。愛情的對象，成了性的對象；男男女女爲了彼此的性關係而墮落，其結果並不只是婚姻與家庭的瓦解，而且還有好鬥的女性主義作爲女性復仇的載體之崛起。

如果人類異化了，這其實是因爲他並未完全從屬於那個能讓他發現自身的世界。商品世界轉瞬即逝，而人類理性的需求，則是把自身看成某種持久之物的一部分，享受與他人之間的持久關係，並生活在彼此的和諧與尊重。然而，我所做的描述必定是直截了當的。我之所以描述一個極端的事例，不是因爲我認爲它說明了當前的現實，而是因爲它爲我們提供了藉以構想現代世界實際複雜性的對照。只有一小部分勞工直接參與了機械化勞動；商品法則也只是部分地確立起來；性關係的破碎，與性的商品化，目前也已經擴展到一般的良心中了。一般說來，人們與工作的關係是複雜多變的，這種關係即使缺乏眞實的滿足，也深受眞實滿足的暗示的影響，這種情形在資本主義制度中最爲普遍。不過，儘管現實是存在於異化勞動與自然的、社會的人——他把工作和閒暇視爲自身兩個同等和諧的分支——這兩個極端之間，這一現實卻是任何一種政治觀必須面對的。我已經論證，並不存在所謂所有權轉換的對策。恰恰相反，如果按照馬克思的話說，勞動的眞正悲哀在於「勞動的產品……作爲一種異己的存在物，作爲不依賴於生產者的力量，同勞動對立」⑫，那麼，如果勞動的性質仍然是機械的，其最終產品不過是一個抽象概念，被認爲不從屬於任何特定的人，不體現任何清晰的權益云云，在這種情況下，馬克思所說的話又在多大程度上能夠站住腳呢？在這樣的狀態中，對財產的侵蝕變得毫無限制而且無法挽回，就像赫胥黎（Hexely）筆下《美麗新世界》（*Brave New*

World）⑬那樣，物的世界溫和地吞噬了人的世界。社會主義的歷史也訴說著相同的故事；當馬克思寫道，在共產主義之下，「人類的治理就讓位給物的管理」時，就是他本來應該表示（可是沒有表示）的。因爲在這樣的體系之下，人就**變成**了物。

由於想辨明現代經濟安排中的人類狀況，我已經偏離了政治而進入人類心理學這一艱深領域，而且我所說的一切必定是片面、有爭議的。但在繼續我的討論之前，有必要先回到政治領域，重申「拜物教」哲學所忽視的一個重要事實。這種哲學認爲財產不是一種制度，而是一種對物的盲目依附。然而，財產這一制度化的現實體現於各種財產權之間的關係，這種關係是人類的產物，卻是一種不可或缺的人爲產物，它不可避免地是產生於這樣一種人類願望：從屬於自身所處的世界，並從中尋求滿足。穿越他人花園的權利，在某個隱祕的地方隱居的權利，穿一套服裝的權利，在某一張桌子上吃飯、出於需要或喜好理髮和剪腳指甲的權利，所有這些權利都屬於私有財產權。沒有這些權利，就不會有社會，因爲對這些權利的要求是社會本質的一部分（從另一個角度來說，就是假定人與同類之間保持**社會**聯繫，就算這種聯繫仍然只停留在一種對物的**自然**狀態）。

閒暇狀態

我已經描述了現代人的弊病，並且把這種描述與診斷區分開來。在不正視政策問題的情況下就採取行動，勢必一事無成。這種異化狀態難道無可挽救了嗎？倘若不是這樣，保守主義者又能做些什麼來促成這一問題的解決呢？一些人認爲，異化只是每一種社會安排所共有的弊端，它在所難免，卻可以忍受。異化並非一種社會狀態，而是沒有社會的狀態。它大概超出了自由主義政治學的範疇，但在名副其實的保守主義者看來，它的存在帶來了一個直接的政治問題。

異化狀態涉及對於作爲對象的自我的認識，這一自我受到驅策而去追求個體的動物性滿足，將他人視爲手段。但是，雖然某些勞動狀況會形成這種觀念，正確引導下的閒暇卻不會。一個人不管從閒暇中得出什麼樣的自我形象，都會傾向於把那一形象體現於自己的工作中，這不盡然不是以「使苦工神聖化」的方式，而是透過提醒自己牢記自己所作所爲的目的。因此，**公民生活的現實與閒暇的性質彼此密切相關，保守主義者也正是在閒暇的理論中找到現代病症的處方**。例如，一位建築師受到一種尊嚴的理想與誠篤的責任感的激勵，就會力求在工作中體現該特質。他會「恰當地從事這項工作」，因爲

這是他那一類人的本性。另外一位工匠或許會把他的活動僅僅看成某一個人消費行爲的前奏，他工作起來就既不快樂也沒有自豪感。這兩個人之間的差異與所有權無關。兩個人在物質上的報酬相同，得到的都是交換遊戲中的一串籌碼。但是，對於正在做的事，以及作爲這件事的行爲者的本身，兩人存在形象上的差異。這種差異反映出兩種截然不同的社會生活體驗，這種社會生活並不單單存在於工作之中，而是更爲突出地體現在閒暇之中。

狹隘的歷史觀

在這一整章中，我所使用的概念在眞正的馬克思主義者看來是無足輕重的。我一直在探討事物呈現出來的社會表象，認爲政治必須與這種表象相吻合。事物顯現出什麼樣的表象，也就意味著它**此時此刻**如何呈現在**我**的面前。因此，如果說傳統是保守主義政治所固有的，那是因爲它所代表的不是歷史本身，而是轉變爲現在和可察覺的歷史（見第二章中的有關論證）。我屢次提及的歷史觀並不關注這類事情，它高居於行爲領域之上，探尋一種廣泛的模式，一種脫離了當前政治的模式。我所表達的情懷屬於「資產階級人道主義」，而且不可避免地反映出經歷和教養賦予我的地位，這些情懷註定會連同

我目前所能設想的每一種信條、政策和計畫一道消亡。每一個人都會被這種預言所打動。如果說這一狹隘的觀念支配了我們時代的思想，不斷把我們從政治事務召回到歷史奇觀之中，應該不會令人感到意外。

作爲馬克思主義學說結論的偉大預言是：在「解放」的狀態中，人類置身於完美而永恆的兄弟情誼，沒有私有財產，沒有貪婪或剝削，沒有意識形態或宗教。我已經說明了摒棄這一預言的理由：它完全是建立在對其信以爲眞的願望基礎之上的。**一旦我們拋棄這偉大的預言，馬克思主義還能剩下些什麼呢？剩下的只有這種引人矚目、令人信服卻又徒勞無益的假說**：生產力構成了現行的社會基本法則，經濟結構則是生產力的體現，社會的性質和趨勢部分地可以用生產力和經濟結構（管理方式）來加以說明（以至於任何如此錯綜複雜的事物都能這樣加以說明）。這種假說不會對政治活動產生顯著的影響，它給保守主義者的教訓，也不比給其他任何政治生物的教訓更爲明白。這種假說應用於政治活動所無法改變的不可逆轉的過程，並不比運用解剖學理論來分析友誼具有更大的政治意義。倘若把它應用於我們能夠支配和控制的進程，那麼除非我們知道自己希望使這些進程改變的方向，否則這種假說毫無用處。

這一狹隘的歷史觀表明，由於知道得太多，人或許無法確定任一件事。面對錯綜複雜的歷史，他認爲自己的活動被併入到一種驅策他的非人格化力量。在這種情況下，沒

有什麼比一種「簡化論」（reductive）觀點，即認爲人降格爲自身的私利的觀點，更具吸引力的了。這種私利即便不是某一個人的私利，也是一個「階級」的私利。一個不容否定卻平凡的眞理是，得益於某一歷史進程的階級，正是其利益爲那一進程所滿足的階級。一個同樣不容置疑而平凡的眞理是，掌握權力的總是強者。餘下的只是從強者私利的角度來說明變化的過程，於是一切都變得井井有條。這種學說幾乎是空洞無物，可正是由於這一緣故，它看上去似乎能夠解釋一切事實。對於採納了這一簡化觀點的人而言，「現在」蒙上了一層神祕色彩，變得模糊不清。要證明某人的行爲爲正當，就要表明這一行爲預示的某種未來狀態將佔主導地位，或是使這種狀態成爲可能。將一個人的意志與其所處環境相分離，就完全屈從於那些力量。倘若他把自身看成是行爲者，那是因爲他把自己投射到另一個世界。他並不屬於**這個**世界，他與養育了他的所有事物格格不入。因此，爲了維繫自身的自我形象，他開始美化自己的超然態度，以求（透過否定的方式）達到人們所能想像的社會流亡者的「純潔無辜」。

結語

異化並非源自私有財產，甚至也不是源自資本主義生產方式，但幾乎可以肯定的，

是產生於物質繁榮的那些複雜而不可避免的特徵。社會主義者關於異化的明確態度，無不是以一種受到質疑的預言爲基礎的。保守主義者一旦認識到異化是一個程度的問題，他就能夠面對它。不論其議題大小，總是會出現能夠抑止或扭轉異化進程的政策。

然而，上述努力面臨嘈雜的反對聲浪。其歷史觀渴望社會毀滅，儘管其所有的斷言恰恰相反。只有透過讚美自身的超然態度，透過摧毀人們尊重乃至認知周遭社會秩序的能力，那一歷史觀才能接受自我意識。「去神祕化」塑造了一個人類事務的神話；因此，它必定構成了不是從中立角度，而是從意識形態層面來描述世界的保守主義信條的組成部分。

註釋

①原註：一些現代哲學家提出了各種抽象的方法，他們希望藉此使我們能夠敏感地探詢這樣的問題（或是某種關鍵的類似問題）。例如，參見約翰・羅爾斯（John Rawls）所詮釋的自由主義的正義理論，《正義論》（*A Theory of Justice*），牛津，一九七二年版。

②原註：例如，馬克思的《一八四四年經濟學哲學手稿》（*Economic and Philosophical Manuscripts of 1844*）〔有博托莫爾（T. B. Bottomore）的英譯本，載埃里克・佛洛姆（Erich Fromm），《馬克思的人類概念》（*Max's Concept of Man*），紐約，一九六一年版〕。

③原註：例如，馬克思的〈哥達綱領批判〉（Cnitique of the Gotha Programme）（一八七五年），載《馬克思恩

格斯選集》（*Marx and Engels, Selected Works*），莫斯科，一九五八年版。

④譯註：愛比克泰德（Epictetus），古羅馬斯多噶派哲學家，少年時是奴隸，後成爲自由民。他的倫理格言是「忍受，節制」。

⑤原註：參見《精神現象學》（*The Phenomenology of Spirit*）中關於主人與奴僕的討論。

⑥原註：關於「人爲」分工問題，我並不是說那種分工〔按照亞當・斯密（Adam Smith）在《國富論》（*The Wealth of Nations*）第一篇第一至三章的觀點〕適用於所有的交換制度，而是指一切機械化生產方式所導致的專業化的特殊過程。參見涂爾幹（E. Durkheim），《社會分工論》（*De la division du travail social*），巴黎，一九〇二年第二版。這兩種分工是獨立的，任何一種都可以單獨存在。

⑦原註：佛洛姆，前引書，第一二三頁。

⑧原註：《馬克思的人類概念》，前引書。

⑨譯註：《萊茵的黃金》是華格納的一部歌劇。

⑩原註：《資本論》（*Capital*），倫敦，一九七〇年版，第一卷，第七六頁以下。

⑪譯註：阿諾德（Arnold），維多利亞時代的優秀詩人、評論家。

⑫譯註：馬克思，《一八四四年經濟學哲學手稿》，《馬克思恩格斯選集》，人民出版社一九九五年版，第一卷第四一頁。

⑬譯註：「美麗新世界」語出莎士比亞《暴風雨》第五幕第一場中米蘭達的台詞：「啊，美麗新世界，有這麼出色的人物！」阿爾多斯・赫胥黎於一九三二年出版了政治幻想小說《美麗新世界》，描繪了一種未來高科技極權社會的恐怖圖景，烏托邦理想變成了惡夢般的滅絕人性。

7

自治制度

The Autonomous Institution

保守主義的職責之一，就是防止意識形態的淪喪。人類世界並不是一個「價值中立」的世界，那樣的一個世界絲毫不能代表社會。那麼，意識形態應當如何形成，又採取何種形式呢？這並不是一個政策問題，而是一個信條問題，一個影響著特定政治抉擇的基本假設的問題。

最重要的是，要樹立保守主義在合理秩序問題上的觀點，始終不渝地設法形成完整的公民資格概念，並且絕不策略性地把公民資格假定為一個前提（例如，它曾被假定為自由這一自由主義目標和「自然權利」的前提）。雖然保守主義確實維護等級制度，試圖把不平等這一令人不快的事實，描述為自然秩序和相互性的形式，我們卻不能由此著手（並不僅僅是因為這麼做不明智）。論證和概念也有其秩序，它自然引導保守主義者的結論。那種秩序起源於最微小的事物，起源於人類為了文明生活的舒適而首次脫離野蠻狀態的行為。

尋根之旅

我們的任務是探尋使我們感到安寧，使我們把自身視為目的而非手段的慣例和制度。這類慣例本身必定會包含行為的目的，因而必定會形成足以使那些其目的為人們所

重視和追求的意識形態。

把這一任務說成是尋「根」，也許並不是令人愉快的說法，因爲這個詞雖然抓住了保守主義者所要求的傳統與忠誠的理念，還使人想到若干保守主義者所無法給予的懷舊感。追憶過去自然要比憧憬未來更合乎情理；不過，如同各式各樣的情懷一樣，懷舊屬於一種「退縮」（standing back），意味著拒絕從事理性生活的實踐。懷舊是屈從於無行動，其狀況則是但丁（Dante）筆下地獄邊緣（Limbo）的狀況：毫無希望，卻又生活在渴望之中。懷舊在一定程度上強化了對於故鄉和傳統的熱愛，英國人以懷舊之情來看待他們的癖好、他們的鄉村、他們的建築和英國的鬼魂幽靈，但這種懷舊卻有賴於某種更爲具體事物的可能性：全體公民的審愼行爲，懷舊對此只能提供一種年代久遠的反映①。我們在此不難看出眞正的保守主義與單純的「保全」之間的區別。所謂健全的古文物收藏的政治，當屬無稽之談。「古老的鼓聲」是從英國鄉間的牧場響起，還是從貧民窟生氣勃勃的院子響起，是無關緊要的。你能聽懂鼓聲的涵義，但你無法左右它。

因此，**我們所探尋的是直接的社會參與方式，這些方式向公民清晰展現出公共生活的真實狀況，從而形成公民的價值觀**。如我所述，我們務必留意挖掘的這些社會參與方式的實質正在於有閑。這些社會參與方式蘊涵著價值，因而必然是「自治的」。但它們的自治有賴於法律的保護和認可。我將考察一些例證以闡明這些觀念，我的考察從最簡

單的體育運動開始。

競技體育

競技體育運動屬於這種活動，成千上萬人不時以這種活動本身，或透過這種活動來表達對城鎮、地區和國家的忠誠，以及對這些事物的「親近」（proximity）感。一支運動隊的目標當然是贏得比賽，獲勝是由運動的規則所界定的，離開界定它的制度，也就無所謂獲勝。因此，足球運動的目標既是內在的，也是異常複雜的，它不但界定了這一運動的界線，還完全滲透到形成它的活動之中。沒有哪位足球運動員會認爲自己的活動「只是一種手段」，或是認爲自身在這一活動中「異化於」其自我認同或其「類存在」。這一活動有著明確而合理的目的，它貫穿並且充實著使之實現的手段。此外，由於足球運動具有這種特點，球員就會成爲直觀想像力的對象。一種複雜的社會情緒就會投射在球員的行爲上。球員表現出來的力量、勇氣、忠誠和毅力，使其追隨者熱血沸騰，就好像他們自己也具備這些品質。觀衆在觀看的行爲中確定了自身作爲社會存在的身分，球隊則在比賽活動中確立了這種地位。

我已提到過「自治制度」，而自治權有多種涵義。它能意指財政獨立，也可以指自

治。然而，在我所說的意義上，**倘若某種制度的目標是它所特有的，這種制度就是自治的。制度不論具有什麼樣的目標，只有憑藉該制度本身才能實現那些目標**（人們不可能透過打板球來贏得一場足球賽）。當然，可能會有一個外在目標。一支足球隊也許要掙錢。但只要一支球隊的眞正意義在於它本身，它就是自治的。球隊隊員往往要掙錢，但在沈醉於足球的那些人看來，足球的樂趣在於比賽本身和比賽的結果。

自治制度並不僅僅意味著任一種具備內在目標的安排。它還是一種制度。它是能夠比單個成員延續得更久的安排，爲成員提供了成員資格的先驗關係。正是在這種安排中，行爲最易於形成並確立一種意識形態，深受大衆喜愛的體育運動充分說明了這一點。盡力破門得分的球員與只是在設身處地的想像中射門的觀衆，兩者表現出一種共有的認同感。這種娛樂象徵著它所激發出來的社會價值觀念：忠誠、勇氣、競爭、忍耐。也就是說，這裡有著一種單一而自發的制度，它在追求其內在目標的同時，產生了一種社會目標的意識。

家庭

當我們轉入第二個例證時，我的論點就顯得更加突出，這第二個例證就是家庭。根

據我在前文中的論述，無須贅言，擁護和捍衛家庭制度必定處於保守主義觀的核心，只有在迫不得已的壓力下，保守主義者才會認可在法律上做出這樣的變更，即意圖放鬆或廢止家庭生活的義務，或是以其他方式助長把性慾衝動引向特定的結合形式之外。不消說，家庭也在衰微當中，還有就是不穩定的「伴侶關係」，也變成常態。於是家庭的首要經驗，以及根源於該經驗的對地方與人的忠誠，都遠比保守主義者所樂見的衰弱許多。坦白說，如果就當代保守主義政策而言存在著根本難題的話，那就是：家庭正在瓦解，而且沒有任何有意義的事物能夠取代。

家庭是人感受社會世界的首要制度，因而成為其自尊的源頭。家庭制度也是自治的，是一種除自身之外再無任何其他目標的生活方式。家庭能夠做到無法以其他方式做到的事情。因此，家庭為所有成員提供了永不枯竭的理性目標的源泉，家庭體現了具有具體價值觀的本性，這些價值觀無法事先確定，而是源於現實的家庭生活。一個孩子為了給母親買禮物而節省零用錢，他這麼做是出於理性行為的基本衝動，他的行為就有了目的。對他而言，追求這一目的本身比任何他能夠抽象地理解的事情都更為清晰。於是，他在家中大出鋒頭，認識到「自由的方式」，通過愛的行動找到了自我和他人。說這樣的一個孩子正在養成異化的習性（因為他的目標恰恰是金錢促成和實現的），聽起來像是某種病態的笑話。

我在前文中，已經把家庭看作以超驗關係爲基礎的制度的最明確實例。這個實例之所以明確清晰，乃是因爲它是一個極端的例子。家庭的所有方面幾乎都不是建立在契約或同意的基礎之上，而且，除非是依據家庭所蘊涵的獨特持續性，否則就無法理解它所產生的各種價值觀。一支球隊形成了一種比特定成員的貢獻更爲持久的認同，這絕不是由於球隊之所以受到重視的持續性（儘管假如球隊缺乏某種連續性，不斷組建和重組的話，它就會變得不那麼有價值）。然而，就家庭而言，連續性的體驗最直接，也是最重要的。父母與自己的子女玩耍，從而重溫了自己的孩提時代。他們還教育子女，後代將來的性格與幸福縈繞於他們的心頭。這種動機向前超越了死亡，向後是對早年依賴性的認識，以及對呵護這種依賴性的父母親的記憶。**在父母與子女的交流中，雙方使過去與未來交匯為現在，這裡就存在著把雙方結合在一起的直接而可感知的超驗關係**。

在父母看來關係重大的是，他們的子女必定意味著什麼，而不單純是任一樣東西。父母爲子女謀取撫育和保障，在子女得到這些東西的時候感到欣慰，這是再自然不過的事情。同樣合乎常情的是，父母希望在離世後把自己所有的屬性傳給子女。所以，遺產使得家庭比其個人成員更爲持久，其本原就在於它是家庭關愛的結果。世襲特權的法則亦是如此。這種情形並非只局限於一個特定的階層。勞工爲了自己的子女（而非任何其他人）的利益而工作的願望，同一位土地貴族的願望毫無二致。對遺產和繼承權的大規

模法律干涉，直接冒犯了最牢固的社會情感。因此，那些深受其害的人不會相信這種干涉具有合法性。在這一問題上，保守主義政治是源於一種根深柢固的社會經驗，並直截了當地維護這種經驗。它力求保全社會連續性，使人們能夠面對他們的祖先和後代。倘若缺乏這種眼光，人們就喪失了繁衍後代的大部分動機，子女則變成一樁偶然之事，一種焦慮，成爲人們的孤立處境的提示者——而且在大勢所趨之下，就並非父母的責任，而是國家的責任剝奪了父母的權力。父母對於自己的子女平靜地抱有一個壓倒一切的願望，那就是：我是什麼樣的人，我珍視什麼東西，都要傳給子女。《尤利西斯》（*Ulysses*）中通常以「伊薩卡」（Ithaca）聞名的一個章節，最出色地捕捉到這種複雜而令人安慰的期望。在這一節中，布魯姆（Bloom）把作爲父親的自我形象投射到斯蒂芬（Stephen）身上②。只要思考這些問題，我們就會認識到，無論人們如何吵吵嚷嚷地宣稱忠於其他的意識形態，在受神經支配的極其莊重的狀態中，他們天生就是保守主義者。

自治與法律

我在前面提及的兩種制度，都是閒暇制度的基本範例。它們是公民生活的必然表現

形式，沒有人會懷疑它們在本質上是自治的，也沒有人懷疑與這種自治結合在一起的價值觀。不僅如此，兩者都孕育了意識形態，並因此認可在制度中表現出來的衝動。在第一個實例中，意識形態的內涵是確切的，它維護了團隊精神、競爭、勇氣和忍耐，以及與對所在地和同伴的特定忠誠相聯繫的一切事物。在第二個實例中，意識形態的內涵更爲廣泛，包含一切有價值的東西，一切有可能「留傳」下去的事物。

不過，法律對於這些制度及其自治要求，會採取什麼樣的態度呢？這是有趣的問題，它清楚地表明了我在第四章論述的各項基本原則。

各種運動的制度無須多少保護，因爲它們的自發性使其不致產生內部的腐敗。然而，從法律上說，它們是一種特殊類型的實體。這種實體極難予以界定，這完全是因爲既要賦予其法律地位，又要保全其自治。這種自發性制度的固有形式是「非自治結社」（unincorporated association），由於不是法律意義上的「人」，這種實體給法律帶來諸多棘手問題。只要具備一個外部目標，那麼爲了保護那一目標所一旦缺乏的資產和負債，自治制度通常總是「組成法人社團」（incorporate）。**由於結社是自發形成的，只去做特定的、往往難以確切表達的事情，所以不可能用法令來規定一旦形成結社就必須組成法人社團。不過，法律仍然不得不加以承認。**於是，法律就保護了不具備法律人格的制度，賦予了它們責任。無法律地位的結社所面臨的重大法學難題，完全是源於這一事

實：其成員彼此之間唯一的合法關係屬於一種契約關係，而這一制度的眞實性凌駕於任何契約安排之上③。因此，這就成爲法律自行調節以適應公民社會的一個生動例證。這還是一個源遠流長的例證，它產生出羅馬法中某些最卓越的知識建構，諸如社團（*universitas*）概念，中世紀時改寫爲它現在的用法。

家庭則更深刻說明了這一觀點。每一個法律體系都包含有通常被稱作「家庭法」的分支，它專門處理家庭這一獨特的成員形式帶所帶來的各種義務。婚姻關係並不是契約性的。婚姻關係是選擇的結果，可婚姻的義務在很大程度上並不明確，因爲它是這一制度本身所帶來的，只有在雙方當事人參與其中時方能發現（下面這種情況是荒謬的，一個男子在妻子患上致命的疾病時說：「我當時沒有商談這種事。」並因此認爲自己有理由離開她）。家庭法已經發生改變，但不是回應個人的要求，而是針對社會安排的變動。該法律所保護的，是被視爲一個整體的安排，而非這種安排所造成的形形色色的個人委屈。（例如，想一想這項法律爲何設法使離婚變得更困難，而不是更容易呢？）人們再次注意到社會價值觀與法律規範之間的共謀關係。婚姻沒有任何外在目標，法律也就無從在任何一個確切的時刻，表明婚姻義務已經終止。婚姻義務將繼續存在下去，直到雙方當事人能夠使法律解除他們之間的關係。

教育

我所舉的兩個實例，闡明了保守主義者在探討意識形態時必然引證的某些基本概念。很自然，在所有發達社會中，這兩個實例及固有的制度都不是孤立地存在。自治制度的數量和社會繁榮的方式一樣多，但並非所有的制度都具有政治意義。我將把教育制度作爲一個主要例證來加以考察，政治家正確地意識到，爲了爭奪社會靈魂，必須在教育領域展開一場重大的戰鬥。一些人贊同這種看法，即教育具備某些內在「標準」，倘若缺乏這些標準，教育不會爲人類生活的價值增添任何內容，另一些人之所以被打動，則是因爲他們認爲，教育還賦予了他們要求進行更廣泛分配的「特權」。透過這場爭論的迷霧，我們辨別出一個至關重要的區別，即作爲手段的教育與作爲目的的教育之間的區別。保守主義者似乎不大會去關注教育是否涉及「特權」的問題。制度的性質決定了每一種制度都會產生特權，並決定特權的分配。對一種內在地形成的特權進行強制性再分配，通常將徹底摧毀制度。例如，想像一下使王位的特權由多人分享時的情形，一旦這種嘗試獲得成功，就將廢止王位制度及其相伴的特權。平均主義者在教育問題上出現了分歧（即使不是在口頭上，也是在他們的實踐中）。一些人想對教育制度進行「調

整」，其他人則企圖直接顛覆整個安排。我並不認爲只有後者是理智地思考了的。

教育是個特殊過程，以其對象是理性（或潛在具有理性）生物爲先決條件。不管推行何種程度與性質的紀律，只有當一個孩子把自己的理智天性運用於這一過程時，他方能接受教育。他學習、討論和思考，但不論有什麼樣的使他埋首書本的約束，他只有運用自身的知性，才能使注意力集中到學習上。教育過程與「訓練」過程迥然不同，把兩者混淆起來是荒謬的。後者如同訓練一匹馬，不存在任何知性的問題，只是要求嚴格的執行。事實上，這兩者之間一直是混淆不清的，「條件反射」一詞習慣上被用來指一切要求遵守紀律的教育，就好像教育過程及其結果，與訓練一匹馬在實質性環節上毫無二致。混淆教育與訓練之間的界限，是出於一個慣常的目的：使教育「去神祕化」，或者說「去神話化」。這麼做的意圖在於，只承認既定權力的「重心」這一格格不入的觀念，不承認人類事務外觀的全部眞實性，不承認這一外觀所包含的各種概念（如一種制度的「權威」的概念）。當然，訓練馬的是權力而非權威，權力只是把眼前這匹馬看作是訓練成將來更有用的馬匹的手段。教育也涉及行使權力，權力被賦予一所學校或教師。但是，人們把學校視爲合法權力，而不單純是既定權力的舞台。當然，現代國家中教師權威的眞正起源，是一個有待討論的問題。用法律手段推行義務教育（更確切地說，是進入學校就讀）所造成的一個不良後果在於，無法把教師的權威解釋爲來自父母

的授權，從而使家庭和學校這兩種制度難以仰賴固有尊重的同樣基礎。教師的權威被認爲是獨立地形成的，倘若除了國家要求服從的固有權利外，這種權威的合法性無法依靠任何公認的假定來確立，那麼學校制度就面臨喪失自治的危險，而且（像在法國和義大利那樣）易於遭受針對國家權威的一切不滿情緒的攻擊。

不過，**學校並未完全被納入國家機器，教育自主權的觀念在公共生活中仍然清晰可見。這再度是因為教育的目標是內在的**。在教育過程中，一個孩子學習追求那些必定是由於其自身的緣故才被追求的事物。（一般說來）人們不會認爲這些事物的價值在於它們所導向的任何目的，而是在於它們體現社會意義的能力（想一想歷史學習、語言和文學學習，乃至最早吸引孩子注意力的自然科學和數學）。在科層制的社會中，教育自然會被當成一種手段（例如，社會進步的手段，或謀求「經濟成長」的手段，乃至降低失業率的手段）。一旦接受了這種觀點，就抹殺了教育的價值，轉而支援其他、通常是更爲物質化的利益。但教育的價值恰恰在於它所包含的各項目標的直接性。學習一門眞正富於教益的科目的理由，是在於該科目本身。教育以及圍繞著教育日積月累地形成的傳統，直接提供了教育本身關於人類目標的概念。

當然，並非人人都把閒暇花在教育上，也不是所有人都能獲益於教育。撇開家庭不論，我們發現各種自治制度之間存在著差異，一些制度適應於某一個人的實現，一些則

適應於另一個人的實現。「自治」理念恰恰表明情況必定會是如此。各種價值觀可以是迴然不同卻又互不衝突的，只要有一個恰當的權勢機構把人們在每一個自治領域的活動聯繫起來，這些價值觀就能夠相對獨立地存在而不會威脅到社會秩序。我將在下一章再回到這個問題上來，但我要首先集中探討一個複雜的教育理論問題，以期揭示教育自主權的確切涵義，以及它具有可取的政治意義的切實原因。

實用性

這個問題就是「實用性」，以及把它引入高等教育人文學科研究時所造成的混亂。英國大學教育的長處之一，正在於已經形成了某些公認的純理論學科，「綜合學位」（combined degrees）則處於次要的地位，這種狀況是各科目的學術水平決定的（這之所以可能，在很大程度上是由於學校所達到的教育水平，其水準往往使一位大學教師能夠掌握英語語法、拉丁文、文學、歷史以及微積分的知識）。人文學科與某些人爲的學位格格不入，這些學位通常是由彼此之間並無明顯聯繫的科目拼湊而成，以圖延續一個或許在事實上在十歲時就已經終止了的教育過程的錯覺。這些人文科系的指導原則就是「實用性」原則，哪怕是那些非技術學科也以此爲原則，而在以往，這樣一種建構似乎

是難以置信的，按照這一原則，教育就成了手段而非目的。

「實用性」原則的首要表現是創立了「二級」學科，或者叫「後設學科」（meta-discipline）。再來看看足球技藝的例子。踢足球無須受過多少理論教育，卻要有熟練的技巧和身體的耐力。「足球」就像是一個美國大學的「課程單元」，但它並非一個純理論學位的合適科目。這並不是在業餘足球愛好者與社會學系畢業生之間做什麼有害的比較，而是重申剛才提到的那個關鍵問題，即**自治制度的性質決定了它們數量眾多、形式多樣，因而一旦把某種制度的目的帶入另一制度的實踐，勢必損害兩者所體現的價值觀**。

現在有一個人，他對足球產生莫大的激情，卻不具備踢球的才能，他希望最好在適意而輕鬆的環境中傳達自己的熱情。另外一些人，同樣缺乏足球資質和技巧，卻愉快地接受了利用公共開支生活三年的機會，在這三年中除了足球什麼都不想。於是，一門叫做「足球研究」的科目應運而生。該科目包括各種不同的作業（或者如目前所稱的「課程單元」）。例如，它開設有《足球社會學》（研究觀眾的結構和球員的「個人魅力」），《足球哲學》（以亞里斯多德論悲劇的宣泄作用（*catharsis*）爲起點，集中探討異化勞動在深受觀眾喜愛的運動中的作用），《足球心理學》（包括乾巴巴地思考人眼是如何感知球的運動，以及關於「足球與無意識」的更爲愚蠢的想法），《足球倫理學》（包括對「社會責任」以及資本主義社會中流氓行徑的眞正起源的研究），《足球

史》及《足球與階級結構的關係》，諸如此類，不一而足。這一科目受到很多社會學家的歡迎，因爲它對勞工階級學生來說是「實用的」，還可以直接應用於當今世界所面臨的社會和政治問題。社會學家認爲，對於「後工業化社會中面臨生存問題」的學生來說，攻讀這一學位比攻讀古典學或神學要更爲實用。這一學位立即被某一新興大學所採用（該大學出於社會學的理由已經取締了古典學和神學）。著名的足球隊急於吸引觀衆的關注，在當地的理工專科學校捐贈教席和獎學金。很快，學術界到處充斥著從事足球研究的教師，領失業救濟金的隊伍中則處處可見他們培養出來的畢業生。

人為學位

上述例證類似於「黑人研究」、「婦女研究」，以及當今美國大學中開設的「同性戀研究」（或目前所知的「同志理論」）的沿革。當本書第一版於一九七九年問世時，足球研究的說法被貶抑爲荒唐可笑，儘管如此，「運動研究」自此之後仍成爲先前專科學校的標準科目（被約翰·梅傑（John Major）升格爲大學，他是我國有史以來第一位眞正不具教育資歷的首相）。把相互牴觸的學科匆匆拼湊到一起，在「實用性」和「社會關懷」領域建立起人爲的聯繫。一旦把教育視爲手段而非目的，隨之而來的必然是對教

育的恣意歪曲。這類最重要、而且事實證明對我們的高等教育最具滲透性的科目，當屬「教育」，這被公認爲是進入教職前必要的初試科目。這隨即導致了「教育學院」的形成，以及教育學畢業證書的僞造，這一文憑既未表明學生通曉了一門科目，也不表明具備了教授這門科目的能力，如今所有想到公立學校工作的人，以及不具備一種非大學訓練的有利條件的人，都必須大費周章獲得這一文憑。這也形成了新的官僚專家階級，所謂的「教育學家」在課堂實務方面強調空想派理論的力量，從而顯示其對於何謂愚昧的涵義所知甚少。於是，「以兒童爲中心的學習」就變成小學的正統，並伴隨了「實用性革命」，該說法認爲，學習必須具備配合兒童興趣的實用性，而這種學習還有待兒童來獲取。

這幾個觀念被卜勞頓（Plowden Report）報告賦予官方地位，這是一九六七年的工黨政府所產生的，該報告傾注了若干老師的熱忱，他們自詡爲肩負國家民族重任的兒童關切者之任務。如此就將焦點由老師轉移到兒童，主張如果兒童不事學習，並不是因爲紀律缺乏，而是紀律過多，藉由鼓吹「個人化的」教學程序，亦即師徒間的關係要改造爲某種夥伴關係，也就是以「主動學習」和「藉由認知而學習」來取代「藉由說明來學習」的傳統途徑——這麼一來，該報告似乎就將責任的重擔從教師的肩上卸下，而不再那麼容易恢復了，就透過我國的「教育」學派所發展出來的絕大多數教育理論而言，

以下的話是很眞切的：該理論之所以可信，並不是因爲其眞實性，與其說它提供了有利的理性論據，不如說它製造出不具知識的「專家們」，也就是不須耗費眞正的心血，就能夠獲取教育的社會利益之若干人等。

自從本書的第一版問世之後，六〇年代的正統學說就一直遭到質疑。在這段期間，**我國的學校卻是遭到如許破壞，以至於在許多地方都不再能夠透過國家體制來得到教育，還有，舊日的社會流動性，也就是使人得以從文法學校和大專院校躋身為職業人的行列之管道，也在迅速消失當中。**就算是沒有其他的理由，單單是爲了這個理由，保守主義者就應該爲保存私立學校而進行鬥爭。因爲他們向來提供何謂教育的眞正模範，而且遵循這樣的模範，可以使國立學校從平庸的沈淪當中振拔出來。

這種「教育」的例證就生動提示了，在虛假的學科僭越了眞實的學科地位時所造成的損害。當然，很難確定使一門學科名副其實地富於教育意義的性質。一些人或許認爲，二級學位的人爲性質，起因於所屬一級學科中人爲的整體性。他們會以某種集中研究演講、姿態、繪畫、音樂、電視、政治以及攝影的所謂「傳播研究」學科爲例，說存在這種「傳播研究」就好像宣佈有某種關於洞孔的學說，它涵蓋了襯衫上的鈕洞，鞋子上的鞋帶孔以及地球上的洞穴，還有「黑洞」、鎖孔以及一個論點中的漏洞（或許這種科目會冒險確認勞倫斯・斯坦恩（Laurence Sterne）④如下斷言的正確性：「從鎖孔來到

世上的罪行和邪惡，要比通過所有其他洞孔的加起來還要多。」」假想的「洞孔研究」學科的荒唐與「足球研究」、「傳播研究」或「媒體研究」的荒唐不同，前者的荒謬更像後者在大陸的競爭對手、主導著義大利和法國尚存的人文學科的「符號學」。這種荒唐源自所採取的既未表明任何理論根據、也不可能有其他任何根據的一級學科分類。一級學科儘管不具備理論上的整體性，卻依然具有實用方面的整體性。一些主要的人文學科，如英語，古典學、歷史等，在其研究中既不一定有理論，也不一定涉及應用，卻必定有著某種比理論和應用更難以掌握、更有價值（由教育的觀點來看）的東西。

像這種「教育」或「媒體研究」的人爲學位的眞正失誤，在於其二級的性質，以及隨之而來的不應有的「實用性」。正是這一點，使得該學科在一定程度上妨礙了對所設科目的嚴肅認識。來看看假想出來的「數學研究」。這一學位的對象是厭惡講求精確、枯燥的老式數學的人，那些人想從「更廣泛的背景」研究數學，認爲數學是潛在地與後工業時代所面臨的問題相關。這一學位開設的課程包括：《數學社會學》（研究「喪失特權的背景」對數學家的影響，數學天賦對社會地位的影響），《數學心理學》（除專門研究「無意識」的「課程單元」，它仍然極爲枯燥），《數學哲學》（儘管不具備任何邏輯能力，卻堅持使用「辯證法」思想的行話），還有《數學史》，再加上選修課《數學藝術》、《畢達哥拉斯的宇宙論》、《數字象徵主義》和《數字2的通史》。沒

有人會認爲，這種科目能夠培養數學或任何其他方面的能力。人們無法判定，適應這一科目需要具備何種智力水準，或者能培養什麼樣的價值觀念和行爲準則。這一科目純粹是玄想，就連教育學家也會認爲把它強加給學生是不公平的，至少，是在「深入的研究」之前。

這類科目的弊病，並不在於無法從中獲得任何謀生之道（因爲幾乎所有的純理論科目都是如此），也不是因爲它不符合科學原理（因爲英語和哲學也是這樣，但這兩門學科卻向來被最嚴肅的思想家看作純理論學科的絕佳代表）。這門科目的錯誤，完全在於沒有批判性地思考一個可資識別的學習領域，從而也就毫無教育意義可言。眞正批判性地評價數學，還有待於那些具備數學天賦之人。「數學研究」學位不可能培養出檢驗或辯駁一個數學證明的能力，也無法形成在細緻縝密的批判性思考中得到證明、並且能夠舉一反三地加以應用的任何其他智能的成就。二級科目既沒有獲致確定無疑的答案所需的科學方法，也不具備更難以把握的人文學科訓練，而只有這種訓練才能夠培養出眞正的批判性智能。

批判性智能

我們很難給批判性智能（critical intelligence）下定義，因爲很難用特定教育方式以外的術語，來清楚表明教育的眞正價值。讓我們來看看另一個實例，歷史學的例子。歷史學並不是一門眞正意義上的科學，它的理論概念不多，也沒有任何實驗方法。對於所研究的事實，歷史學不是按科學規律，而是從日常的回憶和理解的角度來加以考察。然而，歷史研究與其說涉及自覺思考自身的「方法論」，不如說是把智能直接運用於那些事實。我們所說的歷史見識，包括歷史推論、理解歷史進程以及應用知識訓練來評價各種相似與不同事實的能力，它既有別於實際知識，也有別於哲學反思。一位歷史學家有時解釋事實，有時又只描述事實；不管怎樣，他總是把彼此互爲表裡的事件聯繫起來，流露出對人類本質的某種認識。伏爾泰（Voltoire）、蒙森（Mommsen）和休姆（Hume）（譯註：十九世紀、二十世紀初德國史學家）之所以成其爲偉大的歷史學家，完全是因爲他們對人類事務有清醒的認識；雖然歷史分析的前提是準確性，但沒有歷史見識，單純強調準確性就是毫無意義的。沒有誰會認爲修昔底德的不拘一格是其歷史認識的瑕疵。正相反，他才華橫溢的「戲劇化」表現手法，清晰易懂地以一切歷史「科學」都無法企及

的方式描述了完整的人類事件。只有透過這樣的事例，才能理解「批判性智能」的概念。

我就歷史學所談的看法，也同樣適用於古典學、哲學和英語，至少人們通常總是這樣認爲的。二級學科就完全不是這麼回事。顯而易見，「實用性」學位要麼與一門嚴肅的一級學科相聯繫（於是，就好像數學比「數學研究」更爲重要一樣，一級學科自然要優先於二級學科）；要麼二級學科就是完全獨立的。在後一種情況下，二級學科根本不涉及任何一門學科。因爲這樣一來它不具備任何作爲研究對象的連貫事實，不具備任何應用於這些事實的批判性方法。

我認爲，所有這一切應該再明白不過，但實際情況顯然並非如此。不光我們的孩子不得不每天面對騙人的「教育理論」（它的優勢地位表明，那些極爲熱愛和了解一門既定科目的人，肯定最不可能在公立學校中講授該科目），還有跡象表明，**政府將會聽從那種把教育看成達到目的的手段，或充其量是種應用技術的分支的見解。於是，在持這種見解的人士看來，二級學科成為真正的理解力和有益的專門知識的源泉。**例如，在關於工業民主問題的布洛克勳爵（Lord Bullock）委員會中，一名重要成員是沃里克（Warwick）大學的「勞資關係」教授（這一科目與前面提到的「足球研究」並非毫無相似之處）⑤。這或許就決定了該委員會報告具有一個最不祥的特徵，即不加鑑別地採納觀

點，例如這樣一個（呼應卜勞頓報告）觀點：「自我表現」實質上是「創造性」的，「教育」已經取得了前所未有的進步，因爲孩子們被鼓勵面對課程「自己做出決定」，而不是去「接受權威」。實際上，在這份報告有可能插入一種觀念的地方（這種地方很少，因爲當時的執政黨已經預先決定了報告的前提和結論），我們都發現了類似於社會學祈禱書的痕跡。

這種社會學祈禱書的錯誤之處，並不在於包含了明顯的虛妄或不得人心的偏見。它的錯誤在於體現了極力脫離其學科的傾向。社會學祈禱書完全是「二流頭腦」發出的淺薄的胡言亂語，這種冗長的廢話用現成的概念取代批判性認識。這樣一種頭腦無力使其概念經受現實的檢驗，也無法憑藉其概念庫存來認識現實。其概念在本質上是虛假的，往往是來自既沒有方法也不具備理論的學科；客觀事實的複雜性必須運用批判性智能而非科學理論才能加以認識，客觀事實從本質上說是難以表述的，任何事物，哪怕是缺乏概念的頭腦所仰仗的盲目的統計資料，也無法掩蓋這一點。在二流頭腦看來，社會現實不僅無法理解，而且難以察覺。在此我們的確擁有了眞正的異化者的「頭腦」，對於眞正異化者而言，對手段的追求業已抑制並泯滅了對目的的認識。

我已經用相當篇幅來詳盡討論高等教育的實例，這是因爲它說明了我想歸納的最重要的原則問題。

首先，這個實例表明，如傳統所認爲的那樣，教育的目的是內在的，因而教育的目標與我們實現這些目標的手段密不可分。正是在這一意義上，也只有在這一意義上，教育制度是自治的。教育機構在財政上依賴於國家的資金，並不一定會影響教育制度的自治（雖然事實或許相反）。在這一問題上，正如過去曾仰仗於教會的態度那樣，現在一切都取決於國家的態度。當然，如果積極追求「社會目標」的那些人，以及不承認任何獨立理性的有效性的那些人掌握了政府，那麼一切自治制度都面臨危險。這是一種政策失誤。這種失誤並非「社會正義」目標所特有，也同樣產生於對經濟成長、國際強權或種族純粹的片面追求（卻不包括對傳統的追求，因爲追求傳統是內在於傳統這一制度中的目標）。

其次，這個例子說明，**由於其目標是內在的，教育就能夠形成、激發和維繫人們的價值觀**。實際上，教育意味著傳統所形成並指向普遍接受的目標的「共同追求」。從事

教育就是構想一種共同體的形式，渴望教育就是渴望融入那個共同體。在這一追求的過程中，異化之爪放鬆了，夥伴關係應運而生。當然，這種夥伴關係極難描述，但正如它在娛樂和運動制度中表現出來的那樣，這種夥伴關係也體現於教育這一制度的生存能力之中。這裡表明了與教育目的相關的某種東西，因爲教育的目的就在於培養人們參與這種社會互動——表明了教育目的與人類生活息息相關的因素，在追求這些目的時，人們能感受到這種因素的存在，在設法描述時卻又喪失了。

價值觀與制度

應當指出的第三點是，對教育的追求（或參與任何此類自治安排）中所固有的價值觀，未必會歸結爲行爲方式、法規體系或「有益於人」的理想。更確切地說，這些價值觀在於提示了人類世界，提示了憑藉理解進入那一世界的途徑。所以，教育觀與文化觀並行不悖。一種文化形成的語言能更好、更準確地表達一切理想和道德規範。這也並非教育獨有的益處。每一種允許人們爲了活動本身的緣故而重視該活動的安排，也提供了據以認識生活目的的範式。上班族的俱樂部、商人的小艇船塢、各種城市和鄉間生活機關和團體，無論這些事物看起來與某種勢利的夥伴關係理想多麼遙遠，實際上都是人類

社會的要素。借助這些事物，男女兩性能夠界定自己，找到據以表達其共同本質的語言。這類制度有一種「預感」，憑藉這種預感就可以確定其他的目標，有時還能夠說明那些目標。一種自治制度提供了語言、習俗、傳統和夥伴關係，成員能夠在餘生保持這種心理結構，以此認識作爲政治存在的自我。實際上，人們會把自治制度看成入會儀式的替代物，人類學家認爲是進入部落的門戶之物。

上述看法使我們認識到，有著內在目標的自治制度，或許還具備外在價值。來看看友誼的例子。友誼的內在目標是所愛的某人的幸福，但友誼的益處不止於此。身爲朋友，個人渴望得到的東西僅僅是其所得的一部分。例如，他得到了彼此的友愛和自身的安全感。他並未以自己的所得爲目標，因爲那樣就把他人當作一個手段來對待，從而否定了友誼的宗旨。同樣，只有當一個人爲了教育本身的緣故而渴望接受教育的時候，他才能完成教育過程。他的所得絕不僅於此，他將獲致溝通、勸說、吸引和支配的能力。在任何一種社會安排中，這樣的能力必定會形成優勢；哪怕這些優勢是教育的必然結果，也決不能把教育當成獲得這些優勢的手段來追求。

鑑於教育的性質取決於內在目標，因而只有摧毀該目標，才能消除教育所造成的社會優勢。「實用性」精神完全與這一目標背道而馳。同樣，保守主義者支援教育「水準」的理想，也是在訴諸一個目標，要認識這一目標，只有如我已經做過的那樣，通過

求教於各種學習的制度，而不是求助於那些制度偶然地賦予的任何有利條件。事實上，制度的自治**必然**要求強調水準；一制度並沒有規定性的目標，除非它意圖正確地處理問題。這無疑意味著**一種制度不得不是選擇性的，這種選擇性不僅針對那些參與管理的人，也涉及那些它有選擇地認可的人**。一所大學和一支足球隊一樣，不會隨意允許加入；假如我們按照從成熟到出生的回溯順序來看待教育的這種要求，我們就不得不承認，我們總會在一個時間點上最為迫切地追求教育的價值，就在這個時間點上，會出現若干形式的選擇。

此外，雖然絕非袒護某種選擇方式以反對其他選擇方式，但教育的選擇性確實直接把特權賦予準備得更充分而進入教育制度的那些人，例如，在父母的鼓勵下閱讀和寫作的人、具有更佳天賦的人，以及私人學費來源有著落的人。哪怕我們不具體涉及現行的各種教育安排，包括出於社會平等目標而放棄了教育目標的安排，我們仍不得不承認，家庭制度與日後為兒童面對成人世界做準備的各種制度之間，不可避免地有著某種共謀。除非我們把嬰兒從母親的懷抱裡奪走，把他們放到養雞場飼養，否則就不可能消除這種「機會的不平等」。不過，要想徹底根除這種機會的不平等，或許可以透過剝奪有天賦孩子的某一部分稟賦，也就是說，用錘子不斷敲打這些孩子的腦袋，或者是切除他們的一部分大腦。

自治與優勢

如今，自治制度所賦予的社會優勢，並非都是同一類型。某些制度僅僅爲成員提供了夥伴關係，另一些制度（如教育）則爲那些並非必然參與的人提供了不明確的可能性。自然會出現這樣的情況：某些人不希望自己的領域無限擴展，也就是說，不希望擴展到賽艇俱樂部或公共住宅的範圍之外。另外一些人則希望如此。於是，雖然從每一種制度都可獲致並未包含在其目標中的特權，這些特權卻不會具有同等的價值。一些特權使人們形成一種新的關係，其他特權則只能形成同樣性質的關係。在前者，目標的實現還帶來了社會流動性這一禮物，教育的情形就是如此（我認爲，這即便不是一個先驗的（*a priori*）眞理，事實也將證明是一個歷史的眞理）。

自治制度的連續性已經指明了社會形成不同階層的趨向。從某種程度上說，**教育賦予的優勢可以在不同代人之間傳遞，即便不能如此傳遞，也不可避免把能夠獲致這種優勢者與無法得到者區分開來。這一例證附帶表明了以「機會平等」為目標的荒謬性。**類似機會平等這樣的東西既無可能，也不可取。一個愚鈍的孩子怎麼會有機會去分享一種要求智能的制度所賦予的優勢呢？這個孩子的情況，和一位相貌平平的女孩與一個漂亮

女孩競爭模特兒職位時的情形如出一轍。提供平等機會的企圖，除非包括採取一種匪夷所思的大規模強制性外科手術，否則純粹是一個不明就裡、頭腦不清的錯誤。

然而，我們立即發現正面對一個重大的政治問題：不可能提供普及教育。實際上，普及教育也不是値得所追求的。因爲，對學習的胃口只是在一個特定的方向上指引人們，它引導人們離開他們本來可以得到滿足的那些領域。社會上有多種職業，從負責一座鐵路信號站到管理一家銀行，這些職業需要很高的天賦才能，然而或許吸引不了某個爲教育的益處陶陶然的人。對於社會來說，關鍵在於它包含和其成員所可能要求的滿足一樣多的「各行各業」（walks of life），還賦予其應有的尊嚴和酬勞。社會總得設法透過維護教育制度之外的各種制度，來維護商業、職業和產業中的美德，只要那些制度不把有天賦者完全壓榨到不再想去做他們本來願意去做、而且能夠做得很好的程度。這一關鍵的信條很難旣淸楚表述，又聽起來不是贊助意味或極權主義的。因爲人們似乎接受了應當「限定」或「指定」其地位的看法。這未必會令人相信，國家權威應禁止或鼓勵任何特殊的公民採用任何特定的生活方式，當然，前提是那種生活方式構成了公民秩序的組成部分。

很難想像這樣一個社會是令人滿意的社會：每座鐵路信號站都由社會學專業的大學畢業生掌管，每家工廠都由哲學家管理，每塊田地都由律師耕種。實際情況必定是，國家包含了各種與這些職業相通的制度，人們也可以在不採納某種特定教育目標的情況下利用自己的閒暇，並得到報償。面對這個重大而複雜的問題，國家又持何種態度呢？

事實上，近年來國家已經流露出對這個問題的態度，一種業已證明對社會價值觀來說具毀滅性的態度。財政部的獨斷專行已經導致，在那些不具備教育資質的孩子早已明顯表露出不願接受教育之後，他們仍必須長久待在學校裡。換言之，教育制度在很大程度上被當作降低失業率的一個手段。有兩個原因造成了這一狀況。首先，教育機構具有堅定而明確的內在目標，這使其能夠經受住相當嚴厲的責難。其次，教育機構逐漸依賴於政府的扶持，因而樂於呼應政府的政策。在此我們發現，自治是至關重要的，一旦在財政上依賴於國家的話，自治立即遭到破壞。

國家這種態度使閒暇問題變得尖銳起來。這不僅僅是由於教育制度已經屈從於與其內在目標相牴觸的壓力。更爲重要的是，人們已經忽視了那些使懶惰轉變爲閒暇的對立

性制度。倘若沒有這些對立性的制度，孩子要麼被迫忙於接受教育，要麼仍然毫無益處地待在學校裡，直到臨近成年時，被突然拋入一個期望他既工作又自行消遣的社會之中。工作之缺乏必然會使消遣之缺乏變得漫長而難以忍受。

不應當低估這裡面存在的問題。人們可以創立、賦予和透過書面許可來保護自治制度。這些制度具備法律地位和固有的權威。然而，它們並不是政府制度。它們是公民社會的組成部分，其力量源於社會。國家可以利用這些制度，如果國家不強迫它們屈從一個外在目標的話，這些制度就能夠繼續存在下去。但國家總是面臨把各種制度限定於預定的框架之內的危險。國家把自身的權威讓渡於某一種制度，國家的權威就不再施加於那些與之對立的制度。若干對立的制度衰微了，勝者則面臨被納入科層國家之中的危險。

那麼，在那些並不渴望教育的益處，或者說無法獲益於教育的人看來，情況又是怎樣呢？不顧他們的意願、強迫他們把童年的時光花在對教育的徒勞追求上，這肯定是對他們極大的不尊重。**必須有各種對立的制度，而且這些制度必須具備類似的權威性。即使這導致社會分層大家也必須接受**。正如我們的討論所表明的，任何時候都會形成社會分層。即便把所有人都強制趕入教育的工廠，仍然會有一些人脫穎而出，另一些人則沒沒無聞。

我們又能構想出什麼樣對立的制度呢？在工業化生產的力量面前，學徒期的習俗顯

得黯然失色。它雖然是工作的一部分，卻表現出工作與閒暇之間的連續性。行會的慣例，以及伴隨著大衆娛樂活動並使之合法化的各種俱樂部和團體，也出現了與此大同小異的情況。所有這一切都存在一個程度問題。看看美國鄉村社會的例子。它既不野蠻，也不開明，也不墮落。它對外面的世界沒有多大的興趣，即便如此，它似乎能夠自得其樂。我們卻可以在這個社會中找到激增的各種俱樂部和團體，乃至歐洲業已消失的各種工匠的古老習慣。這部分要歸因於政府沒有干預。美國並不傾向把公民納入與之不相容的模式之中，雖然由此導致的各種亂烘烘的孩子氣怪癖行徑，對外來者沒有多少吸引力，但很淸楚的是，對於美國的創立者來說，這種情況具有相當大的安撫作用。各種自治制度的迅速繁榮導致了最大限度的社會分層，儘管這種社會分層顯得雜亂無章。

因此，或許可以證明，國家與教育之間的鬆散聯繫對英國人有益無害。其他制度會形成以給他們安撫，他們因此可以透過法律來獲得各種許可和保護。來看看下面這個例子。一個孩子對電著了迷，他把電當成一種嗜好，設計電路圖，擺弄燈泡。電因其本身而變得有趣。我們不會像德國文豪席勒（Schiller）那樣相信，正是在遊戲中，人類精神首次發現了自身⑥；但我們至少會同意，遊戲具有一種獨特而直接的價值。

我們的孩子也是透過娛樂，來掌握職業的初步知識。他在日後的生涯中成爲一名電工技師時，他的閒暇會毫無痛苦地融入工作之中。當然，一個孩子過分投入地專注於自

己的嗜好，便不可能使他成爲有吸引力的玩伴。但是，他可以與其他具有相同想法的人交往，從中找到社會安慰，他會向他們學習並透過他們來學習，按照他們所分享的共同宗旨來塑造自己的性格。這一過程最終導致電工技師行會的形成。這一制度對於參與者具有獨特的價值。它會進一步以社會生活的習俗和禮儀來美化自身，成爲閒暇和工作的焦點。

這一例證與當代的現實相距並不遙遠。它說明了兩個問題：第一，如果不加干涉的話，各種閒暇制度會因社會需求的不同而不同。第二，如我設想的電工技師行會那樣，某些制度在意識形態領域將是貧乏的。它們不會產生社會流動性或教育所賦予的社會實力。假如社會分層會帶來危險的話，這一點或許事關重大。但如同我們將要看到的，這一點無關緊要，因爲社會分層並無危害性。

要把這樣的想法轉化爲政策並非易事，除非我們阻止傳播各種毫無教益卻佯稱有教育意義的欺騙性制度，同時，盡可能鼓勵與上述制度相抗衡的活動。但是，把信條轉變爲政策，其難度無異於根除公民社會的異化狀況。所以，異化現象並不令人驚奇，因爲這一問題並非一劑萬靈藥就能解決的。異化要麼一點一滴地消除，要麼就完全無法消除。

結語

在這一章中，我探討了某些確定了社會生活目的的制度。我堅持認爲這類制度必須是自治的，必須集中於內在的目標。我還想表明，使這些制度從屬於外部目標的企圖，既危險又不得當。國家在這一問題上的作用，是扮演警衛及養父母的角色。國家不能侵犯閒暇制度，否則就會爲了自身的需要濫用這些制度，而在這一過程中又看不到那些需要究竟何在。

我們已經看到，各種重要的保守主義天性，在閒暇目標中得到拓展。對連續性的渴望、忠誠的關係、對卓越的追求，乃至社會本身的分層，所有這一切都是自治制度自然乃至不可避免的結果。可是，我們現在面臨一個問題。如果說這種自治的後果不會招致嫉妒和怨恨，我們就會想知道個究竟。這就引導我們達到保守主義觀的巔峰：一個合法的權勢機構的理想。

註釋

①原註：仍見約翰・凱西（John Casey），〈傳統與權威〉（Tradition and Authority），前引書。

②譯註：伊薩卡是荷馬史詩《奧德賽》（*Odyssey*）中英雄奧德修斯（Odysseus）的故鄉。喬伊斯在創作《尤利西斯》時採用了與《奧德賽》情節平行的結構。在第一章中，斯蒂芬離開生身父親，去尋覓一位精神上的父親，即主人翁布魯姆。第三部第十七章的標題即為「伊薩卡」。

③原註：例如，菲茨傑拉德（P. J. Fitzgerald）編，《薩爾蒙論法理學》（*Salmond on Jurisprudence*），倫敦，一九六六年第十二版，第三二五頁以下。

④譯註：勞倫斯・斯坦恩（Laurence Sterne），英國幽默小說家。

⑤原註：發明這一科目的是康乃爾（Cornell）大學，該大學的勞資關係學院樹立了其他地方學院的典範。

⑥原註：席勒（F. Schiller），《美學教育書簡》（*Letters onf the Aesthetic Education of Man*），威爾金森（M. Wilkinson）和威洛比（C. A. Willoughby）翻譯及編輯，牛津，一九六七年版。

8
權勢機構
Establishment

只要我們考察權勢機構這一理念，上一章中的某些問題就不會那麼難以把握了。這一理念已經給保守主義者帶來了一些麻煩，部分是由於他們與自由主義的親近，已經使他們從錯誤的目標、從個人的立場來看問題。我們現在業已超越了該立場，因而必須嘗試用更多的政治術語來系統闡述我們的觀點。

權力與權威

權勢機構（establishment）既包含權力、也具有權威①。權力與權威彼此相互依存的假定（我在第二章中爲之辯護），是一個貌似眞實的假定。缺乏權威的權力是「鬱鬱寡歡」的權力。它「不受約束」地遍佈於世，四處散佈暴力，卻絲毫未贏得尊敬。權力轉化爲權威，就賦予了權力以認可，從而消除了權力中專橫力量的因素。權力與權威彼此相互尋覓。它們的相互探尋就構成了政治進程，兩者交會則孕育出權勢機構。

這種結合過程也存在於個人生活之中，其政治上的重要性同樣得到確認。看看情愛的例子。愛情擁有巨大的權利，並且要求得到滿足。它最初的姿態是指向某種既害怕得到又渴望獲得的東西，因爲愛情的力量會超過體驗到愛的個人的力量。然而，令人吃驚的是，即便是一個像我們這樣的社會，**浪漫的愛情要比源於它的法律形式受到更為嚴肅**

的對待。那些法律形式仍然被視為必要。妻子與丈夫憑藉法律約束的權威承認彼此的存在。於是，一種基本的社會力量逐漸形成具有權威性的關係。由此形成的法律，必定關注它所產生的紐帶這一被感受到的現實，而不是最初的兩情相悅。在婚姻形式之外，存在著並且將總是存在愛情。但是，要求以各種婚姻形式來體現的，恰恰是愛情而非其他的力量。在這些形式中，愛的狂熱消失了，其強度則保留下來。一種既定制度的權威保護尋求權威的權力，並使之變得易於理解。對愛的日常需求轉變爲一種毫無痛苦的儀式，卻絕不會放棄必不可少的權力；一個人付出愛卻遭到背叛，這個人迷惑而悲傷的情緒要化作一種受到侵犯的權利，才變得可以理解。

這個例證表明了一種政治意義。權勢機構必須具備三個要素：權力、權威以及兩者結合到一起的過程。另外，權勢機構的長處，部分在於它軟化了權力，形成了使權力變得易於理解的權利。

地方政府

一些保守主義者不理解，權力的確立何以被證明是正當的。他們謀求透過某種權力下放的程序來瓦解權力，而不是謀求建立權勢機構。這種權力下放的目標不是中央政府

而是地方政府。我們要準確說明權勢機構的實際涵義，重要的一點就是要理解上述做法的錯誤，以及隨之而來的、在英國實施的「地方政府」的欺騙本質。

地方政府是使美國得以形成的實體。然而，各個州保留下來的單獨的權威越來越少。憲法機制一旦發育，就能夠構建並革新公民社會，不僅紐約和華盛頓是如此，奧勒岡和阿拉巴馬也是這樣。各州保留的這種自治，開始被認爲是來自中央政府的授權，而中央政府的法令對各州具有最終的約束力。直到相對較晚近的時期，並且是在國際政治的壓力下，合衆國這一模糊不清的觀念中才衍生出一個美國國家的概念。這一概念之所以能夠形成，正是由於地方既定的特權不斷讓步於既定的中央權力。保守主義者傾向於爲此感到後悔，因爲聯邦的權利以及作爲審理機構的最高法院，都掌握在自由主義者手中，並無所顧忌將自由主義的世界觀強加在農業美國的保守主義社會之上。不過，筆者不認同所謂「國家權利」的再確認能夠改善這種情況的說法。正因爲自由主義忽視了地方忠誠，並宣稱能夠代表普遍人性，所以是種不寬容的信條；它同時也是當代菁英的信條，亦即爲了社會成就及經濟成就而進行的自由競爭下的副產品。美國保守主義者的困境在於，他們註定要受到若干人的教導、奚落以及統治，那種人的主要關懷，是人們應該（套用盧梭聲名敗壞的語詞）「被迫得到自由」。

英國的地方忠誠已被深埋在歷史中，只留下傳說般的力量，「權力下放」的倡導者

也不會眞的認爲，他們在把人民曾經放棄的某種東西歸還給他們（即使在一位蘇格蘭國王的繼位導致一項明確的《合併法案》時，也沒有出現上述情況）②。地方政府只是委託的權力，不能把它視爲公民的一種自然的或優先的權利。正是由於這一原因，雖然在美國，國家的力量大部分源於分立的各州，在英國，地方政府的許可權並未表明政治機體的力量，而是暴露出政治機體的缺陷。我們肯定無法以這種方式得出或證明權勢機構的觀念。

如果說英國存在著名副其實的地方政府，國家憲法就會引導我們期望它所行使的是種委託的權力。我們看到的事實正是如此。不過，說實在的，英國憲法的框架內能夠容納其他的某種事物，某種更爲健全的東西。這種更爲健全的安排寧可**把地方政府完全看作行政組織，由當地人民提供財政資金，提供和維持那些已經由協定和傳統所掌控的服務。維持這些服務，既是為了出資社區的利益，也遵循了某些秩序與慈善事業的既定原則**。甚至可以像現在這樣，規定一種代議制的程序，以期使那些把錢交給地方當局的人們可以看到，他們的錢沒有浪費，也未濫用。或許我們還可以進一步假定，由地方政務委員會負責組織本地的活動、比賽和儀式，這樣就以華格納極爲出色地描繪的「紐倫堡的名歌手」（Mastersingers）③的小議會的方式，賦予共同體以公民生活的全部特徵。地方政務委員會的成員，可以用任何方式（而且不一定非要以民主方式），從關心本地社

區同一性和連續性的那些人當中選出。他們制定的地方法律只是對習俗的認可，高一級法庭能夠廢止這些地方法律。這樣一來，就如同中世紀時所產生的一般，城鎮並非在法律上自治，而僅僅在習慣上自治，它產生於成員的閒暇，成爲公民生活價值觀念的象徵。除擁有社團的權力之外，這種安排再無任何權力，服從於國家成爲其主導原則。它所具備的權威乃是習俗的權威，這種權威不應受到輕視，而是（如漢斯・薩克斯（Hans Sachs）④所承認的那樣）需要加以某種保護。

這樣的安排應當是人們所追求的地方政府的理想，它並非權力的委託，而是公民資格的制度。現在，設想一下以這種方式組成的社區，它籌措了一筆公共基金，出資提供學校、警力和各項服務，還有權提供住房，救濟貧困。基金的管理者能夠根據需要徵收地方稅，還可行使有限的強制性權力。這樣一來，我們就從行政管理的觀念轉到了既定權力的觀念。爲此，我們假設有這麼一個地方政務委員會，它試圖以強制收購的方式，獲得各條街道上已經有人居住的房屋，以便代之以昂貴的新住所，提供給那些既非該社區公認的成員，也不是眞正貧窮的人。我們再假定，它提出這一計畫作爲主要的開支專案，並爲實現這一計畫謀求提高地方稅。鑑於我爲地方行政部門設想的法律地位，這種機構就辜負了人們的信任，該社區的成員將不再負有繳納地方稅的義務。

在地方政府的現行程序中，我描述的情形並非難以想像，也的確是時有發生。這種

情形是如何出現的呢？首先，法律規定使得拒納地方稅成為一項刑事犯罪，一旦採取這種國家行為，地方政府立即接受了巨大的委託權力。它不再受信託法的任何變體（不論它有多麼複雜）的支配，只受制於更為溫和也更為累贅的行政法。這種法律不具備既監督行政決策的形式，也控制其內容的衡平法原則。不僅如此，我列舉的例子表明，行政機關根本不打算，把自身的資源以象徵性或變化的形式歸還給提供了這些資源的社區；它有著外在目標，如「社會正義」或政府政策的目標，這些目標使行政機關不僅需要當地人提供資源，還需要中央政府提供資源。任何地方習俗的資金都不會使這樣的機構合法化，因為它已經服從於國家的目標，成為一個龐大而散漫的行政部門。由於中央權力的大規模授權，地方政務委員會本身成為國家政治的組成部分：它依照議會的政黨結構組成，成為志向遠大的政治家的實習場所。這樣一來，一家商業卡特爾能夠像六〇年代的新塞（Newcastle，紐卡斯爾）所出現的情形那樣，借助一個全國性政黨的權力和權威，來壓服所有本來會反對它的地方情緒。結果自然會使規劃法變得一文不值，也使得「本地」學校的想法變成憲法虛構。

顯然，倘若在下放權力的道路上越走越遠，國家將日益分裂，並且越來越易受到腐敗侵襲。上述例證表明，英國的權勢機構並非產生於地方層級，而是由統治權力的過濾而來。可是，轉化過來的往往是不負責任的權力（power without responsibility）。公民的注

意力和興趣總是被轉移到權力的源頭：中央政府和爭奪政府管理權的政黨。這樣，「地方」代表永遠無須認爲要對選舉自己的那些人負責，而是對在民意上握有職權的國家政黨負責。如果眞的要在英國產生眞正的地方政府，首先就應該要求禁止國家級的政黨參與其中。。

授權與認可

我擁護那種不從屬於政府目標的自治制度。我們要考慮的問題，不是這些制度怎樣才能成爲被授權政府的工具，而是它們如何才能得到既定權力的認可。這個問題至關重要，因爲在我看來，只有透過某種認可的過程，才能最終消除由從屬制度的多樣性及其導致的階級分化造成的緊張狀態。

如上述例證所示，權力的委託本身並不意味著權威的委託。國家的權力分配給本應直接對公民負責的組織，就削弱了國家的權威，卻沒有提升從屬性制度的權威。權威變爲赤裸裸的權力，但削弱了權力；這樣不會產生任何眞正的忠誠，有的只是源於強制的忠誠。因此，每一項把權力與政府的尊嚴分離開來的授權，不僅會削弱國家的權力，還會造成國家權威的下降。正是出於這一原因而非經濟學上的信念，保守主義者才反對私

營工業的國有化、行政機關的擴大、「諮詢委員會」無休無止卻又毫無成效的活動，以及已然妨礙政府自身的所有官僚和半官方機構。

權力與權威彼此相互需要。**單純委託權力將削弱權威的核心。反過來說，權力與權威並存，就能形成從屬於國家權力的新權力**。這樣一來，這些權力獲得了只由國家提供的權威的光環。我把這一過程稱作認可（ratification），意味著把那些半自治權力（quasi-autonomous）當作單一統治權威的臣民聚合起來。這樣一來就很清楚，認可必定會形成。如果國家存在一種不受約束的權力，國家勢必不允許它形成自己的權威，黑手黨的情形就是這樣。它必定要麼被國家所摧毀，要麼從國家那裡獲得權威。

爲了闡明認可概念，我將考察各種不同的例證。我將從國家制度著手，在這種制度中，權力和權威不可避免地殊途同歸。在得出認可的必要成分的確定結論後，我將考慮另外兩個例子。第一個例子是教會，它是一種正在喪失權威的權力；第二個例子是工會運動，它是一種試圖重新獲得權威的權力。透過考察這兩種處於權勢機構邊緣的權力，我們將了解處於核心的是什麼，以及應該是什麼。

國家制度

我就自治制度所做的說明，經過修正後大都可以應用於那些其首要目標不是內在目標的制度，尤其是國家的從屬性制度。我將簡略地考察一種這樣的制度，以表明外在目標既會遠離參與者的實際動機，也會與該制度的權威緊密地結合在一起。我所選擇的制度是軍事制度，尤其是軍隊制度。這種制度並不屬於公民社會的制度，而是一種國家制度。它不僅直接代表國家的權威，還代表國家的權力。

軍隊的首要目標，是以暴力手段達到國家無法以其他方式實現的一切需要，如抵禦外敵、鎮壓叛亂、征服合意的領地（我們不去考慮所有這些目標在當今是否明智或切實可行，「國防」並非一個根本性的信條問題，而是一個把誰看成敵人的問題）。如今，軍隊的首要目標往往尚未明確。在和平與秩序井然的時期，軍隊無事可做。不過，軍隊在這些時期仍自始至終維持著自身的社會生活，這種生活不能從分派給它的外在目標的角度來理解。軍隊有自身的習俗、參與方式、社會性的和個人的慣例，亦即這些東西構成了軍人生活特徵。那些慣例中包含許多內在目標和價值觀念，榮譽和戰友關係的目標，以及嚴格的義務。這些價值觀念雖然明顯有助於維持軍事紀律的目的，卻對士兵的

生活產生了超過其職業要求的影響。**士兵會把在軍隊獲得的自我形象帶回到平民生活中，這一形象反映了軍隊的外在目標，並始終洋溢著特定的自我確證的精神特質。這種精神特質有助於形成對既定權力的尊重。**

個人、職位與儀式

就形成對既定權力的尊重而言，軍隊這一安排的某些特徵顯然具有超乎尋常的重要性。第一個也是最重要的特徵，是個人與職位的分離。這一點在軍隊中表現得最爲明顯，卻是眞正權勢機構的一個基本特徵，構成了權勢機構對所有未直接參與者的吸引力之一。個人與職位的分離使一個人直接認識自身，認識到自身的權力和地位，這種認識與他所具備的任何有助於得到擁戴的個人特質無關。士兵必須尊敬長官，這不是因爲那位軍官的人格，而是由於他的職位。只要領會了這種區別，士兵就形成了一種公共秩序的觀念，他與他的長官都從屬於這種秩序。當然，人格與職位彼此相互作用，所以一個不稱職者會損害職位的尊嚴，可敬的職位會提高一個人的尊嚴。然而，正是對於兩者之間差異的認識，賦予了職位及其責任以一種在其管轄之下的那些人眼中的客觀必然性。任何名副其實的權勢機構，都必定由這類職位組成，前後相繼地擠滿了人格已經相當被

這些職位所同化的個人。不然的話，它就只會呈現出專橫權力的外觀。

軍隊還表現出另一有趣的特徵，就是典禮和儀式的普遍性。儘管對職位的尊重是紀律的基本要素，並因此成為外在軍事目標不可或缺的部分，典禮和儀式卻表明，軍隊並不是在追求其主導性目標，而完全是得其所哉的。每一個人耳聞目睹了軍事檢閱和表演所具有的巨大象徵力量，參與者和旁觀者為此同樣自豪，進而成為共同忠誠的焦點。所有新近成立的國家，從南美洲的共和國、蘇維埃帝國到非洲的小專制國家，無不充分利用了軍事儀式的全部固有魅力。在這些儀式中，權力轉化為象徵物，從而獲得了權威的外觀。西方民主國家的弱點之一，就在於在這些事情上的忸怩作態壓倒了若干參與其中的衝動。一方面，人們對於世界大戰及其無法言述的愚蠢行徑的記憶揮之不去，不願對軍事表演的壯觀表現出哪怕是最低限度的尊重，另一方面，對它的渴望逐漸昇華為一種不由自主的懷舊之情。這種懷舊與其說是由真正的政治忠誠所孕育，不如說是艾爾加（Elgar）⑤和勒琴斯（Lutyens）⑥培養起來的。事實證明，要克服這些過分脆弱的情感，就必須使國家的所有儀式轉而具有一種文明意義。

值得注意的是，在文明事務方面，儀式的減少伴隨著個人與職位之間差異的消失，因此現代的總統和政治家，極力把自己擁有的實際上是職位尊嚴的東西說成是個人品質，盡可能廢除國家的儀式，而越來越「不拘禮儀」（informal），僅僅是為了使自己看

起來更爲出衆。與此相似，近來的美國總統已經養成了一種不拘禮節的隨隨便便，這不僅使政府的姿態庸俗化，也使總統本人完全淪爲個人品頭論足的對象。成爲關注焦點的，不是尼克森（Nixon）總統而是尼克森先生，是柯林頓（Clinton）先生，或是卡特（Carter）先生。這樣一來，出現下面這樣的情況也就不足爲奇了：人們認爲柯林頓先生或卡特先生個人應當對他們的職務所必須採取的行動負責，或者他們之所以受到責難、怨恨、蔑視、贏得選票，純粹出於對他們個人品格的了解（姑且不論這種了解多麼錯誤或狹隘）。重要的是應當看到，對於一個國家而言，把個人與職位混同起來有多麼危險。假如由總統個人承擔罪責的話，他又怎麼會下令轟炸一座城市呢？就個人道德而言，國家的這種侵略行徑是無法接受的。我寧死也不會同意殺死那麼多人。但身爲總統，只有當我行事不合法時，我才需要負這種責任。但恰恰是國家的理由要求轟炸一座城市。這並不是說必須始終服從「國家的理由」。即使是在戰爭中，不管戰爭本身正義與否，也存在著正義或非正義的行動⑦。

深入考慮這些問題，就可以得出結論：在國家制度中，立憲君主制是最明智的制度之一。君主的身分凝聚了一切職位的儀式以及國家的全部威嚴。**由於沒有直接捲入政府事務，君主的人格不會受到責任的壓力。而且，憑藉「王權」（Crown）這一明智的結構，君主還代表國家的全部權威。**如果榮譽和權威都源於王權，人們就會認爲王權是客觀地

產生於國家生活，而非個人一時的興之所至。由此形成的認可程序，不但具備禮儀的尊嚴，又具有統治職責的權威。

意識形態與神話

現在我們能夠認淸，國家制度是如何以自身的方式來孕育意識形態了。再來看看軍隊的例子。軍隊生活的內在結構形成了一種共同的行爲準則：「榮譽」的召喚。雖然這一準則不可避免地有些刻板，因爲它必定始終與主導性軍事目的協調一致，卻毫無保留地承認並且贊同人與人之間的差異。

軍隊生活的這種內在準則，類似每種有目的的制度。它相當於職業「道德規範」，相當於一家工廠中勞工的「團結」，實際上，它相當於任何社會組織所產生的先例、義務和責任，不管這些先例、義務和責任是促進還是阻礙了它的主要目標。當然，這些準則時常被認爲是服務於主導性目的的，不過情況並非一定如此。例如，公平交易的商業道德，會使一家公司在國際貿易中處於令人難以置信的不利地位。這種內在「準則」或「道德規範」，與相關的制度特徵聯繫密切，並爲那些特徵所強化：它爲設立的職位和職責所強化，也爲禮儀的展示所強化（在這一點上最爲顯著的，莫過於有組織的工會活

動，工會在小範圍內試圖再現行會的光榮）。

透過反覆思考儀式展示的眞實涵義，我們無意中發現了權勢機構最顯著、也是最不容調和的特徵：神話特徵。一切儀式都必定有一種深刻的象徵意義，一種認爲儀式深入事物表象背後，觸及無法轉化爲言語的現實的觀感。因此，儀式展現出來的不只是特定參與者的偶然的一致性。它似乎爲參與者指明了某種他們只是部分地理解的「超驗」之物。**對國家儀式的感情往往會超越激發出這種感情的對象。參與者和旁觀者發現自己融入某種更為重要的事物**，現實的軍事或政治勢力，只不過是對這一事物的蒼白無力的反映。這樣就誕生了國家「榮耀」的神話，也就是國家具有博得忠誠的絕對權利的神話。這個神話顯然構成了所有民族文化的組成部分，決定其宗教、藝術和文學的形態，隨著政府或軍事實力的每一次展示而得到強化。戰爭之所以會爆發，就是由於這類神話。和平的達成同樣也是如此。

我在這裡提及「神話」，絕非貶低這些信念。正相反，它們是制度藉以進入國家生活、同化公民生活的重大的人爲產物。從某種意義上說，馬克思主義者正確地指出，資產階級透過創造神話劫掠了歷史的世界，這些神話把實際上是歷史的、變遷的東西描繪爲自然而然並且在所難免的。但他們極爲錯誤地假定，只有資產階級才會這麼做，對其他類型的人而言，就不存在這麼做的必然性。因爲很顯然，不論有什麼樣的經濟秩序，

我對軍事制度的初步描述（它表明了這些制度對於一切國家生活的意義），皆可應用於所有的國家制度（即使是像蘇聯一樣，國家是建立在自身「消亡」這一另類神話之上）。

宗教

這使我們面對關於權勢機構的主導理念：基督教社會的理念。這一理念一直興盛不衰，不僅變得更加圓融，還納入了歐洲人民形形色色的生活方式。在《贊同保守主義的理由》（*The Case for Conservatism*）一書中，黑爾什姆勳爵（Lord Hailsham）十分坦率地將英國保守主義與基督教習俗之間的聯繫，置於其政治信仰的核心。他堅持認爲：「如果不是立足於一種關於公民義務基礎的宗教觀，就不可能有名副其實的保守主義，同時，任何眞正的宗教都不會認爲，公民的義務的根源是可以視爲純世俗的。」⑧爲支援這一論點，黑爾什姆引證了伯克和迪斯累里的評論，這兩人誰也沒有天眞地信仰他們所贊同的宗教。如果他們當眞有信仰，採取的方式也是浪漫主義者的自覺態度，乃是出於對反省宗教的過程中喪失了的純眞態度的渴望。當然，這種信仰中包含了各種嚴肅而複雜的態度。例如，艾略特對英國國教秉持一種高度自覺的態度，卻毫無矯飾之處。但是，倘

若把伯克、迪斯累里和艾略特看成是通常意義上的篤信宗教者，卻是不足採信的。

此外，保守主義與宗教感情之間雖然有關係，如今卻很難將二者視爲密不可分的同一體，否則這不僅會促使把相信上帝離開人世爲眞實而極力探求復興保守主義觀的那些人，完全排除在保守主義觀之外，還使保守主義信條無助地面對教會日益增強的（至少在口頭上）摒棄它的傾向。

即便如此，在討論教會與國家的關係問題之前，我們必須進而關注宗教的目的。哪怕我們這麼做只是因爲某些人可能會認爲，宗教是一回事而政治又是另一回事，並因此認爲推行政策可以無須顧及普通公民的信仰。當然，政治活動也許與上帝的存在無關，與上帝的意志無關，卻並非與對上帝的信仰無關。擁有這種信仰，就能夠引導最強烈的不滿情緒脫離破壞性的改變事物的願望，轉向一種更爲平和的願望：有朝一日無須再改變事物。結果必然是，宗教信仰的狀況將反映於公民社會的狀況，謀求以法律作爲既定的表達方式。認爲政治家能夠無視他意圖統治的那些人的現行宗教信仰而取得進展，就是把政治視爲一種超然的行政機制。這樣的觀點要麼不切實際（如伊朗的情況），要麼就是專制的（如俄國的情況），兩者都是非保守主義的。

上一段的思考可使人們進而認識到，**宗教在本質上是保守主義的力量**。千眞萬確的是，伯克與迪斯累里兩人都認爲宗教就是保守主義的力量，雖然這種信念並不一定產生

了他們所宣稱的信仰（更不用說黑爾什姆勳爵的信仰），但認爲支撐著他們信念的是一種深刻而複雜的思想聯繫，則肯定是正確的。我們只要再度審視社會紐帶的特性，就會立即理解這種聯繫的性質。我已經論證，這種社會紐帶是超驗的，不能把其中所包含的義務和忠誠視爲契約選擇的結果。從信奉一種超驗紐帶到信奉這一紐帶背後的超驗「存在」（Being），只有一步之遙。對於另一個更爲廣闊的世界的看法，源於作爲一切現實義務源頭的法律，這種看法能夠維繫永遠不會立約規定的紐帶。把這種紐帶看成是「神意」（Providence）的體現，一個人就更傾向於接受它們。他作爲神聖的命令接受了本會當作一項個人承諾而放棄的東西。憤世嫉俗者或許會說，黑爾什姆所援引的評論中就包含了若干這類的訊息。

不過，對超驗紐帶的接受，並不取決於對超驗存在的信仰。日本人以樂於接受前者而聞名（其實是臭名昭著），他們同樣以不願信奉後者而著稱。我們受惠於羅馬人的忠孝觀念，他們在宗教問題上是漫不經心乃至沒有定見（這是他們與更爲機敏的羅馬教廷的代理人所共同具備的特徵）。因此，儘管事實上保守主義的社會觀總是受益於宗教信仰，但即使在缺乏明確宗教信仰的情況下，保守主義的社會觀也能夠倖存下來。然而，對於國家來說，最危險的莫過於把失意的宗教情緒轉化到微不足道的世俗目標上。因此，就現有的宗教情緒而言，最好是將它導向合適的對象。如果說宗教情緒的存在維繫

著社會秩序，那這就是傳播並影響它的另一個理由。

教會與國家

要討論這些問題，我們必須先考察各種宗教制度的性質。不論是哪種宗教感情提供了權勢機構的情感背景，政治家必須面對的是宗教的機構（offices）。因而，在基督宗教或後基督宗教的社會中，他必須首先關注教會。雖然教會最終取決於宗教感情的力量，教會的權力卻擁有歷史先例、世襲的特權以及民衆信任的支援。不管教會的法律地位如何，它都不間斷地提供著重要的制度，這些制度強化了公民對平民生活方式的依戀，使公民的注意力從作爲個體的自身轉向作爲社會存在的自身。教會提供了美化每一種閒暇的儀式，分配了工作和休息的天數，試圖使俗人的職業變得有尊嚴，還支援和充實每一次行動重於目標的努力。不論其基本教義正確與否，在所有其權威不同於國家權威的政治制度中，教會始終是最重要的一種制度。因此，教會已經完全在歐洲人的生活站穩腳跟，其基礎如此牢固，乃至我業已提及的所有制度都求助於它，把它作爲將這些制度聯結在一起的有約束力的原則。看看家庭、教育乃至軍隊的例子，情況莫不是這樣。

然而，在政教關係方面，我們發現了對於保守主義信條來說最爲棘手的問題，同時也是權勢機構最難以把握的特徵。不消說，直到最近，歐洲政治大都取決於政教關係的狀況。每一次與羅馬決裂的嘗試，都導致了一個分立的基督宗教教會併入政治的權勢機構之中。然而，羅馬教會的勢力表明，缺乏軍事力量的「權勢機構」是能夠存在的，而且即使不是由國家權力來實施對一種制度的認可，仍然可以有與權勢機構相聯繫的價值觀念。

因此，我們必須承認這樣的客觀事實：權勢機構（如同我試圖說明的那樣）超越了法律或憲法的概念。一旦公民社會層面上的權勢機構具有足夠堅實的基礎，也許就不再需要國家層面上的權勢機構了。憑藉令人驚異的結構，羅馬天主教會在整個義大利、愛爾蘭、西班牙、法國乃至（目前具有重大政治意義的）波蘭賦予自身以權勢機構的特質。與羅馬的影響和勢力相比，已在法律上確定爲國教的英國國教，似乎比俄共的國教（東正教的主教大都都是KGB的情報員）更軟弱無力。同樣，英國有組織的勞工運動並不是（如我將要表明的，它也不可能是）按照現行憲法合法組織起來的，在戰後工黨的行政組織下卻仍然具有權勢機構的某些特徵。權勢機構並不僅僅意味著權力，卻絕不須要求併入到國家機器之中。權勢機構能夠創造令人慰藉的神話，倘若這些神話使人們在思想上準備接受一種既定的公民秩序，權勢機構的這種能力就能夠直接形成自身所需

要的權威。

如今，依照身分高低這一古老體制，我們上院的世俗議員（Lords Temporal）和神職議員（Lords Spiritual）同樣接近君主，一旦上院神職議員不再傳達他們的天職（calling）所賦予的權威，他們的權力也就變得微乎其微。不管是一種轉瞬即逝的時尚，還是標誌著一種更為深層的疑慮，不可否認的是，教會的領導層〈並不僅僅是安立甘（Anglican）教會的領導層〉，已經開始著手反對歐洲社會的舊秩序。一些人認為，不論佔優勢的政治力量會發生多大的變化，教會領導層的這種做法不過表明，教會不惜一切代價來保持國教地位。可以肯定的是，教會從一開始就秉持這種態度，這一點可以在耶穌死後不到兩百年時德爾圖良（Tertullian）⑨為教會行為所做的辯護中看出來：「我們永遠為皇帝們祈禱。我們祈禱他們享有長壽、安定的統治、可靠的家、勇敢的軍隊，一個忠心耿耿的元老院和可信任的人民，寧靜的世界，以及一個人和一位皇帝會祈求的每一樣東西……」

然而，最令人難以置信的是，**教會雖然喪失了精神上的權威，卻保留了政治上的權力。實際上，它所訴諸的天性是保守主義的天性，這一天性首先表現於死亡這一重大場合**，人們在這個時候感受到自身的脆弱，感受到自身需要保護，感受到對超驗事物的親近感。教會在世俗生活中的眞實涵義，已經偏離了令教會領袖困惑不已的政治問題。在

他們看來，傳教團精神已經爲「第三世界主義」所取代。這是一種已經喪失了眞正的政治原則，從而失去民衆擁戴的制度，雖然它必定是一種政治制度，它因而存在的缺陷就成爲近乎普遍不安的根源。結果，宗教觀念不是以正統觀念，而是透過其他方式來尋求實現。完全合法的權勢機構並非政治中心的替代物：教會要麼佔據核心地位，要麼毫無地位可言。不論教會處於何種地位，只有當它專注於已經把人民吸引過來的慰藉性神話，它才會有意義。倘若教會只是成爲孤立無助的世俗目標的倉庫，類似於同性戀權力的一種道貌岸然的附帶物，其權威的客觀維度就會消失殆盡。

例如，教會在規避既定規定下的死亡和葬禮的情形。教會古老的儀式和教義有助於樹立起關於死亡的連續性觀念；這些儀式和教義展現出圍繞著死者的一種包容性姿態，彷彿是接納一個靈魂進入自然的庇護所。凡是沒有習俗、沒有共同的信條、沒有神聖的法規的地方，死亡和葬禮就會變得神祕難解。由於死亡使人回憶起終極個人選擇的創傷，人們不知道怎樣繼續前進。人們召喚未被理解的巫術，嘗試體驗異教，就連藝術領域也被用來弄清死亡這一不可知的事物（就像在林中空地（Forest Lawn）中人類克服了自身的困惑）⑩。生者與死者之間的體性遭到破壞，在只有個體才有意義的世界中，死者喪失了個性，就被從船上擲入水中。也就是說，他們在垃圾遍佈的波濤上漂浮，往回穿越歷史的海洋，牽絆於成百上千毫不相干的信條的殘骸。

因爲一旦宗教感情淡漠，命運觀念也就隨之喪失。人們需要命運觀念，需要相信，對於與自身息息相關的事務，補救和責難無濟於事。對神意的信仰使得這種看法顯得不那麼苛刻。人與人之間生來就在美、健康、才智和能力上存在差異；對於我們所抱有的人類完善的理想來說，這些差異至關重要。倘若不從命運的角度來看待這些差異，人們就會失去對人類事務的掌握，就會逐漸被一種干預的幻想所迷惑，就會嘗試邁向那個美麗新世界，在那裡，對「既定」事物的普遍干預，完全破壞了自然狀態，徹底摧毀價值觀。如果沒有把降臨人世看成命運的一部分，一個人就會因父母未能進行基因控制而控告父母，或是因畸形而譴責拒絕把他流產掉的醫生。別以爲這些事例是難以置信的天方夜譚。就在此時此刻，美國的法庭上就有這樣的情形發生。

這些事例之所以發生，原因在於沒有弄清楚，命運觀有助於防止出現這樣的情形：由於缺乏這一觀念，人們難以接受、甚至難以容忍文明賴以存在的基本思想——女子與男子之間存在著深刻的、不可思議的且有益的差異。我作爲一個與我的性別無關的個體而存在，這一思想包含我的性別原本可以選擇的觀念。這樣一來，由於只是偶然地成爲男性，我就以外人的身分體驗我的性徵。它並非是我的本質。它已經變成一種屬性，我可以像換衣服一樣地改變它。一旦性徵開始顯現出這種面貌，很多東西將從這個世界上消失。尤其是男子與婦女之間的明晰關係將會消失，作爲一種偶然因素，性徵將不再

決定男女之間的肉體關係。它變成一種曖昧的行爲，並不比一次握手具有更多的情感意味。這就是亨利・詹姆斯所預言的「性情感的衰退」。

我們由此發現，宗教觀念的「去神祕化」（demystification），十有八九已經造成人的基本事象的徹底神祕化；大體上說，是出生、交合和死亡的神祕化。與此同時，人們以一種偏執的態度來贊同這種理論，即在不同性別、種族乃至個人之間，沒有、不會有抑或不應當有重大的或無法消除的差異。這種態度具備了宗教的全部狂熱，卻絲毫沒有宗教的慰藉力量。這種世俗意識形態的荒謬（即當今所謂的「政治正確性」）恰恰在於，人們很難相信它表明了教育的改善或教化的發展。它聲稱具有的思想上的明晰性，掩蓋了它形成了曖昧的情感這一事實。人們「不願訴諸感情」：將個性投入情感的每一個機會都被視爲是毫無意義、荒謬可笑或轉瞬即逝的。於是，宗教教義的一筆勾銷似乎最終造成了超驗社會紐帶的衰微。宗教，尤其是基督宗教，構成了共同認知方式的極爲重要的組成部分。對宗教教義、禮拜儀式、禮制以及禮儀的破壞，已經造成了一種眞空狀態。

人的世俗形象無法令人滿意，因此人們懷疑它實際上能否持久。宗教的復興將要出現。因而，需要有一種既定的宗教，如果可能的話，必須有一種公認的教會。在「廢除國教制度」（disestablishment）的時代，宗教分裂爲狂暴而混亂的姿態，大空位時期的平

等派、喧囂派（Ranters）、馬格萊頓派（Muggletonians）和尋求派（Seekers）的情形就是如此⑪。人們不妨以見怪不怪的心態來看待摩門教（Manichean）和巫術在美國的蔓延。此外，人們不應認爲，給他們的秩序帶來如此動蕩的信仰「沒有政治意義」。一種公認的教會，具有建立在相同《聖經》文句和宗教慣例之上的不信奉國教的傳統，能直接而明智地滿足人們對宗教的探尋。或許，公衆情緒還在尋求這樣的教會⑫。果眞如此，那麼教會儀式喪失權威並不是教會儀式的特徵，而是如今教區牧師的特徵。

工會

以下繼續討論教會政治。因爲很顯然，那些結論性的評述引發的疑問並不僅僅是對政策的質疑。我業已假定，我們民族的宗教感情並未泯滅，只是黯然失色罷了，這種黯然失色在很大程度上是自由主義傾向的「啓蒙」造成的。宗教所具備的巨大社會力量試圖由國家得到認可，倘若不是像英國那樣毫不含糊地進行，就是像羅馬的領地那樣不言明地進行。要想弄清楚這是如何達成的，我們就要考察另一個在某種意義上處於權勢機構邊緣的機構：英國職工大會。

下面的論證是種詭辯：因爲上院世俗議員**事實上**部分來自於工會階層，還由於工會

享有的法律特權（例如，一九〇六年自由黨政府的《勞資衝突法》（Liberal Trade Disputes），賦予工會在契約和民事侵權行爲方面的特權，保守黨政府的《工會與勞資關係法》（Conservative Trades Union and Labour Relations Act）重新予以確認）是其僅有的特權，而這些特權並非國家憲法公開的組成部分，因此，勞工運動及其所代表的一切，都未能形成英國政治體制中的權勢機構。只是到最近，工會才開始邁向權勢機構地位的進程，這不單是出乎預料的偶然事件的結果，也是現實政治抉擇造成的。這一進程有助於在民族精神中固定一種新的神話，一種關於現實的階級差異和社會流動性的不可磨滅的印象，這種印象一直緩和著階級差異和社會流動性造成的怨恨情緒。

即使就社會層面而言，勞工運動這一權勢機構就是完整的嗎？對此似乎無人能給出一個明確或條理分明的答案。保守主義者向來試圖阻止這一進程的完成，因爲他們擔心不負責任的工會權力，擔心這一強有力的自治團體與其唯一「許諾」給予支援的議會政黨之間密切而排他的關係中，蘊涵了對民主的威脅。但正是「許諾」使它帶有神話色彩，該神話直接源自透露出公民秩序的價值觀念：階級感情中固有的「團結」的價值觀。對這種價值觀很難提出直接的反對意見；把工會併入國家機器之中則要容易得多。此外，倘若如我所表明的那樣，民主代議制實際上僅僅支配了英國憲法的一小部分，而保守主義者的興趣，主要在於延續憲法中崇奉公民生活制度的該更爲重要部分，因此，

除非人們相信英國職工大會員的是顛覆性的，否則很難摒棄其非民主的精神。

造成困惑的主要原因即在於此。一種權力如果不能得到認可（也就是說，其目的與政府的目的相牴觸），那它就是顛覆性的。如今，領導層需要有異乎尋常的素質，來運用國家武器與工會運動作鬥爭；因爲要這樣做，只有首先將勞工階級的忠誠與該運動相剝離。因此，**如果有跡象表明工會運動確實是顛覆性的，即它謀求不負責任的權力，並抗拒政府機構的認可時，就有必要建立和鼓勵吸引著現有工會會員忠誠的對抗性組織。尤其必須促進和鼓勵「未經工會同意」的罷工、聯盟和復工**，因爲它們是對工會權力的侵犯，是對工會自身形成的權威的蔑視。這就是柴契爾夫人在對抗亞瑟・史加吉爾（Authur Scargill）的英國礦工全國總工會時的成功戰略。不僅如此，人們會正視明智的保守主義原則，這些原則盼望「未經工會同意」的行動擴散開來。勞資衝突將再次成爲契約上的衝突。這就是說，勞資衝突將不是階級之間的對抗，而是一位特定的雇主與雇員之間的衝突。這種衝突不會蔓延到工作場所之外，它要麼以當事人的貧困，要麼以一份修訂的工作契約而得以解決。這樣的「產業行動」（Industrial action）（一個十分奇特的稱呼）有助於把勞資關係清除出政治中心，並把它們限制在公民生活事務的範圍之內。這樣一來，就徹底維護了勞資關係的契約性，維護了勞資關係的安全感。作爲一支獨立的力量，工會運動在任何時候都不會衰微或消亡。事實上，目前我們已經目睹到這

種事情發生了，這是近年來托利黨立法的結果。該立法使勞工們在未經地方投票之前就不能召集罷工，並同時導致工會聯盟的衰弱，以及凝聚該聯盟的階級感情之衰微——可以說甚至低落到，工會聯盟與新工黨（其權力基礎在於中產階級）之間的關係，幾乎就像過去工會聯盟和托利黨之間的關係一樣勉強。

新的腐敗

工會運動似乎不願成爲權勢機構的一部分。因爲，雖然這樣的看法不無正確之處，即「在決定性問題上，人們更深切地感受到的是自身的階級成員身分，而不是社會成員資格」[13]。這難道沒有使工會不可能附屬於任何統治階級嗎？工會要求擁有權威的主張，難道不是建立在它們所代表的是被統治階級而非統治階級的觀點之上嗎？如果目標只是消除階級差別，那麼，這是一個實現不了的目標。不僅如此，這樣的目標與爲工會提供了權威觀念的神話相牴觸。

因此，工會面臨抉擇。只要人們認識到，爲了國家的利益，才把所有事實上（*de facto*）的既定權力授予合法的權勢機構，倘若國家能夠授予的話，這種抉擇的性質就變得一目瞭然。於是，權力轉而直接對國家利益負責，其自治則僅限於所有受制於政策的問

題。做個比較就可以看出，自奧倫治的威廉（William of Orange）⑭即位以來，英國的政教關係是溫和的，羅馬與法國的統治者和反叛者之間的關係則不穩定，直到拿破崙在加冕典禮上才以富麗堂皇的姿態消除了這種不穩定。再比較工會權力在英國造成的混亂與它在共產主義俄國的平靜運作。這種責任感會產生深遠的影響。一九二九年，下院抵制了革新《公共祈禱書》（Book of Common Prayer）的提議。一九七四年，議會未能阻止《禮拜和教義議案》（Worship and Doctrine Measure）的通過，該議案對教會權力和權威造成了重大傷害（這一議案允許逐步廢除國教制度，從而把可笑的「替代的禮拜式」置於聚會之前，彷彿人們所期望的是自由而非確定性）。批准主教人選仍然屬於政府的職責，教會因而憤懣不已，雖然教會試圖遠離權力中心，但顯而易見的是，依然可以維持一種成功的教會政治，這種政治迫使教會要麼在平庸和派系鬥爭中喪失自我，要麼恢復其社會向心力。目前防止教會權威瓦解的公衆感情之所以仍然能夠獲得政治上的表達，原因就在於此。一般說來，國家正是透過認可的過程，使制度成爲認可的對象。國家由此仍然遠離構成了它的利益集團。

這樣一來，業已站穩腳跟的工會運動，存在著若干自我毀滅的因素。**這樣的運動聲稱擁有一個階級的權威；它要達到消除階級感情的目的，就一定會消除自身的權威。**如果工會運動是明智的，就會始終徘徊在直接的權勢機構邊緣，因爲它奮力躋身權力中心

的話會失大於得。最關鍵的是，由於喪失了階級認同，工會運動將喪失與勞工階級的密切聯繫。所以，恰恰是爲了國家利益，工會領袖才接受貴族頭銜並爲之感到欣喜。也正是爲了國家利益，賦予他們的特權和權力完全超出了自發產生的權力。在舊工黨政府中，工會官員已經成爲衆多政治恩惠的受惠者（據估計，一九七七年，英國職工大會勞工代表委員會的三十九名成員把持的國家公職不下一百八十個，其中大部分是有給職）[15]。如今，這種「新的腐敗」範圍巨大，其程度顯然超過了輝格黨人或斯圖亞特王朝所給予的政治恩惠。但是，如果說保守主義者反對這件事，即就是錯誤的。正相反，一種權力突然出現於政府部門，無疑預示著該權力的最終衰落，以及將被納入到國家之中。起初，這樣做要付出高昂代價。但是，從長遠來看必定是有益的。工會對其全體成員的影響與其說是意志的問題，不如說是一個職責的問題。工會的寡頭政治屬性，使國家能夠直接對付少數雖然頑固但往往可以收買的官員。實際上，由此確立的並非是勞工運動本身（它因此將謀求「未經工會同意」、從而是破壞性較小的表達方式），而是一批把勞工運動作爲謀取權力之手段的利益集團。一旦取得權力，他們就不再顧及該利益了。

階級

我選擇的例證表明：對於保守主義政府而言，認可具有根本性的意義，因爲它提供了一種程序，國家權力藉此可以把自身與社會權力聯繫起來。正如我們所看到的，有人試圖割裂兩者，企圖用不適合認可的權力來獲取認可。在這一點上，我們遭遇到英國社會的首要現實：確然無疑卻又有伸縮性的社會分層。

我的目的並不是進而思考社會階級的起源和構成，只要它們存在，而且我所描述的對於保守主義信條來說不可或缺的所有事物，似乎都表明它們必然存在，這就足夠了。保守主義者勢必認爲，階級差異若非可以被說成是一種必然的惡，就是可以看成一種社會的善。這個問題將取決於，沒有分享到區分社會等級高低的「特權」（不論它們是什麼）的那些人的權力，在何種程度上反映，或者說能夠用來反映發自內心的對特權的承認。保守主義者傾向於認爲，這種承認能夠加以引導，倘若沒有這種承認，任何合法性觀念都無法長久存在。

莎士比亞最深刻思考了公共生活與個人生活之間的關係，他寫道：

只要把等級的琴弦拆去，聽吧！多少刺耳的噪音就會發出來；一切都是互相牴觸；江河裡的水會氾濫得高過堤岸，淹沒整個的世界；強壯的要欺凌弱小的，不孝的兒子要打死他的父親；威力將代替公理，沒有是非之分，也沒有正義存在。那時候權力便是一切，而憑仗著權力，便可以逞著自己的意志，放縱無厭的貪慾⑯。

我們現在所談論的並不是「等級」（degree）而是「階級」，現代世界的社會安排中並不包括優先權這一錯綜複雜的事物，莎士比亞認爲它在道德上不可或缺。不過，他在字裡行間流露出一項洞見：**權威的瓦解即意味著正義的崩潰。一旦權力不受約束存在於世上，把自身從理性的意志降格為慾望，社會將分崩離析。權勢機構的目標就在於防止這種分崩離析**。因此，我們必須從權力上升到權威。除非人們準備以各式各樣的個人身分，或身處各種不同的職位，承認受制於一種既定的權威，不然的話，從權力回到權威又從何談起呢？下述這種看法難道不似是而非嗎？即認爲一旦形成了這種服從的習慣，不論這種習慣受到怎樣的限制，所針對的對象又多麼的寬泛，人們必定會發現，這個世界已經以職責、地位和既定權利的方式，充分提供了權威的客觀標誌。果眞如此，人們又怎麼會阻止社會階級的形成，或是因社會階級的形成而悲傷呢？亦即在社會階級

的形成過程中，不平等分佈的權威逐步認可了權力的不平等分配。人們因而必定會接受莎士比亞劇中尤利西斯的觀點：人爲形成的權威與人爲的階級劃分相伴相隨。

這難道就是抱怨的理由嗎？可以肯定，某人擁有另一人所沒有的東西，這一事實本身並非嫉妒的理由，這一事實並未把信用賦予某個擁有者，也沒有剝奪兩手空空的某個人所擁有的信用，它無論如何也不會直接侵蝕他們所具有的從屬於共同公民社會的觀念。倘若階級差異眞的是單純經濟上的差異——反映了生產資料擁有關係以及該關係轉化爲私有財產的程度——那麼，或許在一個徹頭徹尾物質主義的社會（一個除了那些由金錢孕育的神話外再無任何神話的社會），階級差異肯定會立即轉化爲公開的戰爭。可是英國已經享有永久的（儘管有時是不穩定的）休戰。偶爾爆發的戰爭往往採取了宗教戰爭的形式。我們一旦接受階級經濟學定義，就只能認爲目前在北愛爾蘭的戰爭是一個特定階級必然要進行的戰爭，與社會主義者的「階級鬥爭」學說相比，這種看法看起來顯得極爲奇特。使用那些學說描述英國內戰同樣顯得非常奇怪。因爲，沒有什麼單一的經濟門類，能夠完全囊括那場戰爭中相互爭鬥的派系。只要我們考察的不是經濟控制權而是意識形態，特別是當我們考察那個時代如此突如其來地萌發的宗教和文化上的對立，對歷史的詮釋就立即變得清晰而可信了。即使我們談及「階級戰爭」，那也是神話層面上的戰爭，而且在神話層面上達成易變的、在絕大多數時候是溫和的妥協。經

濟上的差距對階級感情不再起重要的決定作用，任何經濟秩序的變遷都不可能消除這種差距。

如果上述看法正確無誤，那麼，從意識形態角度來理解社會階級，肯定要比從相對財富或經濟控制的角度更容易一些。例如，中產階級將其資源用於教育和購置耐用品，用於樹立常規的態度和「自我」的完善，這些興趣代價高昂，使得他們很少受到未分享這些興趣的階級的嫉妒。在「中產」階級中，僅有一小部分人實際處置的財富超過了普通勞工可獲得的財富。那一小部分人本身不見得會被上層階級視為有資格進入自己的圈子，後者對社會交往的控制與其實際支配的物質資源完全不相稱。必須從經濟之外的角度，來看待這一問題上出現的所有複雜情況以及幾乎所有的事實⑰。這樣一來，一些神話就能夠無視財富的轉移而形成，使人們把既定的社會地位看成是自然而然的。我在前一章中考察的自治制度所產生的，正是這種關於社會分化的「固有」特性的觀念。例如，教育使財產成為社會成功的工具，從而使財產「自然化」（naturalize）（因此，在文化發展的最高階段，財富往往會體現為象徵性形態，表現為奢華、壯麗和輝煌）。如果說存在階級問題，那是因為勞工階級在其形成的年代當中，缺乏必要的制度來把自身的處境「自然化」。事實果真如此（對此已有很多人予以論證），那並不是因為勞工會不可避免地對自身地位感到憤憤不平，而是因為他缺乏若干在地的制度，來為他的生

活方式賦予內在性與慰藉。

當代大衆運動與娛樂之成長和大衆文化之創造，是植基於電視、足球與商業化音樂之上的，這使得人們在某程度上不需要上述的在地制度而生活。這些也已經有效廢除了作爲道德表率的勞動階級，提供大家無階級的人類社會景象，並從中產生了新的社會分層——該分層與其說反映了「勞動的區分」，不如說是反映了「休閒的區分」。傳統社會所區分的，是上層、中層以及勞動階層，當代社會則有另一種區分方式，該方式也涵蓋三種階層。這三種新階層分別是（由下而上）愚民、雅痞以及藝人。第一階層只管觀看電視，第二階層製作節目，第三階層表演節目。由於凡是出現在螢光幕前的人，都培養著觀賞電視者的行爲舉止，並表示他們之所以出現在這裡，純粹是機緣湊巧，亦即隔天也有可能是由觀賞者輪流上場，從而排除所有妒恨的可能性。與此同時，電視所引發的感性與智性的麻痺，也解消了社會流動性，這種流動性本來是會使愚民者得以改變其處境的。這樣的事態已經明顯到，只要點明就會動輒得咎。所以說階級差異還沒有從當代生活消失，該差異只是已然變得不堪提點。

如此說來，人們或許會贊同一位社會主義歷史學家的看法，他聲稱：「階級是由在生活中展現自身歷史的人界定的，最終這也是階級唯一的定義。」⑱這麼一來就等於放棄了這樣的觀點：階級產生於人們與生產手段的變動關係，而且階級之間勢必會形成對

抗。是各階級自身的自我形象塑造該階級，並使之具有包容力的。所以，我們似乎沒有理由一定要認爲階級差異是邪惡或不公正的。它們源於基本的社會秩序原則；因此，保守主義政治的一個重要組成部分，就是維護階級差異得以獲得確實性的概念。

福利國家

在過去，不同階級間的關係通常是教會而非國家來調和的。教會是慈善事業的主要推動者，和捨此之外無法負擔的人的教育之提供者，以及憑藉才能和勤奮來換取社會和政治權力的職場結構的推動者。普及教育的理念並不是現代的發明；其實，我們也無法肯定，自教皇格列高里九世（Gregory IX）頒佈教令集[19]以來，社會最低階層的教育水準（除了某些地方外）已經得到了顯著的改善（經過兩百年或多或少的忽視後，到十四世紀末，所有禁止農奴接受教育的法律限制都已廢除。一四〇〇年時，巴黎神學院（*scholasticus*）可以下令在每一個教區建立一所學校，不論貧富的爲學生提供三藝（*trivium*）教育[20]，這種教育所需要的心智投入，超過我們現代學所需的一切）。這種對慈善行爲的廣泛監督，自然而然地維護了私有財產制，也使財富的不平等合法化。佈施的接受者並非個人贈與的接受者，而是一項客觀特權的接受者，這種特權與接受者實際的無能爲力

（impotence）聯繫在一起。只有在這樣的情況下——一方必須進行緩解，而另一方必須接受貧困命運——教會才不斷地爲每一個人的精神需求提供幫助，透過這種方式，教會如同緩解了窮人的痛苦那樣，把富人對私利的追逐合法化了。

明智之士目睹教會逐步減少所承擔的世俗生活職責，因此總是力求透過有組織的濟貧，通過提供教育和醫療的公共設施，來補充或取代教會的服務。在這類事務上，保守主義者時常與激進派並肩作戰。直到上上一個世紀，人們才充分感受到爲無力負擔生活必需品的那些人（或是透過強制性保險，或是透過某種直接的法律手段）提供一套完備的福利體系的政治義務。因此，俾斯麥（Bismarck）在建立普魯士國家時，把社會福利的永久原則納入到憲法之中。職業階層因而有可能既從事使他們變得不可或缺的工作，也因爲這樣做而獲取足夠的物質報酬（一種足以維持自我形象的報酬，如果沒有這種自我形象，各種職業就會消亡）。與此同時，共同體中較貧窮的人在他們無法獨力滿足的需求上得到資助，並因此以出賣他們的勞動來維持生計。結果便產生了福利國家，該形態與資本主義社會截然不同。

現在，福利國家業已成爲社會和政治上的必需之物。不過，福利國家需要一個高素質的職業階層的支援，他們會謀求獲得自身的報酬，或是在家中，或是（由於這個階層最顯著的特徵就是流動性）在其他任何能夠提供報酬的地方。因此，儘管醫療、教育、

住所和食物是普遍分配的，重要的卻是維護「個人」優勢的全部裝飾。醫師、律師和教師們（由於提供服務，而爲福利國家的最大受益者）需要在其行業當中維持自我形象。只有在自治制度（法庭審理、醫療社會和私立學校等）致力於法律、醫療與學術的內在目標時，這種自我形象才會出現。所以福利國家的成就，通常取決於興盛而部分自治的制度之存在。國家會從那些制度中獲益，除非甘冒遭到職業階層敵視或打擊士氣的危險，否則無法徹底同化那些制度。倘若國家獲益於那些制度，那是因爲它們自身具有活力，對福利的追求也無法消除那種活力。

在每種權勢機構制度中，必須考慮和調和不同階級的利益和認同。這完全是政府的事務，而且是權力無法避免的必然結果。至此，何爲保守主義的福利國家觀也就一清二楚了。英國保守主義者不會像他的美國同伴㉑那樣，他不會認爲福利國家令人厭惡，也不會謀求把它擴展到普通人性所要求的範圍之外。**他不願意見到國家使公民成為弱者或依賴他人，與此同時，他也不會取消業已成為代代相傳權利的東西**。關鍵在於，應透過各種強制性的慈善行爲來維護職業尊嚴，正是這種職業尊嚴使得眞正的慈善事業成爲可能。

問題再度圍繞認可而展開。貧窮和匱乏是一國中不受約束的力量。不緩解貧窮和匱乏就是助長怨恨。不緩解貧窮和匱乏，無異於鼓勵一種持久而普遍的觀念：社會秩序缺

乏道德上的穩定性。然而，緩解匱乏是一回事，使所有人在匱乏面前平等是另一回事。如果無視慈善動機的道德特性，把一種強制性的慈善事業強加於職業階層，那無異於摧毀該階層的能力，要麼是勤奮獲利的能力，要麼是使自身得到那些不屬於本階層者接受的能力。一個極度敏感的政治問題在於，應把所有這些力量納入到一種權利與義務的既定體系之中。要實現該目標，第一步是必須把公共福利觀和與之糾纏在一起的平等主義運動分離開來。福利國家的宗旨，並不在於消弭貧富差異，而是鼓勵人們各安其所。

然而其中的危險就是，在紓解貧困當中也有若干結果的出現。一種新形態的剝削出現了（由下而上的剝削），使得某階級一直都無法保護自己，並在透過社會福利的複製之後，逐步造成國家的長久損失。而且這種損失不僅在經濟方面。無差別的福利產生了犯罪、家庭破碎、非婚生子，以及藥物濫用等等㉒。美國保守主義者的回應，過去一直都是著重在推出「工作福利」，而不是「社會福利」政策，亦即只爲有心成爲共同體具產能的公民的人提供抒困。回歸職業訓練所的精神，是有值得推薦之處的。但是這並沒有解決到眞正的問題：也就是非婚生子的問題，以及當非婚生子成爲常態時所導致的社會瓦解。面對這種情況的辦法，並非對所有導致難以處置的下層階層之種種舉措加以獎勵，而是加以懲罰。所有這類的想法都仍有待付諸實現。

結語

我試圖用一系列例證表明，在既定的國家中，貫穿公民生活的權力如何謀求並獲得權勢機構的地位。權勢機構是政治重大的內在目標：政府的目標。正是出於這一目標，社會勢力逐漸服從於國家的權力，憑藉國家的權威來贏得權威。保守主義信念是，國家的秩序必定是客觀、廣泛的，必定博得了合法的觀感，因此，與之對應的社會狀況就能夠透過服從於共同統治權力，而達到其意識形態的實現。若缺乏這種完備的權勢機構，公民社會將始終瀕臨崩潰的邊緣。

但是，要維護權勢機構，就必須把國家的職權視爲獨特和令人尊敬，並加以擁護。同樣重要的是，要與權力單獨使自身合法化的企圖做鬥爭。所以，有重要的動機設法把某些邊緣性制度的權威，說成是來自於政府。不過如果這些制度內在地形成了一種反對派的觀念（也就是說，它們把自身描述爲受壓制而非受統治），那麼不論權勢機構有多麼可取，它的發展都將變得困難重重。正是因爲這些理由，我們必須保持最高的政治敏銳，也正是這些理由，產生了我們這個時代主要的政治難題。

接下來，我將就個人與國家的關係，以及公共生活與私人生活的區別（這在本章中

已略有觸及），談一些更爲普遍的看法。

註釋

①譯註：權勢機構這一術語通常帶有貶義，指帶有權威、合法性、傳統和現狀的那些機構、社會階級和勢力。一九五五年，亨利・菲爾利在《觀察家》週刊的一篇文章中明確使用了這一術語。從此，它在二十世紀六〇和七〇年代風行一時。實際上，在意指「幕後操縱社會的某種基礎鞏固的組織」的意義上，這一術語很早就有人使用。一七七〇年，英國就有人用它指代當時的宗教統治集團。十九世紀時，這一術語是英國國教的同義詞，如狄更斯的《董貝父子》第三十二章中就是在這一意義上使用這一術語。當然，它現在的涵義是二十世紀的發明。在英國，權勢機構一般包括君主政體、議會、政府部門、教會、軍隊、司法部門、各種專業、實業界、英國廣播公司、嚴肅報刊、牛津和劍橋大學、私立學校、有土地的貴族，以及由這一切形成的公共輿論和個人行爲模式。

②譯註：《合併法案》是一七〇七年安妮女王統治時通過的英格蘭與蘇格蘭合併的法案，而她的曾祖父即英國斯圖亞特王朝的第一位君主詹姆斯一世。從十四世紀以來，他的祖先就一直統治著蘇格蘭，在他於一六〇三年繼承英格蘭王位時，他已經當了三十六年的蘇格蘭國王。

③譯註：名歌手是十四—十六世紀德國主要城市中的詩樂會成員，由中產階級的勞動者和工匠組成。華格納於一八六八年創作了歌劇《紐倫堡的名歌手》，使這些人廣爲人知。

④譯注：漢斯・薩克斯（Hans Sachs），德國詩人，作曲家，華格納的歌劇《名歌手》對他做了理想化的描述。

⑤譯註：艾爾加（Edward Elgar），英國作曲家，二十世紀英國音樂的先驅者。

⑥譯註：勒琴斯（Edwin Lutyens），英國建築師，以印度新德里的規劃而著稱。

⑦原註：我在此不考慮「正義戰爭」（just war）這一巨大而難以駕馭的問題，也不考慮中世紀哲學家和法理學家爭論不休的問題。關鍵在於，有些行爲由一個人來做就是犯罪，由一個國家來實施時則是公正的。

⑧原註：《保守主義的立場》（*The Conservative Case*），倫敦，一九五九年版〔這是一九四七年版的《贊同保守主義的理由》（*The Case for Conservatism*）的一個修訂本〕，第十九頁。

⑨譯註：德爾圖良（Tertullian），北非的基督教教父和拉丁神學的創立者。他著作甚豐，所論甚廣，在使拉丁語成爲教會語言和西方基督教傳播工具方面都有貢獻。

⑩譯註：英國文藝復興時期劇作家約翰・弗萊徹於一五九〇年創作了《忠誠的牧羊女》。劇中女主人翁克洛琳居住在她死去的情人墓旁，她的忠貞感動了森林之神。

⑪譯註：大空位時期是指英國大革命中共和國和克倫威爾護國公制的時期，具體起止時間爲一六四九年一月三十日處死查理一世，到一六六〇年五月五日查理二世復辟。平等派是英國革命中內戰和共和國時期的一個主張共和和民主的派別；喧囂派是指十七世紀英格蘭尋求派，因在傳道唱答中語調高昂誇張而得名；馬格萊頓派是一六五〇年創立的英格蘭清教派成員；尋求派是一個籠統的稱呼，十七世紀時英格蘭許多清教徒脫離聖公會，組織小團體，尋求並等待上帝派來的使者，這些人統稱尋求派。

⑫原註：公衆對於諾曼（E. R. Norman）牧師於一九七八到一九七九年間所做的萊斯演說（Reith Lectures）的反應說明了這一點。本書第一版之後的二十年間，有一件事變得相當明顯，就是英國人的宗教需求還是如往昔一般強大，而懷疑主義則逐漸排除了滿足該需求的可能性。

⑬原註：托洛斯基（Trotsky）語，載歐文・豪（Irving Howe）編輯，《托洛茨基主要著作》（*Basic Writings*），

倫敦，一九六四年版，第一卷，第三七八頁。托洛斯基採納了休謨的一個理念，他接著寫道：「道德規範越是絕對，它對所有人的『強制性』也就越小。」宗教和政治迫害的歷史已經證明這種看法是錯誤的。

⑭譯註：奧倫治的威廉是指荷蘭的奧蘭治公爵，他於一六八八年「光榮革命」中即位爲英王威廉三世，他是詹姆斯二世的外甥和女婿。

⑮原註：參見保羅・約翰遜（Paul Johnson），《英國通向奴役的道路》（*Britain's Own Road to Serfdom*），保守黨政治中心小册子，倫敦，一九七八年版。

⑯譯註：見莎士比亞，《特洛伊羅斯與克瑞西達》，第一幕第三場。譯文引自朱生豪譯《莎士比亞全集》，人民文學出版社一九七八年版，第七卷第一四一頁。引文略有改動。

⑰原註：歷史決定論的觀點具有永恆的吸引力。一位致力於對馬克思主義假說進行修正的作者，或許會注意到令人對那一假說產生懷疑的事實，卻又將那些事實置之不顧。在《絕對主義國家的系譜》（*Lineages of the Absolute State*）一書的第二七〇—二九八頁，佩里・安德森（Perry Anderson）注意到，波蘭貴族中以「鄉紳」（szlachta）聞名的支裔，其經濟地位多年來幾乎與農民難分上下，卻並未喪失他們關於社會差別的觀念。然而，他未用自己提出的理論對這一事實做出解釋（亦可參閱日本武士的歷史）。

⑱原註：湯普遜（E. P. Thompson），《英國勞工階級的形成》（*The Making of the English Working Class*），倫敦，一九六三年版，一九六八年修訂版，第十一頁。

⑲譯註：格列高里九世是天主教會勢力在西歐達到頂峰時期最有力的教皇之一，他以創立異端裁判所和維護教皇特權著稱。他於一二三四年頒行的教會法典《教令集》是天主教會的根本文獻，一直沿用到第一次世界大戰以後。

⑳譯註：三藝是指歐洲中世紀學校開設的語法、修辭和邏輯。

㉑原註：當然，有些美國保守主義者更堅持歐洲式而非美國式的合法性觀念，例如，歐文・巴比特（Irving Babbit）和保羅・艾爾默・莫爾（Paul Elmer More）的人道主義的保守主義〔尤其是莫爾的《貴族政治與正義》（*Aristocracy and Justice*），紐約，一九一五年版〕。

㉒原註：查理斯・穆萊（Charles Murray）的《喪失根據地——1950-1980 的美國社會政策》（*Losing Ground, American Social Policy 1950-1980*），紐約，一九八四年版。

9

公共世界

The Public World

前兩章考察了使社會凝聚力得以形成和喪失的國內政治領域。正是在那些領域中，爲了「自由」、「平等」或者任何一種風靡一時的狂熱，國家與社會之間的裂隙暴露出來。我的描述一直關注於內部，關注於凝聚力得以形成的緣由以及現狀（*status quo*）對這些緣由的認可。然而，社會既有公共生活，也有私人生活。社會顯現出權威的姿態，一視同仁地接納公民和外僑。國家是社會的實現，也是社會的捍衛者。只有組成一個國家，社會才能與鄰邦保持直接、穩定和明確的關係。

民族國家

國家並非現代的發明。任何社會都孕育著體現爲風俗、傳統、慣例和法律形式的體制種子。社會必須爲維護這些事物而奮爭，一次次成功的鬥爭形成了「民族性」。對於絕大多數人而言，國家並不僅僅意味著政府，它還意味著領土、語言、行政以及既定的制度，所有這一切均產生於無意識的習俗與深思熟慮的選擇之間的相互作用。民族國家就是臻於自覺意識頂點的國家。它有自己的領土、自己的人民、自己的語言乃至自己的教會。它向世界展示這些東西，並非把它們當成自然的贈與，而是作爲擁有的權利。它準備讓其公民爲這些權利而獻身。

民族國家這一精神實質帶來諸多益處，也產生許多害處。沒有這種精神實質，也就不可能有「均勢」理念，和平也就更加岌岌可危。但這種均勢有賴於一個邪惡的發明：兵役制軍隊。各民族毫無例外地、全身心地相互廝殺，直到最後一刻。每一個男子、婦女和兒童都投入到搏鬥之中，並且認定這就是戰爭。文藝復興時期的義大利創造出最發達的文化、璀璨的制度以及長期激蕩的政治生活，所有這一切都源於一種戰爭狀態。但是，當時的戰爭是半私人性質的，由那些隨著劫掠和報酬的誘惑而隨時倒戈的雇傭兵來進行。沒有哪個雇傭兵會打算打一場索姆河（Somme）戰役（譯註：為一次大戰期間在法國進行的戰爭）、史達林格勒（Stalingrad）包圍戰，或是轟炸德勒斯登（Dresdon）和廣島（Hiroshima）。如今，這類事情都是戰爭的一般途徑。

不論好歹，民族國家是歐洲得以形成的條件，而且是向人民呈現政治忠誠這一複雜觀念的最穩妥的方式。考慮到上述事實，但凡一個不幸的社會才不能夠主張其民族性。所謂民族性，就是一個人對於他看成是自己的東西的強烈感情，對於一個經受過征服、佔領和改革的社會的狂熱忠誠。看看波蘭的命運，它被敵對列強一次又一次地擊敗，卻仍然在羅馬教會的協助和慫恿下，決意捍衛自身的同一性。再看看亞爾薩斯（Alsace）以及許多不幸的國家，它們公開地掙脫奧匈帝國溫和的權威，卻幾乎立即被併入野蠻的蘇維埃帝國之中。

如果說我設法反對英國政治的改革精神，這部分是因為它構成了威脅，這種威脅不僅針對國家，也針對社會。改革精神一直過於關注個人「權利」，卻沒有足夠重視使這些權利成為可能的公共秩序和個人責任。那種公共秩序現在已是一個民族國家的秩序，外交政策和民族認同則是其不可動搖的前提。民族性也許眞的只是在最近時期以來才變得必不可少。當一份皇家陪嫁中包括整個一塊領地，還加上它的法律和習俗（以使弗蘭德（Flanders）能夠以一種內部協定的方式從西班牙轉到法國手中）的時候①，人們幾乎不會認爲所有權的事實對社會生活的延續產生了什麼重大的影響。如今我們必須爲社會的延續而鬥爭，而且我們沒有令人慰藉的理念（諸如「基督教國家」這樣的理念），憑藉這種理念，人們把統治者看成是指定給社會的，社會也同樣是被轉交給統治權力的。民族國家因而必然會出現。與此同時，它的公民需要保護，使其免受國家的侵害，甚至一直有人認爲，在這個多民族的世界中，保守主義的主要目的就是「縮減國家的疆界」。

如果說這一口號有什麼涵義的話，那就是：爲了維繫和確認權力，國家必須首先關注無法由私人所指使的事務。國家要維持法律和秩序、保衛國土，以及維繫體制，使個人能以有利於社會和諧的方式逞其雄心壯志。當然這也就意味著，國家也必須由直接參與企業和產業抽手，做好其調節的、而非主導的角色。不過近年來我們所看到的是，在

調節之下的不穩定成長。這就幾乎好像轉到民營企業和市場的政黨大歸依一樣，而這正是因爲國家已經發現到，與其透過所有權，不如透過調節更能有效管控人民的生活。

過度調節部分是肇因於民族性方面觀感的衰落。所謂的民族國家就是法律來自該國家，並展現出相互性以及人民的普遍忠誠之國家。在這樣的國家當中，存在著對法律限度的明確認知，以及對自由的妒羨感情，例如歐盟就是由戰後的菁英們對於民族觀念的敵意所孕育出來的。他們認爲諸民族會導致戰爭，而只有聯盟才能夠加以安撫（這些菁英好像沒有注意到美國內戰）。於是乎就出現跨民族的調節系統，該系統並不需要以民族忠誠做背書，而是以不具法律的道德力量之法規來勉強推行。決策官僚給自己設定了消弭民族忠誠的任務方式，也就是以區域而不以民族來劃分大陸。如此一來，合法主權就可以擺脫地方忠誠，而種種法規就可以由外而內加諸共同體之上。在此要指出的是，在這種情況下，對於保守主義政策而言是缺乏展望的。保守主義的任務並不是「撤回國家的疆界」，而是重建民族國家的疆界，並喚起吾人所感受到的自然敵意，也就是敵視那些並非吾人所深心相屬的若干人等所推行的法規。

政治家

公共世界應該是個實體，擁有使它成爲實體的權力、尊嚴和向心力。政治產生了公共生活和身爲人民領袖的政治家的觀念。領導權並不是一個輕鬆的概念。實際上，面對所承擔的艱鉅工作，那些寧願隱退不幹的政治家更容易自稱是普通而謙遜的人。他博得同情，平息敵視，盡其所能地在生活中擺脫職責的重負。但是，他並不是在爲人民服務。人們有一種強烈而根深柢固的要求：決策必須既出自政治家，也代表國民權力的利益。一位政治家必須是「國家的象徵」，他的身分烙上國家的印記，他的處事立言似乎同時爲了國家及其本人的利益。**作為影響全體公民福祉的決策者，他的決定必須是公民易於理解的，但倘若不具備政治家的意志和精明，就無法設想、也不可能形成任何決策。**不言而喻，在當今，人們遵從「專家意見」、「顧問團」、「諮詢委員會」和錯綜複雜的常設文職官員——他們的專業知識永遠達不到智慧的高度，他們本人就需要指導，而且這種指導並非事實或統計數字所能提供——政治家風範（statesmanship）的尊嚴大都已喪失殆盡。

有各種不同方式，可使政治家成爲全體國民的共同代言人。在國內，他可以透過就

職典禮來做到這一點。在一個共和國，就職典禮直接附屬於總統，它提供了對總統權力真實性的切實感受。然而，在一個君主國，它屬於君主，它所代表的不是特定職位的權力和重要性，而是國家的尊嚴。人們很難對其中所蘊涵的智慧加以質疑。自從失去君主政體以來，法國和義大利一直經受著持續不斷的動蕩，因為在那些國家裡，反對派必然地是不忠的（disloyal）。臨時性的歷屆總統接二連三地借重國家的尊嚴，他們代表的不是國家，而是國家中某個佔統治地位的黨派。對立的黨派在與總統為敵時，首先面對的必定是作為總統衣缽的國家。

大體而言，在英國，國家的尊嚴並不屬於政治家，而是屬於君主。反對派因此被限定在政府制度之內。「女王陛下的反對派」的說法如今不再是笑話，而是現實。直到晚近，首相享有的唯一的特殊尊嚴是職位的尊嚴，所有其他的尊嚴儘管並非平均或毫無偏頗地，至少是廣泛地賦予了一切有足夠的力量來要求和爭奪它們的黨派。如今這正在成為布萊爾及其搏命演出的博士們最賣座的特技，後者刻意將首相展現成民主的君主，具有由普通選舉所賦予的絕對權力。所以說，就新工黨執政期間而言，職務都將被他們的客卿所徵收，客觀的權威也將為個人魅力所取代。只有在未來若干議會中，國家才得以再度由王權的忠僕所領導。

然而，在建立公共政治領域時，更重要的是國家間的交往。政治家要保護自己國家的特權，促進本國的優勢，運用屬於**全體國民**的武力以及狡詐或交涉的能力，以展現吾國作爲自由獨立民衆的存在之不可侵犯的主張。改良主義態度造成的一個令人遺憾的後果就在於，它把政治活動從國際事務轉向國內問題，從而把這些問題過分誇大，使之完全脫離了實際的重要性。然而恰恰是在國際事務中，政府這一實體才最爲清晰可見。按照改革的規矩，外交政策變得小心翼翼、含糊不清而且缺乏擔當。由於無法與我們周遭的列強抗衡，我們終止了與它們交涉的慣例，還公開展示我們對於過去的光榮和殖民強國地位的「良知」。

隨之而來的是，奇特地混在一起的狂熱和慌亂。在「歐洲的和諧」、國際聯盟以及一份舉棋不定的防務協定之後，我們熱切地服從於並不屬於我們自己的法律。我們不再是一個殖民強國，取而代之的是鉅額金錢交給那些要麼敵視我們的利益，要麼與我們的利益毫不相干的國家，而那些國家的人民永遠不會從這一姿態中受益②。我們要麼是個世界性強國，要麼就不是。倘若我們不是，我們就必須用條約確保我們的地位。我們寧

願忘掉戰爭、國防以及公民秩序的觀念。將西歐從一個國家的聯盟轉變爲一個匿名的行政系統；容忍我們的疆界內繼續存在未宣戰的內戰；默許權力下放到並不具眞正主權的議會上頭，所有這些都意味著規避民族性這一公共實體。如果說英國人民已經開始懷疑他們的民族認同，那絲毫不令人奇怪。

對於民主國家來說，國際政治艱難且粗鄙。獨裁制國家會恆常的意志採取行動，其姿態是長期的戰略性姿態。俾斯麥兼具天賦與洞察力。但如果不是具備了獨裁的權力，他就不可能建立日耳曼民族國家。如今克里姆林宮（Kremlin）的主人躲在幕後、神祕莫測，也可能並非十分明智。但透過數年中堅持一種獨特的強硬政策，他們也已經朝他們所渴望的帝國邁出了堅實的步伐，儘管他們爲俄國人民所規劃的，導致了社會瓦解與經濟苦難。一個民選的政府，除非是以若干模式進行統治，否則就只能應付眼前的事態。

在國內採納某種專一的目標（也就是說，平等或自由企業的目標），就類似於面臨國際性威脅時所做出的反應。若是沒有公民秩序的延續，任何目標都毫無意義。**眞正的政治家決策必定不是出於某種主導性的政策或理想，而是出於日常的政治需要，出於把民族連續性的象徵引入公共論壇的願望**。戴高樂的偉大之處在於這樣一個事實：通過在外交事務方面寥寥數個命令式的姿態，他能夠迅速平息戰後法國公民生活的混亂狀態，使之歸於和諧一致，他能夠重新博得人們對國家制度的尊重，並在以前動蕩的基礎上建

立起穩定的政府。保守主義政治家能夠理解這種姿態的必要性，並在緊要關頭表現出這種姿態，因爲他們不會受到主導性理想或國際主義哲學的誤導。

私人世界

在本書中，我主張這種合法性觀念：即公衆高於私人、社會高於個人、責任高於權利。不過，社會生活的滿足以及參與社會生活的目的只存在於個人。這種個人已經成爲一種精緻的存在，他渴望獲得一個私生活領域，以求把令他滿足的癖好深藏其中。他認爲，若是沒有被英國人視爲不可廢除的「隱私權」，他就無法得到滿足。

但是，一旦這種權利未受國家的保護，它又算什麼呢？它什麼也不是。如果沒有社會秩序的價值觀念，滿足又是什麼呢？仍然等於零。而缺乏衡量標準的僻好又是什麼？還是零。事實上，我們所尊重的這種盎格魯—撒克遜式的隱私不是別的，正是人們從內部來理解的公共秩序。它並非自由主義式的空洞無物的自由，而是一種眞實而持久的東西，只有在其界線之內，它的實質內容才是淸晰的，我想訂立的正是那些界線所取決的原則。

緘默與實踐

大家大概很想了解，這種立場聲明如何才能與孕育了它的懷疑主義性情保持一致。人們怎樣才會心甘情願地同時在如此多的方面封閉自己的心靈呢？直截了當的回答是，人們肯定不會這麼做。不過，在我看來，我已經概述的那種態度不會有任何令人信服的替代物。至少，通常的替代方案基本上未做充分說明，以致無道理可言，而且任何權威都無法超越業已在公民秩序中萌生出來的權威。某種信仰的舉動並不能使人們對無休止政治實驗的幽靈視而不見。這裡唯一的必然是生存下去，尊重使生活變得可能的現實。

然而，我們面臨一道難題。人們一旦養成自覺分析的習慣，就不會停止對眞理的追求。但對眞理的追求使人們懷疑維繫社會的神話。一些人把建立一個不再依賴神話的社會當成自己的理想。像馬克思一樣，他們到「意識形態」裡去尋求自由，尋覓這樣的一個世界：這樣的世界不存在一種獨特的既定秩序概念所帶來的選擇的困惑。馬克思無力具體描述這種開明的國家，這並不令人感到奇怪。因爲一旦自我概念不復存在，自由又能剩下些什麼呢？而一個僅僅以抽象術語來理解的世界，又怎麼會存在自我概念呢？沒有意識形態，這個世界不過是事實的總和，人們只是（果眞如此的話）以冷靜的科學家

的客觀眼光來看待這個世界。不幸的是，我們缺乏那種眼光，也不具備能夠使我們運用那種眼光的知識。

自然界憎惡眞空。在價值中立的世界中，已經湧入了大量虛幻的意識形態，這些意識形態全都和我們在前一章考察的世俗神話一樣眞實。政治中也已經出現了這些神話，接踵而至的是「進步」這一愚蠢的術語。按照政治家們現在的說法，好像事態能夠「向前」進步或是「向後」倒退似的。保守主義者被視爲「阻礙進步」，自由主義者則「促進」進步。保守主義者就是「反動派」。「革命」並不意味著車輪的轉動，而是意味著「倒退」力量的「傾覆」。我們在這種言不由衷的官腔中（該官腔粉飾了布萊爾的「千禧年」演說），發現了同樣輕浮無稽的神話。事物「向前發展」，因爲那是事物的本質。可唯一眞實的是時間在向前運行，也就是說，時間從過去走向未來。任何政治主張都無法自命道出了一個如此平凡的眞理。因此，把時間的運行隨意地與知識的流動聯繫在一起，無疑混淆了時間的運行。只要知識逐漸增多，就說世事向前進步。於是，世事一天比一天好，只要沒有若干保守主義者擾亂這一進程。

布萊爾的演說就充斥了這種廢話，但並非只有政治人物才會扯這種廢話。即使是値得尊敬的歷史學家，也認爲保守主義者在數年時間內「延遲了」「前進」的必然趨勢，其他人則在「促進」自由主義或社會主義事業③。佛朗哥並未在西班牙獲得成功：他只

不過是耽擱了自由主義的啓蒙。梅特涅（Metternich）並未建立或維護一種持久的秩序：他只是在一段時期內「壓制」了歷史精神，諸如此類，不一而足。一個維持了十年的社會主義國家就是通向永恆的先聲，一個持續了三十年的保守主義國家卻只意味著苟延殘喘。但是，**我們一旦認識到「進步」的神話是多麼愚不可及，就不該再以這種方式認識事物。到那時，我們不妨把注意力轉向眼前的制度，尤其是維繫著人們賴以生活和達到滿足的意識形態的制度**。

但是，保守主義者已經超越了他繼承的遺產的廢墟，反省了其中的荒蕪淒涼，他不會回到已經以自身思考消除了的無知狀態。他並不抱有沙特式存在主義的反英雄立場，不會被迫爲他沒有適當概念加以說明的選擇負責。他了解自己的願望，了解或許能與之相適應的社會秩序。在逐步自覺的過程中，他使自身與事物保持距離。他所找到的維繫社會神話的理由，就是他不能傳播那些神話的理由；宣揚他的理由就意味著把疑惑傳播到世界上。由於力求明晰，保守主義者必定建議保持緘默。

這是無法解決的難題。它橫亙於每一種政治信仰面前。自由主義者的「自然權利」和「自由」，激進派的「無階級社會」和「解放」，社會主義者的「社會正義」和「平等」，所有這些都是神話。這些神話具有直接的吸引力。但是，只要考察它們的眞實涵義，我們就會發現，它們也能夠用來爲承認它們的菁英辯護，其措詞必定是隱瞞著普通

選民的。在探討這些神話的起源時，我們從政治的海洋上升到純粹見識（pure opinion）的陌生荒漠：一個充斥著懷疑、遁詞和虛張聲勢的地方。最明智的道路是離開，重新投入於自身之中。

註釋

①譯者：十四世紀中葉，法國國王約翰二世的幼子腓力二世與佛蘭德的瑪格麗特結婚，一三八四年，腓力夫婦繼承了佛蘭德、阿圖瓦等地。

②原註：參見鮑爾（P. T. Bauer）在《對發展的異議》（*Dissent on Development*，倫敦，一九七一年版）一書中提出的理由。

③原註：在馬克思主義者看來，這一趨勢是自然而然的。但令人驚奇的是，「公正的」歷史學家也時常這麼認爲。例如，戴維·湯姆森（David Thomson）：《拿破崙以後的歐洲》（*Europe since Napoleon*），倫敦，一九五七年版。在伏爾泰（Voltaire）的《路易十四時代》（*Siécle de Louis XIV*）或修昔底德的著作中，沒有一處地方暗示歷史具有一種發展趨勢的觀點。偉大歷史學家的標誌在於，他不是把全部注意力放在歷史上，而是放到形成歷史的人物和社會上。

附錄一

哲學附錄　自由主義與保守主義

Philosophical Appendix: Liberalism versus Conservatism

「自由主義」是個有著多重重疊涵義的術語。在某種意義上，它意指一種針對國家及其功能的態度（也是一種學說）；在另一個意義上，它是指一種道德觀，這種道德觀有時上升到理論的高度，但多半是隱匿於日常生活的縫隙裡。寬容是自由主義的首要原則，雖然正如它的批評者並未忘記指出的那樣，它對非自由主義者的寬容很快就枯竭了。各種形式的自由主義均表現出尊重個人存在的態度，力圖盡可能地為每一個人留出與社會生活的要求相容的道德和政治空間。因此，自由主義通常被認為暗含著一種平等主義。因為就其本質而言，它對個人的尊重同等地施予每一個人。偏袒本身就是不寬容，擴大了某一個人的空間，就縮小了其鄰人享有的空間。在完美的自由主義住宅區，不管裝飾花園的人造侏儒塑像多麼多樣化，花園的大小尺寸完全相同。

顯而易見，我們可以恰如其分把這種觀念看成西方世界的官方意識形態，它包含了關於人性和人類滿足的空泛假定。尤其是，個人自由被認為具有無可置疑的價值，是檢驗社會習俗和政治制度是否正當的唯一或首要的標準。眾所周知，事實已經證明，這一標準十分複雜，在實際運用時甚或自相矛盾。我們的天性引導我們尊重一個人的自由，也使我們為了他的鄰人的自由而壓制他的自由。此外，自由主義觀念往往迫切要求「平等對待」，以至於支援最大限度地干預一般資本主義者的自發事業，後者即所謂的「擁有性個人主義者」（possessive individualist）①，據說其意識形態正是這種自由主義觀念。

人們不會不注意到，同樣是對自由的、自我實現的個人的強調，既構成了米爾頓·弗里德曼（Milton Friedman，譯註：當代美國經濟學家）關於私有財產的自發秩序的基礎，也是卡爾·馬克思「全面共產主義」的幽靈的基礎。在馬克思那裡，由於私有財產以及「資產階級的」（也就是說，自由主義的）國家制度的同時消亡，所有人的自由得到保障。我將論證，自由主義的這種緊張關係——從羅爾斯（Rawls）提出的兩項正義原則不難看出這一點——在所難免，而且是源於一種不完善的哲學人類學。只要不拋棄自由主義觀念的某些基本信條，這種人類學的缺陷就無法彌補②。

那麼，「個人自由」意味著什麼呢？我將區分自由主義對這問題的兩種回答，把兩者分別稱爲「慾望型」（desire-based）自由主義和「自主型」（autonomy-based）自由主義。前者認爲一個人只有在這樣的意義上才是自由的，即他能夠滿足自己的願望。當然，關鍵問題在於這種「能夠」的方式。更爲重要的是，這樣的回答絲毫未觸及自由的價值，一旦把它當作政治理論的基本原則，可能會得出最爲荒謬的結論。以這種標準來衡量，赫胥黎的《美麗新世界》裡的公民就成了自由的典範，因爲他們生活在一個顯然旨在滿足他們每一個願望的世界裡。即便是最悲慘的奴隸制，不管用什麼手段，只要能夠勸誘奴隸心甘情願於自身的狀態，慾望型自由主義就會證明這種制度是正當的。慾望型自由主義的缺陷在於它對人性的曲解，這種曲解也許可以得到霍布斯的共鳴，康德之

後的哲學家卻極不願意接受。顯然，如果自由是一種不證自明的價值，就有必要對要求得到自由的行動者的性質做出更多的說明。我用「自主」（autonomy）一詞來概括這種「更多的說明」。自主型自由主義認爲，我們不是霍布斯筆下愚蠢無知的造物，像受電脈衝驅動那樣爲慾望所驅使。我們是康德所說的更爲複雜的生物，我們的動機形成與再形成於無所不在的實踐理性。我們有慾望，也有選擇和意圖。我們依據價值觀行事，追求自己珍視的事物，由此我們找到一種理由，它既驅策我們的行爲，也證明我們的行爲爲正當。這樣的行爲看上去並非出自一種轉瞬即逝的願望的一時衝動，而是源於自我，而自我是理性行爲的最初源頭和最終受益者。

當我們說自由主義者希望每一個人，用德沃金（Dwarkin）的話來說，「依照自己的善觀念來計畫和生活」（這一理念乃是羅爾斯和德沃金的自由主義共有的），指的是自由主義者希望實現的並非慾望，而是自主：此即康德式理性行爲者特有的動機結構。因此，自主型自由主義堅持認爲，我們是理性的行爲者（或者說自我），而這一特性決定了我們的困境。個人實現就是自主的實現，個人透過自主行爲來表現自我。所以，爲了尊重個人，我們必須爲他行使自主權留出空間，不然的話，就等於否定了他的存在，因爲那將阻礙他的自我（或本質）所寄寓的理性中樞的茁壯發展。

很清楚，自主型自由主義可不費力地闡明自由的價值，或是找到理由把個人自由提

升爲衡量政治秩序的終極標準。實際上，不尊重自由將威脅到個人的生存，而政治秩序是爲這些人而存在的，而且在這些人的心目中政治秩序必須表現出令人滿意的正當性色彩。

我們還會看到，權利概念如何成爲自由主義理論的核心。權利劃定了個人安身立命的私人領域——要使個人的自主得以維繫，就必須對這一領域加以保護。個人的自由在所有的領域都可以受到遏制，但這一領域除外：因爲剝奪一個人的權利就是壓縮他的生存空間。這正是「權利是一套王牌」③（德沃金語）這一觀念的涵義所在：個人透過行使權利來實現他的自主，並在權衡各種因素時，考慮他自身生存的絕對價值。

自主型自由主義學說要想使人信服，還須大費唇舌。出於眼前的目的，我必須假定，它的大致要點是清晰的，而且人們充分理解它關於人類行爲者，即一種受到理性選擇驅使的生物的基本觀點。

接下來，我想用我自己的話來做個常見的對比，關於人類行爲的第一人稱觀點與第三人稱觀點之間的對比。前者是我對自己的自願行爲的觀點，後者是另一個人可能會對這些行爲產生的看法。兩種觀點有各自的辯解方式：我對自己行爲的某些解釋可能是做這件事的理由；他者的某些辯解或許只是爲什麼應當做這件事的原因。舉一個例子來說，一位原始的部落民用舞蹈來祭祀戰爭之神，在考察這種舞蹈的人類學家（某位相信

功能主義學說的人類學家）看來，這種舞蹈具有完全不同的涵義：在危急時刻，它可以鼓舞士氣，增強部落的凝聚力。

在這個例證中，第三人稱詮釋不會成為舞蹈者的第一人稱理由的一部分。以那樣的方式來思考他的舞蹈，就立即疏遠了該舞蹈本身，就喪失了其動機的直接而強制的性質，從而喪失了這一舞蹈的精神實質。在這裡，從第三人稱的視角難以理解第一人稱理由（「因爲神要求這麼做」）：第一人稱理由把舞蹈者封閉在他的舞蹈中，從而消除了行爲者與行爲之間的距離。一般說來，我們的許多行爲有著與第一和第三人稱觀點完全不同的理由，在一些角度看來似乎合理的東西，從另一角度看也許就完全是不可思議的。

我認爲，上述的差別，就成爲人們常說的自由主義與功利主義之間對立的根源所在。自由主義的人類自由觀完全是第一人稱觀點的概括，它關於正當理由的觀念受制於第一人稱理由的觀念。任何一種約束的正當理由，必定存在於那些可以提供給行爲者的理由：**我**之所以服從約束的理由。而自由的價值完全在於這樣的事實：它是所有第一人稱觀點的先決條件。

與之相反，功利主義按照世界的本來面目來看待世界，而且並不僅是行爲者體驗到的世界（當然，行爲者看待世界的方式，是世界眞實面貌極重要的組成部分）。功利主

義者擺脫了個人的困境，從長遠的成敗來看待個人行爲的意義。但是對於行爲者來說，從這一角度所肯定的行爲，會很自然地被看作是無理性或不容許的。因爲功利主義的理由不但確定不了行爲的動機，甚至會找出一種不去從事這些行爲的理由。一種不說明任何動機的思考，也不會爲我提供行爲的理由。恰恰是由於第三人稱理由無法完全涵蓋第一人稱視角，功利主義才未能成爲對實踐理性的一種解釋，它與自由主義價值觀的衝突源於這樣一個事實：在自由主義者看來，第一人稱視角至高無上，足以產生出衡量政治秩序的尺度和評價公平社會的標準。

在我看來，自由主義者認爲從第一人稱視角可以產生這種尺度和標準，這種看法大錯特錯。然而，自由主義者的這樣一種信念是正確的：自主行爲者的這一視角是不可忽視的；讓這種視角能夠得到最大限度的發展，是政治實體的首要任務之一。

爲了把我的論點表達得更爲明確，我們可以把自由主義與另一種政治觀念，即前文闡述的保守主義政治觀做對比。像功利主義一樣，保守主義專注、或者說應當專注於第三人稱視角。典型的保守主義者類似於功能主義人類學家，關注社會習俗和政治制度的長期作用，認爲這些制度造就了那些甘心接受這些制度，接受自身地位帶來的一切事物的人們的幸福，他從人們藉以指導生活的那些直接而令人安慰的成見中發現智慧，不願意鼓勵對這樣的制度進行改革。

然而，自由主義說要從本質上對現行制度進行修正，總是力求以第一人稱視角的普遍要求來調整現行制度。這樣做旨在確立一種超越目前的制度安排的觀點，由此可以對這些安排加以通盤審視，並對必要之處加以修正乃至廢棄，我認爲這正是羅爾斯「假言」（hypothetical）契約的眞正涵義。這種修正論不僅適合自由主義的政治理論，還適合個人主義的強調，後者指導著有自由主義思想的人的日常行爲。自由主義的所有變體和各個層面都包含這樣一個問題：「爲什麼**我**應當做**那件事**？」這個問題涉及政治制度、法律規章、社會習俗乃至道德準則。只要不存在從第一人稱視角認可的答案，我們就可以主動加以改變。

概略地說，自由主義者可以容忍的答案有兩個：一是基於行爲的第一人稱理由的答案；二是基於人權的答案。尊重權利，你就尊重了他人的第一人稱理由，因爲這就承認了他人具有第一人稱理由在其中大行其道的自主。可以這麼認爲，自由主義理論之所以不可避免地傾向於自然權利的理念，就是因爲除非我能夠表明有一種具有客觀約束力的理由使你尊重他人的權利，否則就無法向你提出任何限制你行爲的理由。倘若沒有這種約束性理由，那就沒有什麼權利是「天賦的」——在自主行爲者的審慎考慮中，起最大作用的莫過於他可能自發產生的接受那些權利的意願。

自由主義者正是基於這種假定，得以攻擊保守主義者的立場。他的論證是、而且必

定首先是「轉嫁責任」（onus-shifting）。自由主義者會問：「爲什麼我應當做那件事？」保守主義者必須證明以下兩種情況：⑴：自由主義者是出於第一人稱理由去做這件事，換言之，他能夠合情合理地同意做那件事；⑵：他出於自身尊重他人客觀權利的義務而一定要做那件事。事實證明，轉嫁責任論點是自由主義在根除人性固有偏執的戰鬥中的一件極爲有力的武器，如果不借助於⑵，這一論點只會淪爲一種極端的懷疑主義，淪爲一種奴性的自我中心的摒棄，以及對一切眞實的政治活動的摒棄。然而，借助於⑵的幫助，自由主義者就能夠從作爲其觀點前提的第一人稱視角出發，描述一種替代的政治狀況，描述超出了習俗和成見等專橫遺產的法律和制度，描述偶然的人類歷史狀況。但是，由於我不認爲自由主義者有資格得到⑵的幫助，我也就不認爲，他們能夠以他們所設想的簡單方式來成功地轉嫁證明的責任。

雖然要說明這一點十分困難，但我將考察一種具有代表性的自由主義學說，使我的論證能夠自圓其說。這種學說最早起源於康德，它簡潔、得體、令人不容規避地說明了第一人稱視角，人們相信它是對我們狀況的最可靠的說明。我將要論證，這種學說存在一個矛盾，這一矛盾是自主這一自由主義理念所固有的，它也導致了自由主義學說在應用時所出現的緊張關係。我將捍衛一種修正的保守主義，以之作爲考察第一人稱視角賴以形成的人類狀況的更爲合理的替代觀點。

按照康德的學說，只有存在激發行為的理由，才存在行為的第一人稱理由。一個理由只有在激發了我，它才成為**我的**理由。由於決定採取行動，我就自以為受到理性的驅使，並為理性所限制，乃至理性本身就限定了我的選擇範圍。這一假定的核心是對我的自我的思想，即把我的自我當作行動的發起原因，我之所以行動，並不僅僅是受這種或那種慾望的驅動，而是因為我做出了選擇。按照康德主義者的看法，正是這一思想包含著義務的約束，這種約束並非是我將要做什麼，而是我應當做什麼，或者說什麼是行為的正當方式。如果說一位康德主義者認為，應當允許一個自主的人得出「自己」關於善的「觀念」，那是因為這種行為恰恰是他的自主性所要求的。

據信這種行為產生了真正客觀的約束。康德主義者堅持認為，自主的人受制於對他自身的自主的思想——受理性驅動的自我的思想，因而把實踐理性作為指導原則，這些指導原則就是限定了他的目的的絕對命令。這種絕對命令有三種強制性形式，這三種形式的命令，借助我們對自身作為理性行為者的認識強加於我們身上，它們中的每一個，似乎都抓住了此後逐漸為人所共知的「自由普適主義」（liberal universalism）觀點的某一方面：我們必須只依照我們也能施加於同胞的那些考慮行事；我們必須把有理性的存在者只當作目的而不是手段；我們必須行為端正以求用行動實現「目的的王國」——在「目的的王國」中，自由、平等的理性人既是理性統治中的臣民，又是理性統治下的君

主。

上述三個理念可以這樣來詮釋：我們不能因自己的偏好而制定例外；我們必須承認自主是普遍權利；我們必須努力實現平等自由的理想。換言之，在康德主義者看來，自主這一前提產生了想要得出的自由主義結論：第一人稱觀點迫使行爲者承認客觀權利，承認所有像他本人一樣具有第一人稱視角的行爲者也享有同等的權利。我認爲，康德就這一成爲自由主義理論基石的理念所寫的摘要，要比此後爲了支援它所說的一切更具說服力。倘若康德的闡述出現自相矛盾，自由主義的立場就會陷入嚴重的困境。

我們已看到自由主義某些事實上的矛盾之處：「目的王國」指明了一個眞正平等的世界，它包含的「似乎」卻遭到來自個人權利、來自把他人當作目的的諭令的頑固抵制。我確信，這一點已經爲諾齊克所顯示，他輕率地認爲，能夠把第二條絕對命令和其他兩條命令的同等要求割裂開來。實際上，在我看來，正確探討這三項法則不僅向我們表明，社會主義與自由主義是源於同一種獨特理念，一種第一人稱視角的理念，還表明兩者之間的衝突永遠無法消弭。我相信「現實存在的社會主義」的歷史證明了這一點，「現實存在的自由主義」的歷史同樣證明了這一點。

按照我的理解，關鍵問題在於，康德希望從這樣的前提出發，得出我們也受制於平等權利的客觀原則的結論，即：我們是，或至少自認爲是受理性驅使的。爲實現這一目

的，他採取了抽象的方法。他假定，通過貶低我的「經驗條件」（empirical conditions），即透過從我的思想中消除所有把我與「此時此地」的存在聯繫起來的考量，我就上升（advance）到理性的立場。他假定，只有以這種方式，我才能夠達到那種「跳脫自然」的立場，即我只對理性的召喚做出回應。只有從這一立場出發，普遍而劃一的理性法則才是清晰可見的。然而，正如康德承認的，在由我的「偶然的」或「歷史的」條件進行抽象時，我也就由我行爲的環境抽象，尤其由最初使我考慮行動的願望和利益抽象出來。我把自身的存在假定爲一種「先驗的自我」（transcendental self），而就「單純由理性激發的動機」來說，其實也只有這種先驗的自我能夠把它展現出來。

這顯然是自相矛盾的荒謬說法。很清楚，由於跳脫了自然，跳脫了人類行爲者的「經驗條件」，先驗的自我不具備在此時此地採取行動的能力。它對理性做出反應，但正因爲行爲的世界已被抽象化，已不再抵制理性的要求。先驗的自我並非現實世界中促進變革的行爲者，在這種情況下，影響了先驗自我的理由又怎麼能同時激發它在此時此地去做此事呢？倘若我把自身視作先驗的自我，也就是認爲自己缺乏明確的動機。另一方面，倘若我保留自己是「經驗的自我」的觀念，即認爲自我受制於環境的要求和願望的激勵，我就不復能夠以抽象於我的困境的程序來鑑別自身的困境。這種程序的確使我承認他人的權利，卻使我喪失了這一程序之所以必要的眞正動機。

因此，就我仍然處於自身的困境而論，我必須接受自身目標和計畫的歷史規定性，避免把自我貶低到使我的目標和計畫變得無足輕重的地步。

簡言之，康德式的抽象使我覺得，自身陷入無法解決的兩難困境：要麼我服從理性的先驗自我，在這種情況下，我無法行動；要麼我能夠有所行動，在這種情況下，我的動機是自身所處環境和歷史的一部分，自始至終對總是從經驗世界範圍之外傳來的理性呼聲毫無反應。這樣一來，下述假定就顯得自相矛盾了：一方面我是促進變革的具體、歷史的行爲者，同時，我又必須承認他人的權利。

人們會說，上述看法即使表明了，康德從第一人稱觀點證明權利爲正當的嘗試，產生了矛盾命題，除此之外，它們卻並沒有說明更多的東西。它們並未提供任何普遍的理由，來認定自主型自由主義必定無法證成自然權利。

即便如此，在我看來，我提出的看法仍具有普遍的適用性。因爲，雖然爲了表達的清晰性，我用人們所熟悉的對康德倫理學說的異議來表達這些看法，其說服力卻不取決於對康德倫理學說的詳盡討論。確切地說，這些看法源於行爲的有理據的第一人稱理由觀念所蘊涵的衝突。要使這種理由客觀有效，就必須把這種理由和使我與他人有別的條件相分離。這種理由必須由我目前困境的考慮中抽象以獲取理智的力量。與此同時，除非它直接源於驅使我有所行動的環境，否則就無法具備任何動機的力量，從而不能成爲

我的第一人稱推論的組成部分。它必須涉及**我在此時此地**的動機。我描述的正是上述兩種要求之間的矛盾，羅爾斯的「康德式建構主義」（Kantian constructivism）中同樣可以看到這種矛盾。在羅爾斯那裡，這一矛盾表現爲如下形式：姑且承認，當我從無知之幕（veil of ignorance）背後做出選擇，我選擇了抽象的正義原則，可是當無知之幕被消除後，又是什麼把我與那一選擇結合在一起呢？我要麼受到束縛，在此情況下我無法進入行動的眞實世界；要麼我進入到那一世界，在此情況下這些僅僅是「假想的考慮」就無法束縛我的行動。我們再度發現，第一人稱視角把自然正義的陰影投射到世界，卻始終不受這種陰影般要求的束縛。

休謨雖然從未以我所用的措詞來表達思想，我們可以把他對於「理性是、也只應當是激情的奴隸」的強調，對於實踐理性觀的全面攻擊，看成對第一人稱視角的摒棄，休謨的理由是，第一人稱視角充斥幻想。在休謨看來，正確的人類世界觀必須從第三人稱觀點出發，按照這一觀點，人們深陷於社會生活的偶然性之中，其行爲處事依據的是回應不斷變化的生存環境而產生的激情。

第一人稱視角把我描述成有理性的存在者來取悅於我，卻歪曲了我的狀況。這唯一的證成方式建議我秉持一種有道德的態度，即正義的態度，以這種態度積極承認他人的權利，由於人們渴望與同類公平交往，爲這種公正態度辯解的唯一理由，就是它給人類

帶來的長期益處。不過，這種證成理由不是行爲的第一人稱理由。

然而，即使接受我的結論，也不意味著徹底拋棄自由主義（我意識到，在我們被迫這麼做之前，有太多東西需要加以說明）。實際上，只要不放棄第一人稱觀點，我們就不可能徹底摒棄自由主義，因爲這做不到也不可取。我認爲，康德的下述觀點是正確的，即把他引入絕對命令和「先驗自我」假定的，並不僅僅是一種哲學上的論證，而更是纏繞著理性人的行爲的那種的思維實驗（thought experiment）的延續。每當我們自問「我**應當**做什麼」而非「我**將要**做什麼」的時候，我們每一個人都被迫以這種方式思考。除非完全喪失了善的概念，否則一個人不會停止探詢那個問題。因而，爲了保護自身的自主，我們必須捍衛能夠由此追問義務問題的視角。我們身爲自主的存在者，除了慾望外還有價值觀念和意圖，因此，不同形式的康德式思維實驗也是我們生存狀況的一部分。

然而，有理由認爲，這種不可或缺的視角也屬於系統化的幻想。在日常生活中必須維繫這種幻想。但是，從一種重要的意義上說，這種幻想無法維繫自身。康德力求確證第一人稱視角的內在性，以期從中獲致自然法的抽象體系。在這麼做時（如他反覆承認的那樣），他碰到了一個無法跨越的障礙。第一人稱視角似乎無法自我確證。第一人稱視角能做的，充其量是保持對此毫無覺察的天眞心態，繼續平靜地把自己看作似乎是目

的王國的一個成員，同時對休謨哲學認定的一個重大事實視而不見：它尊重他人權利的唯一原因在於這正是它所缺乏的。第一人稱必須對自己隱瞞自己的善舉，這樣才能認爲自身受到約束。康德正確地論證說，正是由於想到了我受制於義務，才喚醒了「我是自由的」的觀念。

因此，自由主義者——他們正確重視第一人稱觀點，認爲它決定了我們的狀況——必定會問這個問題：怎樣才能維繫這觀點？倘若自由主義者過於頻繁地重複轉嫁責任的論點，就將不可避免地陷入自我否定。從某種意義上說，對於每一種習俗和每一項法律都要問一句「爲什麼我應當做那件事？」的人，必定會給自身強加一個更尖銳的問題：「爲什麼我應當做事？」只要他能夠堅持行爲的第一人稱觀點，他就可以用這種回答，用康德哲學自然法的措詞所做的回答來自我安慰，這一回答責令他尊重他人的權利。但是，在自由主義者將我們強行帶入的這些最高層次上，對這種法則的幻想瀕於破滅。只須多問一個進一步的問題，多問一個「爲什麼？」這座大廈就會土崩瓦解，自由主義者就將面對毫不妥協的懷疑論的幽靈。

即使是轉向第三人稱觀點，這難題也無法解決，因爲一旦做出這種轉變，就意味著不再考慮動機。即使存在極爲正當的理由，哪怕是關係到我自身幸福的理由，表明對他人權利的關注應當成爲我行爲的動機，它們卻不會產生激發我行爲的動機，因爲它們不

會是**我**所認定的理由。

不過，第三人稱觀點能使我們在某一點上緊緊抓住這問題。康德哲學的自主學說有某種不容忽視的東西。我應當**成為**一種先驗的自我，這是令人難以接受的；但我應當容忍我是一種先驗自我的幻想，這卻是必要的。實際上，雖然我是理性的行爲者，但我在**本質上**受制於這種幻想。倘若我終究能得到滿足，我必須從屬於能夠維繫這種幻想的世界，我的各項計畫對我都具有價值，我的願望則被併入到一種善的觀念之中。因此，第一人稱視角就有了第三人稱的證成理由，由於認識到第一人稱視角的虛幻性質，這種第三人稱證成理由無法越過障礙併入第一人稱觀點之中。這樣一來，保守主義的人類學家會寬容地對自由主義者露出笑容，他僅有的顧慮在於，也許不必要完全剝奪自由主義者應當享有的權利，免得他質疑共同體的所有既定事實。這是一種實實在在的顧慮。如果自由主義者找不到一個可以安身立命的支點，不借助於超驗的幻想而找到這個世界的內在價值，那麼自由主義者就永遠不會安寧，至少在以其毀滅性的「爲什麼？」把每一種法律和制度都破壞殆盡之前，他是不會安寧的。轉嫁責任的自由主義者將不得不推卻一切，因此，他面對的世界將喪失各種人爲的社會產物，其中最重要的恰恰是道德規範本身。

我充其量只能暗示這種第三人稱視角提出的看法。但我確信，就我的描述而言，這

種看法不可避免地是一種保守主義的觀點。請想一想，是什麼引導人們從價值觀的角度來看待世界，並由此形成自由主義者所要求的那種先驗的視角。人們生來就處於情感的網絡之中，受到各種力量的培植和保護，這些力量的作用是他們既無法贊同，也不可能事先計畫的。他們的生存背負著愛和感激的重負，正是爲了回應這種重負，他們開始認識到「應然」（ought）的力量。這不是自由主義學說中抽象的、普遍的「應然」，至少目前還不是，而是家庭感情的具體而直接的「應然」。這就是忠孝的「應然」，它承認狹隘的、短暫的、受制於歷史條件的社會紐帶具有不容置疑的正確性。這種「應然」基本上是因人而異的，既不承認平等，也不認可自由，只承認局部既定關係的絕對要求。

除非意識到那一要求，不然有理性的存在者缺乏動機去發掘人類世界的價值。不過，由於他認識到愛的要求和愛的對象的不完善二者之間無法匹配，就逐漸開始形成先驗幻想的灰色世界。自由主義是他試圖用來撫平一種最初的失望的慰藉，它是在救贖一項原罪：依賴之罪。

因此，在我看來，如果說有什麼論據能夠支援自由主義，就會有更有力的論據來支援保守主義。因爲我們必須保全制度、習俗，尤其是自由主義的第一人稱觀點得以滋生的狹隘情感。不過，由於這些情感的基礎並非抽象的正義，而是華茲華斯（Wordsworth）所說的「天生的忠孝」（natural piety），這些情感也受到了自身孕育的自由主義意識的

侵蝕。它們不再能夠抵禦理性的「爲什麼？」，正如父母也同樣無法抵制自己孩子咄咄逼人的指責。

我剛才間接提到的對家庭所做的黑格爾式辯護，需要在我論證基礎上進一步詳盡闡述。藉由說明自由主義的矛盾，即它註定會損害滋養它的前提，我想提出一個政治上的例證：君主制。

我認爲，從第三人稱觀點來看，君主政體毫無疑問是最合理的政府形式。君主政體以一個脆弱的人類成員來體現國家，這就抓住了政治忠誠的多變性和既定性，由此把忠誠轉化爲愛戴。對於君主的情感是一種自然而然的反應，是每一個政治人履行生來就有的義務的最簡便適當的方式。除了贏得人民的愛戴之外，又有什麼更爲合理的統治方式呢？

然而，從第一人稱視角就難以理解對君主的忠誠。這種忠誠是一種直接的、不加思索的成見，除了它本身之外沒有任何理由。要尋找理由，例如，在君主的品德中找理由，就等於打開了嘲弄和懷疑的大門。因此，一旦自由主義者提出問題，這一制度就開始受到衝擊。然而，自由主義者不可避免地會提出他的問題。

像福蒂斯丘（Fortescue）④那樣的中世紀法學家之所以提倡自由憲章（*constitutio libertatis*），是爲了以君主的法律來約束君主，換言之，是爲了使無條件的情感從屬於主權

者的意志，從屬於抽象權利的劃一規範。在一系列的妥協之後，情感與規範兩者都保留下來。毫無疑問，這一直是個有益的結果。但是，當自由主義最終取得勝利，很難說兩者中還有哪一個能夠倖存下來。我認爲，我們能期望的最好結局充其量是：自由主義者將開始嚴肅對待他們自己的意識形態，並因此與保守主義達成和解。他們不妨把這種和解稱作羅爾斯所說的「反思的平衡」（reflective equilibrium），並藉以設想它是合理的，就好像第一人稱單數總是合理的一般。但是，它當然不會是合理的，人們所能期望的最好結局，不過是自由主義的理性主義者憑藉這種或類似的方法，最終能滿足於一種並非出自他們的成見。

註釋

①譯註：「擁有性個人主義」是加拿大學者麥克佛森在《擁有性個人主義的政治理論》一書中提出的一個重要論點。他重新詮釋了從霍布斯到洛克的英國政治理論傳統，強調其基礎是個人主義中的「擁有性」特性。

②原註：羅爾斯（Rawls）在《正義論》（*A Theory of Justice*）一書中提出了正義的兩條原則。簡而言之，這兩條原則是：每一個個人同等享有最廣泛的基本自由權利；只有當能夠合理預期改善最少利益者的地位時，社會和經濟的不平等才是可以容忍的。引文引自德沃金（Dworkin），《認眞對待權利》（*Taking Rights Seriously*）。

③譯註：「權利是一套王牌」，語出德沃金的《認眞對待權利》，又譯作「個人權利是個人手中的政治護身

符」。見《認眞對待權利》（中國大百科全書出版社，一九九八年版），導論，第六頁。

④譯註：福蒂斯丘，英國法學家，代表作有《論自然法的性質》、《英格蘭法律頌》、《英格蘭的統治方式》等。

The Meaning of Conservatism

附錄二

關於保守主義

王皖強

卡爾・曼海姆（Karl Mannheim）曾經指出，保守主義思想的發掘，往往不是由統治階級自身，而是由一批自命爲保守主義者的理論家來進行的。擺在讀者面前的這本《保守主義》，就是當代保守主義者詮釋、重申傳統保守主義基本原則的一部扛鼎之作。作者羅傑・斯克拉頓（編按：本篇附錄係爲譯者王皖強教授在簡體版譯本之譯者序原文。作者Roger Scruton中文譯名在此植爲斯克拉頓。）是新右派保守主義最具代表性、也是最具爭議的理論家。

羅傑・斯克拉頓生於一九四四年，在劍橋大學獲碩士和哲學博士學位。一九六九年起先後在劍橋大學彼得豪斯學院、倫敦大學柏克貝克學院、波士頓大學任教。他曾任普林斯頓大學、史丹福大學、魯汶大學等多所著名大學的客座研究員。現爲倫敦大學伯克貝克學院哲學系客座教授。

斯克拉頓屬於那種典型的精力過人、興趣廣泛的知識份子。他不僅是作家、哲學家，還是政治活動家、新聞工作者、出版商、商人和作曲家。作爲一位保守主義政治活動家，他創辦了保守主義哲學小組，這個哲學小組對英國二十世紀七〇、八〇年代政治思潮的轉變發揮了相當重要的影響。他曾多年主筆英國及西歐最有影響的保守主義雜誌《索爾茲伯里評論》。他還是《泰晤士報》、《金融時報》、《觀察家報》、《星期日電訊報》等多家報刊的專欄作家。他創作過多首鋼琴曲和器樂、聲樂作品，所創作的歌劇《大臣》數次公演，頗受好評。

斯克拉頓先後出版過二十多部著作，其中不僅有專業的哲學論著，還涉及政治、文化、美學、音樂等諸多領域。他還出版過四部小說。當然，他的主要研究領域是哲學和美學，代表作有《現代哲學》、《藝術與想像力》、《美學理解力》等。

一九八〇年，斯克拉頓出版了《保守主義》，該書很快在西方學術界引起了很大迴響和爭議。爲了回應各種批評，進一步闡發自己的觀點，斯克拉頓在一九八四年推出第二版，增加了一個哲學附錄〈自由主義與保守主義〉。時至今日，該書已數次重印，成爲斯克拉頓在政治理論和政治思想方面的代表作，被公認最集中地體現了英國新右派保守主義的思想。本文擬結合保守主義的一些基本問題以及英國保守主義的嬗變，從縱深的歷史背景對斯克拉頓的主要觀點做一些概略提示和分析。

一、保守與保守主義

在本書的〈哲學附錄〉中，斯克拉頓指出，自由主義乃是一個有著許多重疊涵義的術語。其實，「保守主義」這一術語的複雜程度絲毫不比自由主義遜色。按照美國保守主義思想家羅西特（C. Rossiter）的話，這個術語涵義之多，不亞於它所引起的混亂、曲解和憤怒。每一個談及保守主義的學者、政治家或自命的保守主義者，無不依據自己的

立場、觀點和角度來界定、詮釋這一術語，見仁見智，莫衷一是。

羅西特本人對保守主義的界定就很有代表性，他區分了四種類型的保守主義：本質上的保守主義、情境上的保守主義、政治保守主義和保守主義哲學①。

所謂本質上的保守主義，是指人們心目中的一種自然的性情，即抵制對習慣性生活和工作方式帶來混亂的變化。換言之，它描述的是一種本質上或心理上的態度，是絕大多數人在日常生活中表現出來的一系列特性：習慣、惰性、恐懼以及好勝心等等。

保守主義的第二種定義與第一種相關，即它是一種態度，反對可能導致社會、經濟、法律、宗教、政治和文化秩序分裂的變化。也就是說，人們表現出希望維持現狀的傾向，對激進主義的恐懼就是這種傾向在政治領域的反映。

羅西特的這兩種定義不僅包括人的心理態度，也意指作爲這些態度之結果的行爲，問題在於我們往往很難在態度與行爲之間劃出明確的界線。

在現實政治領域，本質上的保守主義體現爲政治保守主義。羅西特認爲它大體上等同於所謂的「右派」。羅西特認爲，最典型的政治保守主義者有英國托利黨人、美國共和黨人、法國戴高樂派以及一些歐洲國家的基督教民主黨人。需要指出的是，羅西特所說的右派只是指溫和的右派，沒有包括西方右翼政治思想的另一個分支，即激進的或「反動的」右派。他特別強調，那些採取激進的行動以保全正在崩潰的價值觀念和制度

的傳統主義者，即「革命的保守主義者」，根本不屬於保守主義者的範疇。

實際上，滿足於現狀的保守主義者與希望恢復到以往某個「黃金時代」的制度和政治安排的「反動派」之間同樣難以明確區分，他們在現實政治鬥爭中往往屬於同一個政治集團或政黨。顯然，若依照羅西特的這種定義，會把一批地道的政治保守主義者排除在外。例如，人們往往把法國以德．邁斯特爾爲代表的極爲重視傳統和權威的保守主義者稱作「反動派」，而非保守主義者。

最後一種保守主義是指一種哲學或政治思想體系，這種哲學或政治思想體系最早可以上溯到埃德蒙．伯克及其《法國革命感想錄》。它致力於維護既定的秩序以及該秩序中某些集團或階級的領導地位。

羅西特的後兩種定義也存在同樣問題，保守主義政治與保守主義政治思潮密不可分。不論是伯克的保守主義與當時的反雅各賓主義，還是當代斯克拉頓的保守主義與柴契爾主義，政治思想與政治實踐相互影響、互爲因果。

因此，我們可以將羅西特的定義簡化一下，把保守主義大致分爲小寫字頭c的保守主義（conservatism）和大寫字頭C的保守主義（Conservatism）。前者指人們自身的一系列態度、觀念、傾向，即所謂自然的保守主義或人們心目中的守舊思想，它包括羅西特所說的本質上及情境上的保守主義。後者包括政治上的保守主義和保守主義哲學，指與保

守主義政黨直接或間接相關的一整套連貫一致的政治信仰和意識形態。下文中涉及的保守主義就是指這種保守主義的意識形態，保守主義者就是具備這種政治信念的政治家和政治思想家。

問題在於，許多正統的保守主義者認爲保守主義並不是一種意識形態。他們往往以保守主義缺乏明確的理論或學說而自詡，甚而徹底否認保守主義是一種意識形態。在他們看來，保守主義與其說是一種政治教義，毋寧說是一種思維習慣、一種情感方式和一種生活方式②。當代英國保守主義政治家伊恩・吉爾摩爵士宣稱，沒有什麼比意識形態更容易引起分裂的東西了，既然分裂應當避免，當然應該對意識形態敬而遠之③。另一位保守黨政治家黑爾什姆勳爵說得明確、也更動聽：保守主義者的主要興趣根本不在於政治，而是在於「宗教、藝術、學術、家庭、鄉村、朋友、音樂、樂趣和義務」④。曾任英國保守黨主席、末代港督的彭定康也曾出版過一本關於保守主義的書。他也羅列了保守主義者所關注的事物，其中包括書籍、音樂、繪畫、工作、友情、娛樂、組成並維持一個家庭等等⑤。

一些哲學家的看法也是如此。當代最重要的保守主義哲學家邁克爾・奧克肖特經典地闡述了保守主義者的意向：「作爲保守主義者，就是喜愛熟悉的事物勝過未知的事物，可信賴的事物勝過未經試驗的事物，事實勝於玄理，眼前之物勝於遙遠之物，充足

勝於完美，現時的歡樂勝於虛幻的極樂。」⑥

顯然，奧克肖特屬意的保守主義並不是、也沒有打算成爲一種政治信仰。但是，奧克肖特雖然表現出明確的反理性主義傾向，這種意向或主張卻絕不是非理性的，其價值在於把這種反理性主義作爲衡量一切政治判斷的基礎——伯克著作的主旨正在於此。如斯克拉頓在本書導論中所說，保守主義的實質就在於無法系統、淸晰地闡述，在迫不得已進行表述時，也是懷疑主義的。應該說，這是保守主義有別於對立的意識形態之處，我們不能由此認定保守主義不具備關於人類一般狀況的理論。更準確地說，保守主義主要地是一種態度，間接地是一種政治信條。在另一本關於保守主義的著作中，斯克拉頓指出，如果保守主義者不能提供一種關於人類狀況的理論，或是理解那一狀況的價值觀念，就不可能提供關於自身立場的令人信服的理論，也無法提供他們希望保全的制度的理由⑦。

追本溯源，保守主義思想的歷史至少可以上溯到十六世紀末、十七世紀初。一五九四年，理查德·胡克（Richard Hooker）出版了《論教會體制的法則》，突出而明確地提出了保守主義的主要信念。如果我們把眼界放寬，那麼，亞里斯多德、西塞羅、聖奧古斯丁、聖托馬斯、聖阿奎那乃至休謨，都建立起基本屬於保守主義範疇的思想體系。

但是，作爲一種成體系的政治態度，保守主義脫胎於對一七八九年法國大革命的譴

責。埃德蒙・伯克一七九〇年發表的《法國革命感想錄》被公認是現代保守主義基本原則的源頭。我們現在使用的「保守派」或「保守主義者」出現於十九世紀初。當時，法國浪漫派作家夏多布里昂在一份旨在抵制民主思想的雜誌中首先使用 Le Conservateur 一詞。一些反對法國革命帶來的民主進程的政治派別很快採納了這個名稱。例如，一八三〇年，美國的國民共和黨人自稱爲 Conservatives；一八三一年，英國的《旗幟報》稱打敗了拿破崙的威靈頓公爵領導的托利黨爲「保守黨」⑧。

英國是保守主義的發源地，這當然有深刻的政治、社會及思想背景。僅從哲學傳承上說，這與英國悠久的經驗主義傳統密切相關。早在歐洲中世紀中葉，英國神學就已經出現了經驗主義之光，英國哲學最終形成了重視經驗的傳統。經驗主義一方面是唯物主義的表現，另一極端便是哲學上的懷疑論。這種懷疑論的具體體現之一就是對待理性的態度。同是啓蒙運動，蘇格蘭啓蒙運動、英格蘭啓蒙運動與法國啓蒙運動等大陸啓蒙運動在對待理性的態度上有明顯的差異。亞當・斯密、大衛・休謨、亞當・弗格森等人對理性持一種懷疑態度，伏爾泰、百科全書派爲代表的則更多地強調理性的積極作用。

在英國，保守主義思想的源頭有兩個，一爲宗教的，一爲世俗的。前者的代表人物有理查德・胡克、克拉倫敦勳爵愛德華・海德（Edward Hyde）、塞繆爾・約翰遜、伯克、柯爾律治（Coleridge）和牛津運動的主要人物紅衣主教紐曼（John Henry Newman）；

後者以綽號「騎牆派」的哈利法克斯（George Savile Halifax）、博林布魯克（Henry Bolingbroke）和大衛・休謨爲代表⑨。伯克之後，宗教的一支佔據了主導地位。究其原因，當是伯克本人的巨大影響。

《法國革命感想錄》出版不到十年，英國及歐洲就出現了一批重要的保守主義者：法國的博納爾（Bonald）、德・邁斯特爾（de Maistre）、拉梅內（Robert de Lammenais）和夏多布里昂等人無一例外地讀過伯克的《法國革命感想錄》並受到啓發。德國的默澤爾（Justus Moser）、亞當・穆勒（Adam Muller）、薩維尼（Karl von Savigny）乃至黑格爾，瑞士的穆勒（Johannes von Müller）、卡爾・馮・哈勒（Karl von Haller），西班牙的科提斯（Donosoy Cortes）、巴爾梅斯（Jaime Balmes）等人亦是如此。上述這些人的著作又成爲此後數十乃至上百年間各自國家保守主義思想的重要源泉⑩。

在英國保守黨歷史上，班傑明・迪斯累里是少有的幾位爲保守主義意識形態增添了新內涵的政治家之一。他在「青年英國」（馬克思、恩格斯在《共產黨宣言》中，將這個主要由保守黨貴族組成的政治派系的主張定義爲「封建的社會主義」）三部曲之一的《康寧斯比》中，對保守主義者提出了一個「令人難堪的問題」：你們要保全的是什麼？

很多論者把保守主義視爲一種維護現狀，反對根本性變化的意識形態。塞繆爾・亨

廷頓就持這一觀點。在一篇名為〈作為意識形態的保守主義〉的文章中，亨廷頓認為，保守主義首先是一種捍衛現狀的意識形態，明確、系統地從理論上抵制變化。保守主義隨所處的不同地位而變化，總是與對立的意識形態唱反調，卻沒有提供關於社會應該如何組織的理想⑪。

一九九一年，普林斯頓高等研究院的終身教授阿爾伯特・赫希曼出版了《反動的言語》，勾勒出伯克以降保守主義歷史演變的主線。赫希曼認為，法國大革命之後的兩百多年間，西方政治思想史上出現三次大的反動，興起了三次大規模反對變革的保守主義浪潮。第一次浪潮針對法國大革命以及《人權宣言》帶來的法律面前人人平等的公民權思想。第二次是針對普選權和大眾政治的一場思想反動運動。最後一次是當代對福利國家的批判和改革福利政策的嘗試。

赫希曼歸納了保守主義者致力於維護現狀所持的三個論題：荒謬論題、無用論題和危險論題。

按照第一個論題，任何致力於改變現行政治、經濟和社會秩序的政治活動都將導致與其初衷完全相反的結果。例如，伯克之所以攻擊法國大革命，其核心和出發點在於他認識到，以革命方式追求自由絕不會像雅各賓主義者希望的那樣擴大和維護自由，恰恰相反，革命將摧毀維持有限政治的必要條件，從而徹底葬送自由。第二個論題是指試圖

實現社會轉變的任何嘗試都是徒勞無益的。例如，試圖消除財富或權力分配不平等的社會運動不可能取得實效。第三個論題是指任何變化或改革的代價總是超出了所得。例如，十九世紀英國保守主義者強調擴大選舉權破壞了憲政體制的平衡，乃是得不償失之舉⑫。

杭廷頓和赫希曼關於保守主義的論點，很自然地使人想起當代自由主義大師海耶克在《自由憲章》一書附錄〈爲什麼我不是個保守主義者〉中的看法。海耶克認爲保守主義缺乏對原則的認同，對社會性質不做任何理論上的思考，有時甚至心甘情願地接受那些最終對於一個「自由的社會」而言是破壞性、災難性的政策和制度。

反對變革一直是保守主義者的主題之一。福克蘭勳爵有一句名言：「凡是沒有必要改變的，就有必要不做變動。」但是，保守主義者並非一味地反對變革。湖畔派三詩人之一的騷塞（Robert Southey）也有一句很有名的話：「我希望改革，因爲我無法眼看著一切事物都朝著革命發展，尤其是除改革之外沒有任何可能去阻止革命。」⑬實際上，形形色色的保守主義者，從伯克到奧克肖特，從第一位現代保守黨領袖皮爾到迪斯累里乃至當代的「鐵娘子」柴契爾夫人，都曾列舉一大堆理由反對變革既定的政治、經濟和社會秩序。問題的關鍵是，那些理由只是針對右翼不贊同或反對的政治計畫，一旦形勢需要，保守主義者會和他們的競爭對手一樣狂熱地鼓吹和推行大規模的政治、經濟和社

會制度的重組。歷史上的事例不勝枚舉，最近的實例是英國的保守黨柴契爾政府和美國的共和黨雷根政府。

實際上，保守主義自有其關於人類理想和社會構建的明確、連貫的觀念和基本原則。

保守主義的第一項基本原則是所謂的悲觀主義原則。從某種意義上說，保守主義者是性惡論者，他們總是強調人類本性中與生俱來的邪惡、嫉妒、貪婪、暴力、懶惰和自私。保守主義思想最爲古老也最廣爲人知的原則就是：他們相信「缺憾性」是人所固有的特性。保守主義的這一原則來自於道德和神學世界觀，保守主義者關於人類不可避免的不完善的信念與基督教原罪學說一脈相承。對於人類而言，貧困、痛苦、不平等、不正義都是與生俱來，無法避免的，即便能夠在一定程度上減輕或緩和這些缺憾，也往往是來自人們的自發行動，而非有意識的政治活動。

我們在這裡不難看出保守主義者強烈的反理性主義傾向。在對待理性的態度問題上，保守主義截然不同於西歐文藝復興和啓蒙運動以來高揚理性旗幟的自由主義傳統。在保守主義者看來，個人理性的作用十分有限，它是一種脆弱的、靠不住的指導，以理性爲指導的政治活動根本不可能達到人類至善的烏托邦。任何雄心勃勃的改革或激進變革都不可能克服人類無法戰勝自身弱點的本性。

現代的保守主義者，對理性主義的抨擊更是達到頂峰。在一本書名影射馬克思的《哲學的貧困》的著作中，卡爾・波柏（K. Popper）猛烈攻擊所謂「歷史決定論」，認爲出於純粹的邏輯理由，人類也不可能預測未來的歷史進程。「如果有不斷增長的人類知識這一回事的話，那麼我們今天就不可能預先知道我們明天才會知道的事情。」⑭

奧克肖特把人類知識分爲兩類，一種是技術性（technical）知識，另一種是實踐的（practical）知識。前者可以精確地闡述，屬於告訴我們事物的機制和程序以達到確定結果的知識；後者則無法精確詮釋，是一種告訴人們應當如何去做的知識，屬於需要實踐和經驗的知識。奧克肖特指出，人類政治活動即屬於後一種知識的範疇：「在政治活動中，人們如同航行在廣闊無垠、深不可測的海洋，既沒有避風的港灣，也沒有可供拋錨的海底；既沒有始發站，也沒有預定的終點……大海既是朋友也是敵人，航海技術就寓於運用傳統的行爲方式之中，使大海在每個危機關頭都成爲朋友。」顯而易見，在這種情況下，一位有水平、經驗豐富的船長要比整個航海計畫更爲可貴；一位明智的領袖人物也比任何政治計畫更爲重要。奧克肖特批評理性主義者總是試圖以一種狂熱而無益的方式使普遍準則的先驗體系與自身偶然的、反覆無常的希冀相吻合。這就使理性主義不僅不足取，還十分危險和有害⑮。

在對理性主義進行了火力最爲猛烈的抨擊後，奧克肖特並未提出用什麼來取代政治

中的理性主義。不過，我們有理由相信他推崇的是一種傳統主義，這也是我們所說的第二項保守主義原則。

所有的保守主義者都表現出超乎一般的對政治和社會生活傳統的熱愛之情，這當然與他們的懷疑主義直接相關。不過，與蔑視整個人類理性的霍布斯不同，伯克相信個人是愚蠢的，單單個人擁有的理智少之又少，但作爲整體的人類則是有理智的。因而，「舊的成見」值得珍愛，持續得越久、流傳得越廣的成見越發可貴。伯克有個生動的比喻，即使我們不得已對建築物做了某些改動，也應當盡最大可能在建築物的外觀上做出彌補。也就是說，即使是在進行變革的時候，也必須對傳統有所保全。

同樣，政治活動應該從現有的傳統中來，現行的傳統制度和機制是最好的，因爲這些制度和機制凝聚了世世代代積累下來的智慧。伯克列舉了當時的傳統制度：世襲的王室、代襲的貴族、下院，和承襲了特權、選舉權並擁有悠久自由傳統的人民。當然，伯克眼中的「人民」與我們現在所說的人民大衆完全是兩碼事。他所說的「人民」是當時僅佔英國人口極小一部分的有產者。在伯克看來，既然這一小部分人長久以來一直享有特權、選舉權和自由，那麼這作爲一種慣例就是最爲明智的。伯克在論及英國習慣法時，特別強調它唯一的權威性在於它的存在源遠流長，因爲對於一個政府來說，慣例是最堅實的基礎。

保守主義的第三項原則是維護社會的等級秩序。許多保守主義者都信奉一種社會有機體理論，在赫伯特・斯賓塞那裡，這種社會達爾文主義臻於頂峰，讀者在本書的第三章可以找到這種理論的具體體現。根據這一信念，社會乃是一個巨大的有機複合體，社會不僅僅是各部分的總和或各種社會關係的簡單聚合。社會本身就是一個活生生的有機體，有生命、有理智，既會患上各種病症，也會因為過度衰竭而死亡。簡言之，社會與一個自然人毫無二致。人與人之間在天賦的能力、性格、稟賦乃至野心等方面千差萬別，導致人類內部在任何時候、任何場合都會形成差異，分出高下。等級之分是自然形成的，不論是家庭還是社會，等級制度都是一個必然存在的特徵。由此，盧梭的著作和法國大革命時期雅各賓黨人的法律體現出來的思想和法律上消弭社會等級的企圖，自然受到保守主義者的強烈反對。保守主義者認為，政治活動的宗旨是極力維護社會之健全，而平等主義者的努力將使人們喪失社會認同感，破壞社會機體的健康。

由上述原則可以引申出保守主義的第四項原則，即堅持國家與社會之間的廣泛而明確的分離。保守主義者堅信，社會是完全不同於政治權力的權威的真正源泉，社會中的親屬關係、鄰里關係、教會、各種仲介團體和組織以及社會階層的自然作用，奠定了社會秩序的真正基礎。雅各賓黨人和其他激進主義者冷酷地運用政治權力，就會毀滅或者說試圖毀滅古老的社會和道德領域，而這些領域對於個人的社會認同及公民自由、宗教

自由來說至關重要。因此，保守主義者堅持認爲，政治活動應當是有限的，歷史上許多最惡劣的罪行和最大的失敗都是試圖透過政治權威實現最高人類理想的結果。保守主義政治人不應完全以政治組織來謀求權力，而是應當尋求一種更爲廣泛、非政黨政治的支援和贊同。保守主義政治不應當遵循某種單一的社會政治模式，因爲國家並不具有、也不應當具有決定人民生活方式的最終權力。保守主義政治的首要目標是，維護出現於歐洲中世紀末的私人生活與公共生活（即國家與社會）之間的分離⑯。

實際上，在國家的角色及作用問題上，保守主義者表現出一種模棱兩可的態度。一方面，他們希望的是悲觀主義的霍布斯式的強大國家。霍布斯筆下的人類總是十分可悲地處於互相交戰的混亂狀態，人們爲結束彼此的傾軋廝殺而與統治者訂立契約，組成的強大的「利維坦」。如果缺乏一個強有力的中央權力，不完善的人類必定無法自發地和平相處，從而最終導致無政府狀態，所以，利維坦既是法律的提供者，也是人們道德規範的約束者。顯然，霍布斯式的國家並非自由意志論者所倡導的最弱意義上的國家。利維坦的職能不是保護一系列抽象的自然權利，而是超越於國防和法律等職責之上，同時也包括舉辦一些慈善事業和初步的勞動福利，但國家對經濟生活的干預是嚴格限制的。

另一方面，保守主義者對於一個過於強大、權力過分集中的國家又持懷疑態度。因爲一旦不完善的人類擁有了過多的權力，勢必會造成極大的危害。因此，對於保守主義

者而言，政治活動就是在一系列無可逃避的惡之中做永恆不斷的選擇，在此過程中探求國家作用的一個適宜的，恰當的限度。至少在英國保守主義的政治傳統中，堅持政府作用的有限性始終是保守主義政策的核心。按照一位保守主義者的話說：「對社會自發力量的信念，對政府無法決定人的命運的信念，以及社會進化的神祕而無限複雜的過程的信念，所有這些使保守主義者傾向於對國家捲入經濟生活及其他領域做出嚴格的限制，儘管這種限制不是普遍的和一成不變的。」⑰

保守主義的最後一項原則是維護宗教及教會的地位，這是一項在十八及十九世紀時具有重大意義的原則。迪斯累里就曾表示：「英格蘭的憲法並不只是關於國家的憲法，它是一部關於教會與國家的憲法。」⑱直到二十世紀初，保守主義理論家休・塞西爾仍將保守主義的首要任務確定爲維護英國國教的地位，反對任何對教會的攻擊⑲。當然，當代保守主義中宗教的成分已經大大減少，但宗教的重要性仍是保守主義者所津津樂道的。斯克拉頓在一九九六年發表的一篇文章中即強調，沒有宗教，法律和道德即失去了權威，宗教觀念廣泛而深入地滲入到當代世俗生活的各個層面，成爲人們許多自然傾向和傳統習俗與成見的源頭，當代保守主義者的任務即是回擊自由主義對宗教的抨擊，維護以宗教觀念爲核心的傳統美德和價值觀⑳。

二、英國保守主義的源流

大詩人艾略特自稱是文學上的復古主義者，政治上的保王派。他曾經區分政治思想形成的兩種途徑。第一種途徑是理論先於實踐，他稱之爲「機械的」途徑。即先有一種教義，或是一部經典著作，一批信奉者致力於向所有的人傳播這一教義並使之大衆化；接著，他們組成一個政黨努力實現以這一教義爲基礎的計畫。這樣一來，在達到統治地位以前，他們就已經構想了其教義所規定的某種社會終極狀態。與此相反，另一個政黨在充分認識並認同於自身的永久信條之前，就已經有自身的歷史。要發現它的核心信條，只有通過仔細考察這一政黨的歷史行爲，透過全面審視該黨富有思想、更爲賢明的人士的言論，只有準確的歷史知識和明智的分析才能辨明永恆的原則與短暫的教義之間的區別㉑。

顯然，後一種途徑是理解英國保守主義政治思想的最佳途徑。保守主義者確實具備政治原則，只不過這些原則是得自政治實踐。換言之，保守主義者關注歷史，因爲歷史即意味著傳統，也只有把保守主義視作一項傳統才能更爲全面地理解它。實際上，保守主義作爲一種政黨意識形態的歷史完全是作爲傳統而開始的。

穆勒（J. Müller）曾將英國保守黨稱作「愚蠢的政黨」，想必他的本意並非貶低保守主義者的智慧，因為英國歷史上許多最重要的思想家、詩人、政治家，從休謨到波柏，從柯爾律治到艾略特，從皮爾到溫斯頓・邱吉爾，都是保守主義者。穆勒的看法一方面反映出他個人的哲學和政治傾向，另一方面也是針對英國保守黨在政策和意識形態上的實用主義和機會主義。在特定的歷史時期和特定的環境，保守黨的基本綱領時常發生變化，而且往往是作為對新變化的反應。另外，保守黨領袖作為政黨信條的象徵，在關鍵時刻起到決定性作用，對保守主義政治及意識形態具有重大的影響力。這是我們考察英國保守主義時應當注意的兩個基本特徵。

英國保守黨的源頭最早可以追溯到一六八八年光榮革命後的托利派，先後擔任首相的小皮特和利物浦勳爵領導的政治派別也是保守黨的前身。總的來說，一八三二年議會改革前，傳統的托利主義是各種意見和主張雜陳的混合體，缺乏明確的意識形態和政治中心。在議會改革中，托利派領導人持堅決反對態度，但最終被迫讓步。改革法案的透過標誌著貴族政治衰落的開端，而領導「保守黨人」適應這一變化的就是羅伯特・皮爾。

從意識形態上說，一八三四年皮爾發表的《塔姆沃斯宣言》標誌著作為近代保守黨意識形態的保守主義的誕生。從政治上說，皮爾的成就在於重組古老托利黨的組織結

構，建立了適應新環境的保守黨。一八四一至一八四六年執政期間，皮爾式的保守主義致力於將傳統的托利主義與新興的工業化和城市化結合起來。一方面，皮爾強調和保存了老托利主義的許多成分，如健全而有力的政府，法律與秩序，維護私有財產；另一方面，他採取了不少保護新興資產階級利益的政策，將經濟的發展從封建性的政治束縛中解放出來。簡言之，皮爾式的保守主義的內核是自由市場加上強有力的政府。

然而，皮爾並未徹底解決黨內土地貴族利益與新興工商業階層利益之間的衝突。一八四六年，圍繞廢除穀物法問題，保守黨分裂為兩派，直到一八六七年第二次議會改革後，保守黨才重新形成一致的方向，這就是迪斯累里的「一個民族」保守主義。從這時起直到第一次世界大戰，是英國保守主義發展的第二個重要階段。

迪斯累里認為英國分裂成窮人與富人這兩個彼此互不理解的民族，應當透過擴大選舉權的辦法將這兩個民族合二為一。一八六七年的議會改革法案主要是在迪斯累里的大力推動下，才最終在議會獲得通過。他所提出的改革措施不僅比自由黨對手的主張更為激進，也大大超出他本人最初的打算，被稱作「冒險的舉動」。有論者認為，作為一項長期政治戰略的體現，改革法案的通過表明保守主義黨人不再固守於反動，而是能夠適應時代的要求，而且能夠做得很好㉒。

在一八七二年六月二十四日的水晶宮演說中，迪斯累里提出了保守主義的三個目

標：維護國家的制度，捍衛英帝國以及改善人民的生活狀況。第一項目標是老托利主義關注自由、秩序、法律和宗教的延續，後兩項則是迪斯累里爲保守主義新增的內容。

迪斯累里從伯克那裡繼承了社會有機體的觀念，反對包括功利主義在內的抽象權利的哲學。從社會生活的延續性中，他看到了歷史傳統對孕育民族特性和國家制度的巨大作用。迪斯累里關於英國歷史的看法是來自柯爾律治，然而，面對當時工業革命造就的城市階層，尤其是人數和力量上迅速發展的工人階級，迪斯累里強調特權階層「高貴的義務」。他主張進行一系列社會改革，彌合社會上層與下層之間的裂隙，只有這樣才能使廣大工人階級擁護有序的等級制度。他所主張的「托利民主」（Tory Democracy），不僅僅關注人民的選舉權，也包括他們的福利。在迪斯累里看來，只有這樣的社會才是一個眞正和諧的共同體。雖然它是一個階級社會，卻被籠罩在「一個民族」這樣一個強有力的相互義務的網絡之中，而正是社會的不平等賦予了菁英階層的統治以合法性。換言之，迪斯累里式保守主義的目的是調和階級矛盾，激發大衆的愛國熱情，進而促進民族團結以及社會和政治的穩定。

迪斯累里對保守黨及保守主義的影響是複雜而深遠的。他是極少數爲保守黨意識形態增添了新內容的領袖之一。從政治上說，迪斯累里解決了皮爾未能解決的調和土地貴族利益與力量日益強大的工業資本家利益之間的矛盾，使貴族統治與民主政治的差距進

一步縮小，使保守黨成爲一個全國性的政黨，奠定了保守黨在二十世紀進一步發展的基礎。

在整個十八世紀及十九世紀的絕大部分時期裡，保守主義者在政治和思想上的敵人是自由黨人和自由主義。然而，從十九世紀末起，保守主義者開始把矛頭對準集體主義和社會主義，因爲保守主義者已經明顯地開始採納和捍衛他們以往所反對的自由主義的價值觀念和政策。從這時起直到第一次世界大戰，保守主義者主要擔憂的是日益強大的民主政治的壓力。這一時期的保守主義意識形態主要是富有的菁英份子的意識形態，其中既包括土地所有者，也包括工商業資產階級。保守黨力圖使自身迅速適應工業資產階級的要求。

一八八五到一九〇二年間，索爾茲伯里勳爵長期擔任保守黨領袖。他基本上延續了托利民主的原則，只不過他對大衆政治持悲觀態度，決意維護英國古老的制度，試圖利用保守黨來延緩和控制民主進程。他認爲民主政治和福利措施不可避免地將伴隨著對憲政平衡的三種威脅。第一種威脅在於人民主權的勝利，這意味著下院將逐步取得對君主制度和上院的支配地位。第二種威脅在於，每一個政府要想取得新獲得選舉權的選民的支援，就必須組成大衆性的政黨。這樣，政黨利益的考慮就會置於國家利益之上。最後，索爾茲伯里勳爵對民主的前途感到憂慮，認爲民主主義將導致把平等置於自由之

上。與迪斯累里不同，索爾茲伯里勳爵把政治視作各階級和各利益集團之間的鬥爭，他對工會力量的日益壯大尤其憂心忡忡，悲觀地預言工會最終將統治英國，隨之而來的是軍事獨裁統治㉓。

第一次世界大戰對英國政治的衝擊是多方面的，戰後英國政治最重要的變化之一是工黨逐步取代自由黨成爲兩黨制的另一個支柱。另外，戰爭期間國家干預的作用大大增強，使得保守黨內集體主義的傾向大大增強。這一時期的保守黨領袖斯坦利・鮑德溫沒有爲保守主義的意識形態增添什麼新的內容。他於一九二四年推出的「新保守主義」主要是迪斯累里「一個民族」保守主義的延續，內容包括強調社會的和諧，黨的領袖的作用，推進社會改革以及保護下層的弱者。從實際結果來看，鮑德溫的保守主義成就有限，主要是衛生大臣內維爾・張伯倫在一九二四至一九二九年間推行的一些改革。

這一時期，保守黨內部在國家作用問題上出現了具有重要意義的分歧。一方面，鮑德溫等黨內主流派開始從自由黨人那裡奪過個人主義和自由放任的衣缽。戰爭一結束，保守黨政府立即取消了戰時實行的價格、運輸、投資以及食品分配等方面的控制。在兩次世界大戰之間的大多數時間裡，政府的經濟政策基本上回到了戰前的老路：自由貿易、恢復金本位、保持預算平衡、低稅收以及降低政府開支等。

另一方面，二十世紀二〇年代末到三〇年代世界性資本主義經濟危機的爆發前後，

哈羅德・麥克米倫、巴特勒等人爲首的一批年輕的保守主義者開始信奉國家干預的原則。一九二七年，麥克米倫等黨內左翼就明確宣佈放棄過去的自由主義的自由放任觀念，企圖在純粹的私人企業制度與集體主義之間設計某種連貫的體系，對私人企業實行宏觀上的國家控制，微觀則置於私人所有制之下。一九三八，麥克米倫出版了一本名爲《中間路線》的書，宣稱要折衷自由資本主義與徹底的國家社會主義。他不僅提出重新分配財富，把通貨膨脹作爲克服經濟蕭條的手段，還要求對公共事業進行國家控制，英格蘭銀行和煤炭工業國有化，立法保證工人最低工資，工會參與國家經濟計畫等㉔。

二戰結束後，麥克米倫、巴特勒、昆廷・霍格（就是本書中提到的黑爾什姆勳爵）等黨內左派逐步成爲黨內主流，「中間路線」成爲保守主義的代名詞。在霍格看來，保守主義者在二十世紀與社會主義的鬥爭中，如同在十九世紀與自由主義作戰時一樣，爲應付新的威脅，已經改變了前沿陣地。這種改變就在於對國家干預的認同。按照艾登的話來說，此時的保守黨已不再是「赤裸裸的、野蠻的資本主義的政黨。儘管我們相信商業的個人責任以及個人動力的原則，我們卻不是自由放任學派的產兒」㉕。

實際上，保守黨與工黨在運用國家力量對社會、經濟生活進行干預這一點上達成了意識形態意義上的基本一致。可以說，雙方都在走「中間路線」，雙方都不再認爲國家與市場、工人與資本家、私人企業與公有制、個人自由與社會正義之間絕然對立。兩黨

的上層主流人物都經歷了兩戰之間英國社會的劇烈動蕩，決心消除階級衝突，因而在充分就業、福利國家以及混合經濟三個方面達成妥協，形成了以凱因斯主義爲核心的社會民主主義共識政治㉖。

經過二十世紀五〇、六〇年代的迅速發展之後，凱因斯主義社會民主主義於七〇年代進入到危機四起的階段。一方面，凱因斯主義需求管理的經濟政策無法解決新出現的問題，英國經濟陷入「走走停停」的困境；另一方面，廣泛的國家干預反而導致了政府權威的下降，工會力量空前壯大，成爲英國政治中舉足輕重的力量。左、右兩翼要求結束共識政治的呼聲日益高漲。左翼要求經濟進行更大規模的國家控制，右翼則要求轉向自由市場的資本主義。當時，保守黨內出現了兩種不同的理論和戰略，一種是溫和派所持的修正的社會民主主義，另一種則是柴契爾夫人等黨內右翼所認同並最終付諸實施的自由市場的保守主義：「新右派」思潮。

「新右派」一詞並非指一場統一的政治運動或某種「主義」的實體，作爲一個政治辭彙，它最早出現於一九六六年。一九六八年，英國費邊社成員柯拉德出版了一本名爲《新右派批判》的小册子。此後，這一術語不脛而走，廣爲流傳，其內在涵義遠遠超出了最初的意蘊㉗。

德國哲學家哈伯馬斯闡明了新右派的四項主要原則：第一，明確以需求導向的經濟

政策來取代凱因斯主義；第二，有意限制國家的職能；第三，在文化、教育以及家庭領域重申傳統主義；第四，把內部矛盾與外部威脅聯繫起來，從而把外部的敵對勢力（如前蘇聯，第三世界的革命派）與國內的罷工者、恐怖主義等同視爲民族國家安全的威脅。

關於新右派政治思潮，有兩點需要說明。首先，新右派有兩個組成部分，即經濟上的自由主義和政治上的保守主義。前者是古典經濟自由主義政治經濟學的復興和發展，強調個人自由、市場機制、法治等古典自由主義的核心內容，代表人物爲海耶克、弗里德曼等人。後者則是傳統保守主義核心觀念的重申，突出傳統、社會整合、國家權威以及愛國主義等傳統托利主義的內容，代表人物有本書的作者斯克拉頓、莫里斯・考林等人。其次，新右派儘管是一個鬆散的混合體，且內部並不一致，但是在減少國家干預這一點上是完全一致的㉘。

一九七五年，柴契爾夫人當選保守黨領袖，她決心扭轉保守黨內集體主義的潮流。一九七九年，她領導保守黨贏得大選勝利，被看作是英國政治、思想、文化發生決定性轉變的標誌。

在此後連續三屆首相任期內，柴契爾夫人將新右派意識形態全面付諸實施。柴契爾主義政治明顯體現出兩個層面：經濟上的自由主義和政治上的權威主義。一方面，柴契

爾政府推行一系列減少國家干預的措施，如實行以降低通貨膨脹爲主要目標的貨幣主義經濟政策，大力推行國有企業的私有化等，改過去的政府直接干預爲間接的宏觀調控；另一方面，柴契爾政府在社會領域強調加強國家的權威，進行大規模的工會改革和地方政府改革。柴契爾主義的十年體現出異常鮮明的權威主義、中央集權化和反民主的傾向。

回顧保守黨的歷史，我們不難發現，保守黨總是面臨保守與變革的衝突，其政黨意識形態常常與社會現實和政治環境發生矛盾。保守黨一直是維護特權階級利益的政黨，從最開始的土地貴族利益到後來的資產階級利益。應當注意的是，它所維護的是作爲一個整體的統治階級的利益，當外部壓力足夠大的時候，它往往爲了維護整個統治階級而放棄部分特權。正如戰後一位很有影響力的保守黨人所承認的：「如果你不給人民以社會改革，他們將給你社會革命。」在這種情況下，保守被迫多次調整意識形態及政策。然而，這些往往並非自願，而是迫於當時的政治、經濟乃至社會壓力不得已而爲之的調整，其結果都在一定程度上使保守黨適應了環境的要求，這也是保守黨能夠長盛不衰的重要因素之一。

三、斯克拉頓的新保守主義

本書第一句話，斯克拉頓就開章明義宣佈這是一部教義學著作。言下之意，他希望表述的是一整套具體、明確的政治主張和信條，而不是抽象的哲學思考。當然，斯克拉頓的本意並非爲保守黨提供一本政黨意識形態的教科書，本書字裡行間背後的哲學基礎和立場是十分明確的。要言之，斯克拉頓在本書中抨擊霍布斯、康德、彌爾所代表的自由主義傳統，全面頌揚黑格爾哲學，尤其是黑格爾在《法哲學原理》一書中闡發的思想。

康德與黑格爾

讀者在閱讀本書正文之前，不妨先讀讀〈自由主義與保守主義〉哲學附錄。從這篇哲學附錄中我們不難看出，斯克拉頓是站在黑格爾主義政治哲學的立場，明確反對他所稱的「第一人稱觀點」——關於自主的理性存在者的康德式自由主義。

在斯克拉頓看來，黑格爾對政治的理解是完全正確的。首先，黑格爾認識到國家是一個「人」，有其自身的權利，因此，應當把國家看作目的而不是手段；其次，黑格爾

在《法哲學原理》中明確區分了國家與公民社會，證明國家並非起源於人與人之間的契約，因此，霍布斯所說的存在於自然狀態的自由也就無從談起；第三，黑格爾將政治哲學與精神哲學結合起來，其政治哲學中的倫理學意義遠遠高於以邊沁和彌爾爲代表的自由主義傳統；最後，黑格爾擴展了霍布斯首創的合法性概念，表明合法性既非來自契約，也不是產生於默許的同意，而是超越於個人的自然權利之上。

在康德那裡，人的道德意志是獨立的，每一個有理性的存在者都可以從自己內在的道德觀念中引申出道德原則；每一個有理性的存在者都按照理性所規定的道德原則，按照實踐理性的意志和目的行動。簡而言之，一個自主的人就是自我確定道德法則的人。康德強調，道德自主是自由與責任的結合，它是個人對自我法則的明確服從。一個人如果是自主的，就不會屈從他人的意志。他也許會做別人告訴他的事情，但不是因爲他被告知應當這麼做才去做這件事，他的所作所爲是自己理性選擇的結果。從這個意義上說，這個人在政治上就是自由的。

斯克拉頓認爲，這種從第一人稱「我」出發的觀點，足以產生衡量政治秩序的尺度和衡量社會公正與否的標準。他也承認，自主的行爲者是現代性的一個條件，而政治生活的首要任務之一就是盡最大努力確保自主行爲者的發展。但是，自主的先決條件恰恰在於對一種社會秩序的體認。如果那種秩序是理想的，那只是因爲人們把這種秩序作爲

一種眞實之物加以直接的體驗。因此，保守主義者所主張的第三人稱觀點關注社會習俗和政治制度的長期影響。

斯克拉頓聲稱，自由主義者的錯誤在於總是試圖把歷史性地形成的現有制度和慣例與第一人稱觀點的普遍、先驗的要求等同起來。對於政治制度、法律規定、社會習俗乃至道德規範，自由主義者都要問一個「爲什麼我應當做這件事？」一旦沒有得到滿意的答案，就有理由進行變革。斯克拉頓指認這種自由主義的政治觀是在「轉嫁責任」，是從社會及政治領域的「特定的」內在生活，跳到人權或個人自主的普遍要求。自由主義思想的這種根本性的懷疑主義最終將導致對一切眞正的政治生活的否定，因爲政治的目的就是保護一種生活方式的完整性，而這種生活方式絕不能降格爲普遍的人權。

像黑格爾一樣，斯克拉頓認爲問題出在康德的理性「目的王國」之理念。爲了達致康德式自由主義的理性出發點，一個人必須超越現有的限制和條件，以期獲得一種否認特殊性、並且只以普遍性來加以表述的觀點。然而，斯克拉頓指出，自由主義者所說的「先驗的自我」乃是一個空洞的抽象概念，完全脫離了人類動機和行爲的多樣性，忽視了政治現實的狀況。這樣一來，勢必會形成一個根本性的矛盾：要麼「我」是服從於理性的先驗的自我，那麼我就無法行動；要麼「我」能夠行動，但我的動機是基於我所處的環境，而不是對理性做出反應。因此，只要自由主義認同於理性，就肯定會認爲歷史

形成的既定生活方式的每一種特徵都存在固有的缺陷，但其論證方式只不過是自以為正確罷了。

斯克拉頓也承認第一人稱觀點的盛行是在所難免的，因為它將我們界定為理性的存在者。因此，保守主義思想家在哲學上的任務就是保留第一人稱觀點中基本的、有價值的部分，並把它納入第三人稱觀點的眞理之中。斯克拉頓指責自由主義思想中自我毀滅的邏輯，主張以忠孝的義務來取代自由主義的抽象而普遍的義務。這種具體、直接的義務承認特定的社會紐帶的正當性，實際上，這種社會紐帶就是英國歷史上形成的公民社會狀況，或是黑格爾所說的客觀精神，即具有時間性和地域性的社會道德規範。

秩序與傳統

斯克拉頓認定，保守主義的主要敵人，乃是自由主義及其所主張的個人自主和自然權利。斯克拉頓明確提出，任何公民都沒有凌駕於接受統治的義務之上的自然權利。不僅如此，個人自由，並非如自然權利理論家們認為的那樣絕對，而是有先決條件的，它必須是經由長期的社會演進過程而來。

顯然，在保守主義為一注重權威、服從、等級和秩序的政治理論中，個人自由完全不具備自由主義者所說的終極價值。在奧克肖特那裡，自由並非一個明晰的概念，它不

屬於一種從人類純粹理念中引申出來的「人類的權力」㉙。只有當自由服膺於其他的事物，如某種限定個人目標的機制或安排，才能把自由理解成一個社會目標。實際上，人們在以自由爲目標的同時，也就是以作爲它們的先決條件的強制爲目標。換言之，保守主義者絕不像自由主義者那樣把自由看作絕對的價值取向，而是必須服從於一個更高的價值取向。

對於保守主義者而言，社會秩序是比個人自由更重要的主題，只有在立足於傳統和權威基礎上的秩序中，才能找到個人自由的位置㉚。斯克拉頓引證皮爾的《塔姆沃斯宣言》，稱保守主義者的目標是「維護秩序和建設良好的政府」。斯克拉頓眼中的自由與政治生活有著緊密的聯繫。自由是一種已爲人們所普遍接受的社會安排的「結果」而不是「前提」。保守主義的一個基本觀點就是，個人應當在社會中尋求和發現自身的最終目標，個人只是某種既定秩序的組成部分，這一秩序本身比個人更重要。從這個意義上說，社會秩序超越於任何個人通過努力取得的成就之上，個人必須把自己看作是參與其中的那一秩序的繼承者而非創造者，這樣才能獲得決定自我認同的概念和價值觀。要維護這種制度化的社會生活秩序，勢必需要樹立和維護政府的權威。這兩個目標是密不可分的。維護社會秩序是穩定的政府之責任，更直截了當地說，政府透過強制推行秩序來維護秩序。

自伯克以降，保守主義者無不把秩序看成一切政治和社會價值體系的基礎。不過，即使是伯克，抽象的秩序無異於抽象的自由、平等觀念，不僅毫無意義，還十分危險。伯克所捍衛的是一種特殊的政治秩序，他所珍愛的並不單純是等級秩序，而是資本主義的秩序。這種秩序的外部表象是國家的法律及其程序，內在實質則是國家公民的道德和習俗準則，核心是對國家權威的維護。到了斯克拉頓這裡，「抽象而不完備的烏托邦」同樣是不足取的，只有特定的國家、特定的歷史、特定的生活方式，才是保守主義者所尊敬和擁護的。保守主義者應當依據社會生活中存在的已爲歷史所證明的安排，以及博得社會成員忠誠的權力，採取不同的政治準則。

不論是在伯克的思想還是黑格爾的《法哲學原理》，傳統都是一個極爲重要的概念。傳統，尤其是所謂的「實質性傳統」（substantive tradition），對人的行爲具有規範作用和道德感召力㉛。在本書中，斯克拉頓將傳統的重要性提升到一個根本性的高度。傳統具有兩重作用，首先，傳統把歷史帶入到人的理智之中，因而也就將「過去」帶入到人們現在的目標。其次，傳統來自於社會的每一個組織，因此也就不會限制權力的行使。斯克拉頓指出，傳統既是指過去的歷史，即過去長久以來漸進的、明智的變化所造就的現行社會秩序；在另一種意義上，傳統還指代表了過去的歷史。神話和巫術的儀式也起到了一種自以爲正當的作用，卻無疑會危及社會秩序的穩定。斯克拉頓試圖構建一

種眞正傳統主義的評判標準。傳統必須符合三個條件才有價值：第一，它必須具有成功的歷史；第二，它必須博得其參與者的忠誠，並在深層次上規範他們關於自己是什麼和應當是什麼的觀念；最後，它必須是針對某種持久性的東西。這樣一來，酷刑、犯罪與革命的傳統就被排除在保守主義者所支援和擁護的傳統之外。

保守主義者所說的傳統並非抽象之物，他們提倡傳統是爲了維護特定的社會秩序。忠誠離不開傳統，秩序也是一種傳統的秩序。在保守主義者眼中，社會並不只是組成了它的個人的總和，社會合作依賴於個人之間相互協調的微妙機制，而這種機制產生於個人逐步認識並且承認一種行爲方式，作爲這種承認的結果，個人就獲得了對社會形態的一種「默許的諒解」。個人與社會之間的關係就是靠這種諒解來進行調節，當個人身處社會關係之中，這種理解就使他能夠知道自己正在做什麼，這就形成了一種「傳統」。

從某種意義上說，傳統就像是市場表現出來的默許和相互諒解的形式。兩者都產生於社會交往之中，所不同的是，經濟行爲的目的是個人的利益，而傳統則涉及對社會既定事物的心甘情願的承認。傳統存在的理由在於過去，其目標並非個人的利益，而是贏得社會成員的認可和尊重。傳統和市場都依賴於人們逐漸形成的相互之間的同意，因此，傳統不可能由一個中央權威來強加於人。

斯克拉頓認爲，如果說傳統與市場之間存在衝突的話，那是由兩者的性質所決定

的。商業中體現的是一種向前看的動力，而社會傳統則屬於一種向後看的態度。但是，兩者都依賴於相互同意的特點決定了它們之間的矛盾是可以調和的。政治活動的長期任務之一就是調和兩者的對立，控制這種對立所導致的危機，恢復兩者都依賴的平衡。

事實上，保守主義者從來不反對市場機制。伯克的保守主義就是一個突出的例子。儘管伯克表示不信任「詭辯家、經濟學家和謀略家」，他的政治經濟學的核心與亞當·斯密的「看不見的手」並沒有多大的區別，只不過其中的神學性質更為突出。他所反對的是政府對經濟的干涉，從而妨礙了維護財產、自由、秩序的首要的職責。到了斯克拉頓這裡，傳統的秩序與自由的市場完全是同一社會進程的不同方面，兩者之間的衝突必然是可以解決的，如果試圖破壞其中的一個，勢必會摧毀另一個。

權威與制度

秩序的維護有賴於權威的確立和行使。健全的政府的權威是保守主義者的最為看重的事物㉜。

權威有多重涵義，但在斯克拉頓看來，權威特別意指既定的或合法的權力，它既產生權力也來源於權力。權威意味著行使權力的權利，因而，承認權威就是承認權力具有權利。保守主義者的主要任務之一就是闡述、建立，如果可能，證明一種權力的體系適

應於現代社會。在保守主義者看來，權力存在的正當理由就是它本身，權力不能服從於一些明確的目標，它不是實現自由、平等或社會正義的手段。國家一切權力的目標就是取得公民對國家的忠誠，但這種忠誠並非自由主義意義上的忠誠，自由主義的「個人」並不存在。個人所面對的唯一現實就在於，他們是國家的臣民和創造物。

國家是、也應當是一個自然人。國家應當是作用與責任的源泉，而非人格化的行政管理的工具，國家的行爲正如同一個理性存在物的行爲，對各種批評意見負責，能夠感到懊悔、羞辱、驕傲、自豪以及自我肯定。這樣一來，公民的忠誠就成爲權威的泉源，而忠誠的對象以及政治關注的焦點就是一系列的法人：各種制度、法律、議會、教會和學校。正是在與這些事物的關係中，人們得出了合法性的觀念，而維護這一觀念就是擁護和捍衛產生它的制度。

斯克拉頓的合法性觀念是直接來自於黑格爾的。在黑格爾那裡，社會意指一種合成的安排，由不同來源的各種義務的相互作用來維繫。黑格爾將人的社會義務區分爲三種：個人對家庭的義務、對國家的義務，以及個人在與他人自由而自發的交往過程中所產生的義務，後者就是「公民社會」的義務。公民社會是一個契約的領域，但絕不是建立在契約的基礎之上。公民社會的眞實性取決於家庭和國家，前者孕育了它，後者則保護著它。然而家庭也好，國家也好，都具有非契約性的特點，對這兩者的義務都不能從

契約的角度來理解。

以家庭爲例。家庭之所以是維繫社會與國家的核心，不僅因爲它作爲財產佔有的基本形式爲人們提供了獨立於社會的前提條件，也在於它本身是一種要求其成員保持忠誠的社會機制。有論者在分析保守主義者的這一立場時指出：「家庭是一種必然的等級權威的結構，是人類嬰兒期依賴性的自然結果，這是保守主義觀念的有機組成部分。既然家庭是權威與等級服從的首要來源，它的純粹自然性就使保守主義者傾向於把這一模式帶入到其他機制中去。」[33]按照斯克拉頓的話說，家庭作爲縮小了的社會，其本身與公民社會在性質上是相同的，這種非契約性不是來自於兒童或家長的選擇，而是源於自然的必要性。將這種關係放大，聯繫公民與社會紐帶顯然也不是一種自願紐帶而是一種自然紐帶。同樣，國家與臣民之間的關係也不是契約的關係，不是雇主與雇員的關係，國家享有家長式的專斷權力，如果失去了這種權力，則國家和社會都將淪於毀滅。

斯克拉頓指出，市場義務與公民社會的義務在契約性問題上的差異具有重要意義。後者的延續依賴於界定其成員義務的制度具有一種超越契約合法性的內在傾向。而國家則是最重要的這種制度，否則的話，就不會有法律，也就無法保障公民社會賴以存在的正義。社會紐帶是一種先驗紐帶，它無須徵得每一個公民的同意，它也並非來自於一種社會契約，也就是說，它不是以個人的意志爲基礎，而是立足於人們所具有的尊重和忠

誠的能力。我們對國家的義務如同我們對家庭的義務一樣，不是來自於自由自願的選擇，而是經歷了一個緩慢的發展過程。

這不由得使我們想起了伯克的一個著名論斷：「社會的確是一種契約。」但是，伯克所說的契約並非是市場上的交易性契約，而是構成了人類社會基礎的忠誠，他將之稱作「夥伴關係」，它存在於一切科學、一切藝術和每一種美德之中。不僅如此，這種夥伴關係的目的無法在許多代人之內獲得，它不僅是那些活著的人們之間的夥伴關係，而且成為那些活著的人，死去的人以及將要出生的人之間的一種夥伴關係㉞。

當然，伯克這段話的主旨絕非是對霍布斯和洛克所說的社會契約的贊同。這種「夥伴關係」沒有任何單一的、主導性的目標。斯克拉頓強烈反對的也正是把政治安排、社會制度視作達到某種外在目的的手段。社會制度，大到國家小到家庭，就像愛情和友情一樣，其本身就是目的。當然，國家、公民社會與家庭也會有一些特定的目標，但那些目標產生於社會生活之中，而且完全左右了它們所影響的人。正如戀愛中的人渴望得到愛情，朋友希望獲得友情那樣，愛情與友情的目標都是內在的。一旦有人把愛情當作追求金錢的手段，把友誼當作謀取地位的途徑，那麼，他就會因這些外在的企圖而喪失戀人與朋友的信任，失去在愛情和友誼上的權威，也就不再具有對他們行使權力的權利。同樣，公民社會的成員除了其成員資格所帶來的利益之外，不再享有任何特殊的益處。

一個社會並不是為了滿足人類的需求而存在的，這就好像一個人不是為了自己的健康而生存一樣。一個人的健康構成了他的生活的一部分，但健康並非他生活的目標。不論人們在一種政治秩序中生活得是否幸福，那種秩序本身不是使他們獲得幸福的一個手段。

顯而易見，斯克拉頓堅持認為，社會制度與政治安排應當具備亞里斯多德所說的友誼、康德所說的「目的王國」以及奧克肖特所說的「公民結社」所具有的內在道德權威性。保守主義反對由政府將一些目標強加於公民，一旦這種強加未能獲得他們的同意或批准，從哲學上說就會倒退到康德所說的他律性，亞里斯多德所說的暴政，以及奧克肖特所說的事業型結社；從政治上說，就將導致國家權威的削弱。原因很簡單，隨著政府捲入社會生活程度的擴大，政府對社會各階層按照其指令行事的依賴性也隨之加強，其許可權實際上在縮小，也就是說，政府承擔的職責與它履行職責的權力成反比。

斯克拉頓承認，保守主義者拒絕社會契約理論，並不意味著反對自由主義者所提出的政府必須建立在人民的同意基礎上的觀念。但「同意」（consent）具有多重涵義，它在某一特定情況下的涵義不能與其形成的過程相分離。人們贊同所承擔的社會和政治義務的基礎，不應當是龐雜而抽象的觀念，而是應當從它們賴以形成的不同來源和過程去理解和表達。人們對合法政府的同意就是一種來自於忠誠的同意。個人應當忠誠於社會，忠誠於制度，忠誠於習俗和共同體，最後是忠誠於國家。在任何時候，這種忠誠都

不是什麼自由選擇的問題，都無法與它所產生的歷史分離開來。

財產與正義

維護私有財產始終是保守主義者的主要目標。要深刻理解保守主義與自由主義之間的區別，最有效的辦法就是檢驗各自對待財產的態度。可以肯定地說，就維護私有財產制度這一基本立場而言，保守主義者與自由主義者是完全一致的，所不同的只是維護這一制度的終極目標和出發點。

自由主義者將財產與市場機制聯繫在一起，私有財產是市場交換的前提和基礎，洛克的「擁有性個人主義」的基本命題是「哪裡沒有財產，哪裡就沒有公平」；保守主義者則是把財產與秩序綁在一起，他們對私有財產及其繼承的強調是立足於它提供了社會秩序和穩定的基礎。

在保守主義者看來，財產是公共幸福所必需的一種制度，它既是一種權力，也意味著一種義務㉟。私有財產存在的理由是它爲財產所有者提供了獨立於國家的全部條件。財產作爲一種制度，在公民社會中有其道德的和現實的起源，因此，關於財產的習俗和習慣法也同樣具有獨立的合法性。家庭是財產擁有的基本社會單位，它具有自主和獨立的性質，其穩定性也就構成了社會穩定的基礎㊱。

斯克拉頓為私有財產進行辯護的理由，既不是洛克式的自然權利，也非斯密的自由市場資本主義，而是黑格爾式的理由，即財產是自我實現的一種形式，是權利自身的一種證明。黑格爾認為，所有權是個性完善所不可或缺的，「所有權所以合乎理性，不在於滿足需要，而在於揚棄人格的純粹主觀性。人唯有在所有權中才是作為理性而存在的」㊲。斯克拉頓提出，財產的權利並非是一種不受限制為所欲為的權利，而是一種服從於社會共同體的有限權利，因此，土地及財產的所有者就成為承繼傳統的人，並且有責任維護傳統，而國家的主要職能就是用法律保護私有財產。

所有的保守主義者都把財產與正義相提並論。休謨認為人類社會應當建立在三個「基本的自然法」基礎之上，即所有權的穩定，財產通過協商的轉移以及對諾言的遵守。「如果人類執行的法律不確立關於所有權和財產交換的一般準則，而是將最大份額的財富交給德性最好的人……那麼，由於自然事物的模棱兩可，又由於每一個人的自我觀念使然，德性的好壞就帶來嚴重的不確定性，從而不能從中到出任何確定的行為準則。如果這種事情眞的發生，那麼整個社會立即土崩瓦解。」㊳在黑格爾看來，國家保護財產所有權，財產所有權必須受到法律的管轄。黑格爾信奉的是所有權的不平等而不是平等。既然所有權是個性表現的工具，那麼所有權應當是不平等的，「正義要求個人的財產一律平等這種主張是錯誤的，因為正義所要求的僅僅是個人應該有財產而已。其

實特殊性就是不平等所在之處，在這裡，平等反倒是不法了」㊴。

所有的保守主義者也都堅持伯克的基本觀點，認爲國家不可能公正地把一種財產與另一種財產區別開來，不論是根據財產的來源，還是根據擁有者是否對社會有所貢獻的原則。伯克反對法國大革命的主要原因之一，就是他認爲大革命將人們對財產的妒火引入到政府原則之中，從而導致了根本意義上的自由與正義的喪失。按照一位二十世紀保守主義者的看法，所有的財產都有要求國家尊重的平等權利，如果運用國家權力進行強行區分，勢必會像大革命時期的法國那樣，最終導致正義的終結㊵。

斯克拉頓認爲，財產與正義之間存在有機的聯繫，正義是一種財政持有的正義，他所主張的正義是所謂的「自然的正義」，它只是法治之下的一種標明財產歸屬關係的法律關係。換言之，正義意味著人們追求數量不等的財富的自由以及享受財富的安全，任何在法律之外對這種自由與安全的侵犯都是非正義的。

顯而易見，斯克拉頓的正義與羅爾斯所說的「作爲公平的正義」之間存在天壤之別。斯克拉頓的正義概念不涉及任何物品或利益的分配，而只是存在於一種特定的行爲者之間，以及行爲者與社會之間的交往之中。維護一項自由達成的協定就是正義的，單方面打破協定就是非正義的。強迫他人工作或是不經其同意就獲得他的產品也是非正義的。由於在個人的交往中，所有權以及各種優勢所產生的利益是自然地分佈的，那麼只

要維護了這些不同的權利就是正義的，正是產生和獲得權利的過程導致了它們分佈的不平等。

這種「自然的」正義的敵人，就是試圖消除財產之間的差別，以實現平等爲基本內容的社會正義。在斯克拉頓看來，這種正義觀念從社會交往領域中消除了個人的責任感與義務感，破壞了人們相互依賴的一致性。如果我的一切都由國家或「社會」來重新分配，那麼我就既無權接受也無權給予任何東西。如果消除一切自然的特權，那麼我就既不能與他人分享我的好處，也不能自豪地擁有它。這當然是「不道德的」。不僅如此，社會正義還十分危險。因爲，促進社會正義就會在不知不覺中產生一種特殊的錯覺，即認爲實際上所有的財富都屬於國家這一單一的所有者，而它則有義務來進行分配。追求分配的平等這一外部目標，就將使國家從秩序和公民社會歷史性不平等的維護者，轉變爲追逐某一普遍原則的工具，從而導致國家干預的無限擴張。不僅如此，按照另一位英國新右派的重要代表人物的觀點，對社會正義的追求還將導致實際上的不平等和專制。因爲平等主義者一定要受到人類物質條件性質的限制，他們必須獲得具有強制性質的政權。而在一個社會中，如果人類存在是靠強制決定的，那麼這個社會就是不自由的社會。他們必須在自由與平等之間做出抉擇，最終往往侵犯了自由㊶。

憲法與法律

斯克拉頓反對自由主義及自然權利的立場，決定了他在法律和國家憲法問題上的態度。法國極端保守主義者德·邁斯特爾透過對一七八九年革命的反思，認爲一部憲法必須是由上帝所賦予，一個國家無法制定、而只能接受一部憲法。保守主義者一般都認爲不存在一種理想的憲法形式，每一部憲法都是特定歷史環境的產物，不可能依照某種預先設定的模式來制定。

斯克拉頓進一步提出，憲法必然是產生於政治過程，而且一部成文文獻既不可能完全囊括、也無法有效地引入一部憲法。在他看來，美國憲法恰恰是證明了德·邁斯特爾的主張，因爲美國憲法作爲一部文獻，是把在此之前支配美國人的習慣法原則明確化、法典化。他認爲憲法不僅僅體現於成文的法律法規，還體現於人們的習俗、慣例、默許的諒解、相互的信任以及共同的期盼。明確形成文字的只是一個社會機體意願的能夠明確表達的部分，這個社會機體的生活也許體現於上百種不同的層面，其中絕大多數是無法以文字形式來表述的。立憲政體產生了英國習慣法特有的道德規範，離開這一既定的傳統去開出「人權」的藥方，肯定會造成危害性的後果，勢必會將普遍的道德權威強加於西方民主國家的地域性傳統之上。在斯克拉頓憲法觀的背後，我們仍舊可以發現黑格

爾的影響。一個國家的憲法與公民社會的傳統密不可分。憲法並不只是法規的實體，因爲離開社會習俗和社會慣例的複雜背景，也就不存在什麼法規。

按照奧克肖特的經典論述，法治就是一種認同於已知權威的方式而形成的排他性的道德共同體的模式。保守主義者特別強調法律的非工具性，換言之，關於人們正確行爲的法則只告訴人們必須如何去做某事或某些事，並沒有告訴人們什麼事是必須去做的。從另一層意義上說，法律賦予人們以合法權利，但人們同時也以他們所選擇的有利於己的方式放棄了他們充分的自由。奧克肖特的這種法律觀是來自霍布斯。從霍布斯到康德哲學中的法律體系，都是服從於保護個人自由的需要，法律的理由在於其保護性的特徵，而個人自由則可以在積極的法律所施加的限制義務之外實現，彌爾更是把這種觀點奉爲神聖。

斯克拉頓不贊成上述觀點。他仍然是從黑格爾主義的立場出發，堅持認爲在缺乏一種既定社會秩序的情況下，只有一個共同法律體系所帶來的自主才是最爲堅實的眞正的自主。斯克拉頓認爲，哲學上的自然權利傳統之所以是不完善的，是因爲它以「法定成年人」這一虛構之物作爲其前提，把政府的理由作爲其結論。但眞實情況是，「法定成年人」並不具備脫離一定社會和經濟秩序的自由，而法律和政府的存在也是以這種社會和經濟秩序爲前提條件的。他以事例說明，「法定成年人」這一概念並未反映到英國習

慣法中。例如，關於猥褻、誹謗、褻瀆等的法律運用方面，刑法是直接針對個人與公共道德規範的。英國習慣法還對貿易和商業契約施加了限制，並且不承認個人具有隨意處置其私人財富的權利。這種法律與社會之間的一致性就爲國家博得公民之忠誠提供了最堅實的基礎。

因此，公民社會中涉及道德、教育以及商業的每一個領域都是法律的正當管轄範圍。就是說，一種既定的法律體系中包含了對某種特定的重大目的所做的政治上的保證。這種重大的目的當然就是一種特定的社會安排，而自由主義者的錯誤就在於將法律與此相分離。既然法律做出了這種承諾，那麼其作用就不應當是保護公民的自然權利以抵禦國家的侵害，而是將國家權力納入到法治的道德需要之中，從而使國家權力的行使合法化。斯克拉頓認爲，國家合法權力的行使只應受到英國習慣法中反映出來的「自然正義」這一原則的限制，而對於公民社會生活的許多領域則應加大法律的實施力度，要制定關於家庭、工作、娛樂乃至酒精飲料的法律。不過，當務之急是重建關於煽動罪的法律，英國社會並非信仰言論和集會自由，而是害怕表明對這種自由的懷疑，而這種懷疑在英國法律中乃是根深柢固的。斯克拉頓主張煽動罪應首先針對全國工會聯合會，因爲只有將民主原則放在一邊才能眞正理解國家與工會之間的關係。

上面簡要介紹了斯克拉頓所勾勒的新保守主義政治哲學在一些重大問題上的原則立

場。斯克拉頓的新保守主義基本上屬於哲學上的保守主義，也沒有脫離英國傳統保守主義的軌道。在二十世紀七〇、八〇年代，這種新保守主義與海耶克、弗里德曼等保守主義經濟學家鼓吹的經濟自由主義遙相呼應、互為補充，對於英國乃至整個西方社會的「向右轉」起到了相當重要的作用。不過，讀者將會發現，新保守主義基本上是對十八、十九世紀傳統保守主義的重新闡發，這種試圖使新時代的人類狀況倒回去適應過去傳統的想法，其本身的局限性是不言而喻的，相信博洽的讀者會有自己的判斷。

譯者水平所限，雖盡了努力，譯文中仍難免會有錯誤及不當之處，衷心希望專家學者和讀者批評指正。

王皖強

二〇〇四年六月

註釋

① C. Rossiter, Conservatism, in D Sills（ed）, *International Encyclopedia of the Social Science*, New York, vol III, pp. 290-294.

② R. J. White, *The Conservative Tradition, London*, 1950, p.10.

③ I. Gilmor, *Inside the Right: A Study in Conservatism*, London, 1979, p.132.

④ Q. Hogg, *The Case for Conservatism*, Harmondsworth, 154, p.10.

⑤ C. Patten, *The Tory Case*, London, 1983, p.22.

⑥ M. Oakeshott, *Rationalism in Politics and other Essays*, London, 1962, p.169.

⑦ R. Scruton, *The Conservative Thought: Essays from the Salisbury Review*, London, 1988, p.7.

⑧ R. Blake, *Conservative Party from Peel to Thatcher*, London, 1985, pp.6-7.

⑨ A. Quinton, *The Politics of Imperfection*, London, 1978, p.10.

⑩ R. Nisbet, "Preface", in *Journal of Contemporary History*, vol 13, No 4, 1978, p.630.

⑪ S. Huntington, Conservatism as Ideology, in *American Political Science Review*, 1957, vol LI, pp.454-473.

⑫ A. O. Hirschman, *The Rhetoric of Reaction*, Cambridge, 1991.

⑬ R. Eccleshall, *English Conservatism since the Restoration*, London, 1990, p.14.

⑭ 波普，《歷史決定論的貧困》，華夏出版社，一九八六年，第二頁。

⑮ M. Oakeshott, *Rationalism in Politics and Other Essays*, pp.127, 86.

⑯ N. O' Sullivan, *Conservatism*, London, 1976, p.12.

⑰ T. E. Utley, *Capitalism: The Moral Case*, London, 1980, p.263.

⑱ F. O. Gorman, *British Conservatism: Conservative Thought from Burke to Thatcher*, London, p.30.

⑲ 休・塞西爾，《保守主義》，商務印書館，一九八六年。

⑳ *The Wall Street Journal*, April 5, 1996, p.8.

㉑ D. Willetts, *Modern Conservatism*, Harmondsworth, 1992, pp.3-4.

㉒ B. Coleman, *Conservatism and the Conservative Party in19th Century Britain*, London, 1988.

㉓ R. Eatwell and A Wright（eds）, *Contemporary Political Ideologies*, London, 1994, p.79.

㉔ H. Macmillan, *The Middle Way*, London, 1966.

㉕ S. Beer, *Modern British Politics: Parties and Press Group in the Collective Age*, London, 1982, p.27.

㉖ D. Marqund, *The Unprincipled Society*, London, 1988, pp.17-39.

㉗ D. G. Green, *The Right: The Counter-Revolution in Political. Economical and Social Thought*, Susses, 1987, p.2.

㉘ M. Cowling, *Mill and Liberalism*, Cambridge, 1990, p.8.

㉙ M. Oakeshott, *Rationalism in Politics and Other Essays*, p.120.

㉚ S. R. Letwin, On Conservative Individualism, in M Cowling（ed）,*Conservative Essays*, London, 1978, p.76.

㉛希爾斯，《論傳統》，上海人民出版社，一九八九年版。

㉜ R. Scruton, *The Conservative Texts: An Anthology*, London, 1992, p.12.

㉝ R. Levitas（ed）, *The Ideology of the New Right*, Cambridge, 1986, p.94.

伯柏克，《法國革命論》，商務印書館，一九九八年版，第一二九頁。

㉟ Q. Hogg, *The Case for Conservatism*, p.107.

㊱ N. Barry, *The New Right*, London, 1987, p.91.

㊲黑格爾，《法哲學原理》，商務印書館，一九六一年版，第五十頁。

㊳海耶克，《不幸的觀念》，東方出版社，一九九一年版，第四二頁。

㊴黑格爾，《法哲學原理》，第五八頁。

⑩塞西爾，《保守主義》，第九四頁。

㊶ K. Joseph and J Sumption, *Equality*, London, 1978.

內容簡介

二十世紀末新保守主義扛鼎之著

本書是二十世紀末新保守主義扛鼎之著，在政治思想方面，被一致公認是截至目前爲止對於傳統保守主義最具生動的現代表述，影響至深且鉅。

作者Roger Scruton現爲劍橋大學哲學系客座教授，歷任倫敦、波士頓、普林斯頓、史丹福及魯汶等知名大學教授，是當代重要的哲學思想家。

那些凡自認是保守主義者的，乃至於是保守主義的死敵者，在本書中Scruton教授均對其提出了共同的質疑。他認爲保守主義與自由主義者之間並不存在共通點，與市場經濟、貨幣主義、自由企業乃至資本主義也都不甚相關。保守主義主義所眞正涉及的，既不是對國家的敵意，亦非要求限制國家對國民的責任。其社會、法律以及公民權等觀點並不將個人視爲政治的前提，而是看做政治的結論。

原則上，保守主義是反對社會正義的信條，反對地位、機會、所得以及成就的平等，亦反對將社會的重要機構（例如大學與中、小學）納入政府的掌控之主張。

保守主義的根本觀念是忠貞、捍衛共同體與傳統的思想。保守主義社會觀乃是以自治制度和人民創制權爲主，而法律所保障的，乃是凝聚該共同體的價值分享，而非保障某些導致該共同體分裂的權益。

本書所要捍衛的觀點，無非就是承認人類對自由、和平、財產、法律以及安居樂業的需求。他並不捍衛所謂的理想的國家，但卻推薦可行的（possible）國家，並致力於改進社會生活與政治生活的處境，因爲這些才是合乎人類自然情感的焦點。本書第一版發行於一九八○年，出版迄今已做了第三次的增

訂，本書中譯乃為最新的第三版。

作者簡介

Roger Scruton（羅傑・史庫頓）教授

一九四四年生，為知名的文化評論家、小說家、演說家與哲學家。自一九九五年於倫敦大學柏德貝克（Birdbeck）學院退休前，一直在學術機構任教，歷任倫敦、波士頓、普林斯頓、史丹福及魯汶等知名大學教授，不但在政治思想領域具有重要地位，也是廣播界的名人。Roger Scruton 教授著作等身，文章發表不知凡幾。已出版的中譯本包括《尖嘴薄舌的對話》（*Xanthippic Dialogues*）、《現代哲學》（*Modern Philosophy*）和《動物的對與錯》（*Animal Rights & Wrongs*）、《聰明人的哲學指南》（*An intelligent person's guide to modern culture*）、《新馬十大思想家評介》（*Thinkers of the New Left*）'、《斯賓諾莎》（*Spinoza*）、《康德》（*Kant*）等。近期重要著作包括 The West and the Rest, ISI Books and Continuum, 2002; Death Devoted Heart: Sex and the Sacred in Wagner's Tristan and Isolde, Oxford University Press, 2003; News from Somewhere, Continuum, 2004 and Gentle Regrets-Thoughts from a Life, Continuum，2005.

譯者簡介

王皖強

中國人民大學歷史系教授。

國家圖書館出版品預行編目資料

保守主義／Roger Scruton 著；王皖強譯
初版.－臺北縣新店市：立緒文化，2006（民 95）
面；　公分.（新世紀叢書）
譯自：The Meaning of Conservatism, 3rd ed.
ISBN 986-7416-48-1（平裝）

1.保守主義

570.115　　95009093

保守主義

出版——立緒文化事業有限公司
作者——Roger Scruton
譯者——王皖強
中文修訂——李中文

發行人——郝碧蓮
總經理兼總編輯——鍾惠民
業務經理——許純青
行政組長——林秀玲
事務組長——劉黃霞
編輯助理——賴婉君
倉庫管理——楊政致
地址——台北縣新店市中央六街 62 號 1 樓
電話——(02)22192173
傳真——(02)22194998
E-Mail Address: service@ncp.com.tw
網址：http://www.ncp.com.tw
劃撥帳號——1839142-0 號　立緒文化事業有限公司帳戶
行政院新聞局局版臺業字第 6426 號

行銷代理——紅螞蟻圖書有限公司
電話——(02)27953656　傳真——(02)27954100
地址——台北市內湖區舊宗路二段 121 巷 28-32 號 4 樓
排版——伊甸社會福利基金會附設電腦排版
印刷——祥新印刷股份有限公司

法律顧問——敦旭法律事務所吳展旭律師
版權所有・翻印必究
分類號碼——570.00.001
ISBN 986-7416-48-1
出版日期——中華民國 95 年 6 月初版　一刷(1～3,000)

© Roger Scruton 1980, 1984, 2001.
The Meaning of Conservatism, 3rd edition, first published in English under the title Roger Scruton, by Palgrave Macmillan, a division of Macmillan Publishers Limited. This edition has been translated and published under licence from Palgrave Macmillan, The Author has asserted his right to be identified as the author of this Work.
Complex Chinese Translation Copyright
© 2006 by New Century Publishing Co., Ltd.
All Rights Reserved.

定價◎400 元

大旗文化 閱讀卡

姓　名：

地　址：□□□

電　話：(　　)　　　　傳 眞：(　　)

E-mail：

您購買的書名：________________

購書書店：________市（縣）________書店

■您習慣以何種方式購書？

□逛書店 □劃撥郵購 □電話訂購 □傳真訂購 □銷售人員推薦
□團體訂購 □網路訂購 □讀書會 □演講活動 □其他________

■您從何處得知本書消息？

□書店 □報章雜誌 □廣播節目 □電視節目 □銷售人員推薦
□師友介紹 □廣告信函 □書訊 □網路 □其他________

■您的基本資料：

性別：□男 □女　婚姻：□已婚 □未婚　年齡：民國______年次

職業：□製造業 □銷售業 □金融業 □資訊業 □學生
□大眾傳播 □自由業 □服務業 □軍警 □公 □教 □家管
□其他________

教育程度：□高中以下 □專科 □大學 □研究所及以上

建議事項：

愛戀智慧 閱讀大師

廣	告	回	信
北區郵政管理局登記證 北臺字8448號			
免	貼	郵	票

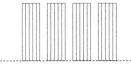

立緒文化事業有限公司　收

台北縣 2 3 1

新店市中央六街62號一樓

請沿虛線摺下裝訂，謝謝！

立緒文化 閱讀卡

感謝您購買立緒文化的書籍

為提供讀者更好的服務，現在填妥各項資訊，寄回閱讀卡（免貼郵票），或者歡迎上網至 http://www.ncp.com.tw 入立緒文化會員，可享購書優惠折扣和每月新書訊息。

U0024857